JN074153

アウトサイダーたちの太平洋戦争

知られざる戦時下軽井沢の外国人

髙川邦子 著

芙蓉書房出版

はじめに

長野県軽井沢町といえば、今や高級避暑地として名高い。蒸し暑い東京から新幹線でわずか一時間。一歩駅に降り立てば、東京とは全く違う、ひんやりとした空気に包まれ、観光客は思わず、「涼しい！」と声をあげる。真夏でも、朝夕は霧がけぶり、肌寒いくらいだ。訪れた観光客は商店が建ち並ぶ、にぎやかな「軽井沢銀座」の店々を覗いては食事や買い物を楽しみ、レンタサイクル店で自転車を借り、落葉松林の中に点在する洋風の建物や風光明媚な池や滝をめぐる。万平ホテル、旧三笠ホテル、聖パウロ教会、雲場池、白糸の滝……。

江戸時代の宿場町だった軽井沢は、明治時代に来日した欧米人宣教師が、高温多湿な日本の夏の暑さから逃れるために訪れ、交歓する場所として新たなスタートを切った。澄んだ空気と水を兼ね備えた軽井沢はまた、療養地としても最適で、サナトリウムや傷病軍人のための療養施設が建てられた。山の中の西洋式避暑地として発展した軽井沢だが、往時の雰囲気や痕跡を留めるところも、今では少なくなってきた。

その軽井沢が、太平洋戦争中は外国人であふれかえっていたことを、どれだけの人が知っているだろうか。

『外事警察概況』によれば、昭和十七年（一九四二年）末の時点で、日本に在留する外国籍の人々は二万七二九三人。うち一万七四三七人は中国人だが、欧米系のいわゆる「西洋人」も一万人弱いた。当時日本にとって最強の同盟国だったドイツがもっとも多く二五七一人。他にイタリア、ハンガリー、フランス、中立国のトルコ、スイス、スペイン、スウェーデン。アメリカ、イギリス、ベルギー、オーストラリアなど敵国籍の人々もいた。ロシア革命後に社会主義国化したソ連から亡命してきた「白系ロシア人」や、ナチスドイツによるホロコーストを逃れて来日し、ドイツ国籍を剥奪《はくだつ》されたユダヤ人など、無国籍の人々も千四百人近くいた。職業も、外交官、ジャーナリスト、宣教師、商店主、ビジネスマン、銀行員、会社員、教師、音楽家、画家、修道女、仕立屋、エンジニア、船員など多岐にわたっていた。戦争が長引き、激しくなるにつれ、東京や横浜に住んでいた外国人の多くは軽井沢に集められた。

戦時下の日本で、さまざまな国籍や背景の人々が狭い地域で隣り合わせに暮らしていたという点で、軽井沢は極めて特異な場所だった。ところが、この事実はあまり知られておらず、また顧みられてこなかった。理由はいくつかある。

一つは、多くの公文書が処分され、焼却されたこと。一九四五年八月十五日に終戦を迎えると、長野県庁では大規模な文書の焼却が行われた。県庁の指示を受けて、軽井沢町役場でも文書の焼却が行われた。さらに、外国人に関する裁判記録、警察や憲兵隊の記録も多くが処分された。このため、当時の公的な記録はごくわずかしか残っていない。

二つ目の点として、公文書が乏しい分、実際に軽井沢にいた外国人たちが記した回想や手記が頼みの綱となるが、そのほとんどは自費出版本や、身内や友人などごく一部の人のために書かれた私家版だということだ。探すのに手間がかかる上、ご遺族に直接連絡を取らないと入手できないものや、行方不明になってしまったものさえある。

三つ目は、戦時下軽井沢の外国人社会の共通語が英語で、回想の多くも英語で書かれていることだ。日本人研究者の目に留まることが少なかったのは、こうした言語的理由も影響したと思われる。

四つ目として、戦時中、外国人と日本人との交流が厳しく制限されていたことがある。「外国人を見たらスパイと思え」という空気が横行し、外国人は特高警察や憲兵に執拗にマークされた。家庭では使用人に、職場では従業員に、外食先ではウェイターに言動をチェックされ、密告も多かった。友人と挨拶を交わしただけでも、何かの合図ではないかと疑われた。戦時中日本に駐在したスイス公使は、当時を振り返り、「私達外国人は……伝染病患者の如く隔離され」たと記している。

彼らの回想を読んで印象的なのは、日本に長く暮らし、人によっては日本で生まれ育ち、日本語を流暢《りゅうちょう》に話し、日本に愛着を持つ者でさえも、自分を「アウトサイダー（部外者）」として見ていることだ。つまり、日本の戦争のただなかにいながら、その視点は外から日本や日本人を見ている。そして戦争が終わり、移動がかなうようになると、彼らの多くは住み慣れた日本を離れ、新天地へと渡っていった。

プロ野球初の外国人選手となった、白系ロシア人のヴィクトル・スタルヒンも、戦後テレビ司会者としてお茶の間をわかせたロイ・ジェームスも、大戦末期には軽井沢にいた。スタルヒンは遠征先のアメリカで、「アメリカって外国人ばっかりいるんですね」と驚き、「日本人になりたい」と思い、何度も日本国籍を申請したが、かなわなかった。ロイ・ジェームスは、日本の敗戦を知ったとき、「なぜ負けたんだ」と涙した。だが、日本はあくまで彼らを「ガイジン」として扱い、「敵性外国人」とさえ見なし、監視の対象とした。

なお、本書で扱う「外国人」は、とくに断らない限り、「西洋人」とする。一部箇所では中国人も触れるが、原則的に西洋人とする。本書に登場する人々の民族、国籍、立場は実に多様であり、時の流れとともに変化する。「ユダヤ系ロシア人」と記したものの実際にはバルト三国の出身であったり、ドイツ人だったがユダヤ系だったゆえに国籍を剥奪されて無国籍になったり、「アルメニア人」を自認していても実際には国が存在せず無国籍であったり、夫婦や親子の国籍が異なったりなど、出身や国籍を明確に区別することが難しい人々が非常に多い。また「ユダヤ人」は、正確には宗教をベースにしたくくりであって、民族ではない。「ハンガリー人」だったが、「現実的には無国籍に近い状況だった」と語られる方もいる。そのため、本書の「〇〇人の誰それ」という場合の「〇〇人」も、便宜上に近いものであることをご理解いただきたい。本書では当事者本人による回想や手記、または当事者の評伝から多くの箇所を引用した。引用が多いとの感を受けるだろうが、できるだけ当事者の生の声を伝えたいと思ってのことなので、ご理解願いたい。

引用文の中には現在ではふさわしくない文言や呼称もあるが、そのまま記した。また、原文が英語のものは筆者が訳し、フランス語のものは翻訳会社に訳してもらったものを使用した。なお、敬称は基本的に省略させていただいたが、執筆時点でご存命の方については敬称をつけさせていただいた。本書中の写真で、特記されていないものは公知のものか、筆者が撮影し、所蔵しているものである。

時代はどんどん流れていく。今書き留めておかなければ、彼らのことは歴史の流れの中に永久に消えていってしまうのではないか。焦りのような気持ちに突き動かされて、彼らの姿を探し求め、足跡を追った。

アウトサイダーたちの太平洋戦争
——知られざる戦時下軽井沢の外国人——

目次

A	油屋旅館（憲兵隊詰所）	H	中華第一楼
B	軽井沢警察署	I	三笠ホテル（外務省軽井沢事務所）
C	ユニオンチャーチ	J	深山荘（スイス公使館）
D	聖パウロ教会	K	外国人墓地
E	浅野屋商店	L	テニスコート
F	ブレット・ファーマシー（ドイツ人倉庫）	M	ドイツ人学校
G	土屋写真店		

地図中の番号/名前（国籍）/職業/番地

1 ヴィノグラドフ（オーストラリア）/音楽家/1071	㉕ ヒルデブランド（スイス）/神父・公使館嘱託/2185
2 ケリバシ（インド）/1550	㉖ ラドレスコ（ルーマニア）/代理公使/1325
③ コスム（フランス）/大使/1380	㉗ デ・ヴィゴ（スペイン）/公使/2531
④ ガロア（フランス）/総領事/1008	㉘ フェルナンデス（ポルトガル）/公使/2501
5 ジャクレー（フランス）/浮世絵師/1371	29 ランゲル（ポルトガル）/商人/1104（後移転）
6 ギラン（フランス）/ジャーナリスト/ニューグランド	㉚ シトワ（スウェーデン）/代理公使/566
⑦ ヴェネカー（ドイツ）/海軍大将/1235	㉛ ヴェリア（アルゼンチン）/代理公使/650
⑧ ベルシュテット（ドイツ）/海軍武官補/951	㉜ カーン（アフガニスタン）/公使/1297
9 モザナー（ドイツ）＊/ゲシュタポ/526	㉝ ギョケル（トルコ）/大使/万平ホテル
10 ハーメル（ドイツ）＊/ゲシュタポ/1560	34 サファ（ロイ・ジェームス）（トルコタタール）/691
11 コップ（ドイツ）＊/技師/934	35 スタルヒン（旧ロシア）/プロ野球選手/952
12 シュパーン（ドイツ）＊/ゲシュタポ/1146	36 ブブノワ（旧ロシア）/画家・教員/1516
13 エルクレンツ（ドイツ）/銀行員/861	37 シャピロ（旧ロシア）/音楽家/1548（後移転）
14 シンチンゲル（ドイツ）/大学教員/2075	38 ペトロフ（旧ロシア）/亡命ロシア人協会代表/三笠ホテル別館
15 ブッス（ドイツ）/宣教師/沓掛前沢2	39 アプカー（アルメニア）/商会主/2513
16 ノーテヘルファー（ドイツ）/宣教師/1391	40 アガジャン（アルメニア）/教員/1421
17 シュナイダー（ドイツ）/商会主/1374	41 キンダーマン（無国籍）＊/教員/1095
18 ツアヘルト（ドイツ）/日独協会主事/1345	42 フランク、ルイス（無国籍）/教授/570
19 ラング（ドイツ）/宣教師/1230	43 フランク、ルディ（無国籍）/教員/1974
20 ハール（ハンガリー）/写真家/1093	44 シロタ（無国籍）/ピアニスト/1068
21 クァスラー（ハンガリー）/技師/1206	45 ローゼンストック（無国籍）/指揮者/710
22 モイシェフ（ベルギー）/商人/655	46 コーン（無国籍）/主婦/810
㉓ ゴルジェ（スイス）/公使/1190	47 シドリン（無国籍）/商店主/1267
㉔ ペスタロッチ（スイス）/赤十字委員/1396	

※住所は外務省『在留外国人名簿』による。
丸数字は外交官。＊はゲシュタポ・親ナチスで終戦後巣鴨拘置所に収監。

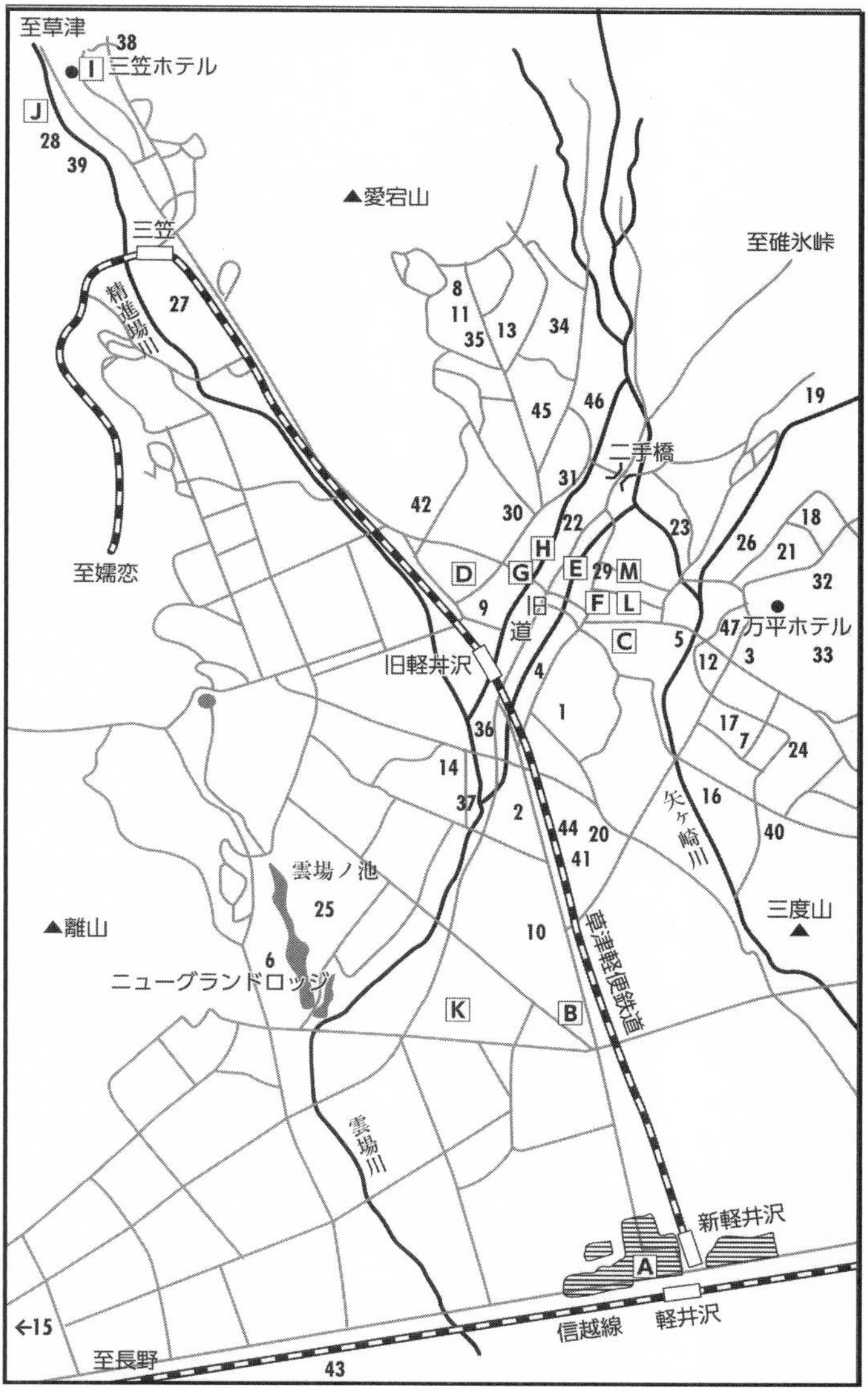
至草津
38
I 三笠ホテル
J
28
39
▲愛宕山
三笠
精進場川
27
至碓氷峠
8
11
35
13
34
45
46
19
二手橋
31
30
42
22
23
18
26
21
32
至嬬恋
H
D
G
E
29
M
F
L
9
旧道
47 万平ホテル
C
5
12
3
33
旧軽井沢
4
1
36
17
7
24
14
37
2
44
20
41
16
40
矢ヶ崎川
雲場ノ池
25
▲三度山
▲離山
10
草津軽便鉄道
6
ニューグランドロッジ
K
B
雲場川
新軽井沢
A
軽井沢
信越線
←15
至長野
43

第1章

「発見」された軽井沢の外国人たち

戦時下の日本で無傷で暮らす
松林に囲まれた山村に　不安そうに暮らす外国人の居留地を発見
ジョージ　H・ジョンストン

東京から列車で北西へ、わずか六時間。噴煙を吐く浅間山のふもと、ごつごつした山あいの松林の中に、西洋人たちが暮らす奇妙な居留地があった。そこは軽井沢という美しい小さな町で、平時の人口は二七五〇人。戦争の間、この町で白系ロシア人、フランス人、イタリア人、オランダ人、スカンジナビア人、ドイツ人などのヨーロッパ出身者が暮らしていた。抑留所に入れられた者もいれば、あからさまに日本に協力した者もいた。それでも彼らの多くは世界中で戦争の嵐が吹き荒れていた間、この地で奇妙なパラサイト的生活を送っていた。

今現在アジア全域において、洗練された服を着て、高い教養を備えたこれらの外国人ほど、将来に不安と戸惑いと恐怖を感じている人々はいないだろう。町の日本式の商店街では質の良い陶磁器や絹製品が売られ、品のいいガウンやしゃれたスポーツウェアを着た若くて美しいロシア人、フランス人、ドイツ人の女性たちが、またグレイのフランネルやハリスツイードの服を着たハンサムな男性たちが闊歩している。

これは終戦直後の一九四五年九月十八日、オーストリアのメルボルンを中心に発行されていた『アーガス（Argus）』という新聞に掲載された記事を日本語に訳したものだ。記事の中の「軽井沢」は、長野県軽井沢町のこと。執筆したジョージ・ジョンストン（George H. Johnston）記者は第二次世界大戦中、戦場特派員として、ニューギニア、ビルマ、イタリアなどの前線で取材を続け、一九四一年には「オーストラリア最高の戦地特派員」と評されている。ジョンストン記者はこの記事を執筆する前の九月二日、東京湾の戦艦ミズーリ上で行われた日本の降伏文書調印式も目撃している。

第二次世界大戦の終結という歴史的瞬間を取材したジャーナリストたちは、山の中に西洋人の奇妙な居留地があることを聞き付け、軽井沢にやってきた。ジョンストン記者もその一人だった。彼は軽

LIVED UNHARMED IN JAPAN DURING WAR

Correspondent Finds Colony of Foreigners Anxious Amid Pineclad Mountains

From GEORGE H. JOHNSTON

TOKYO

ONLY six hours' train ride to the NW of Tokyo and set amid craggy, pineclad mountains under the smouldering summit of volcanic Mount Asama there is a strange Occidental settlement in an Oriental world. It is the small picturesque town of Karuizawa. Its normal population of 2,730 consists, and has consisted throughout the war, of Europeans—White Russians, French, Italians, Dutch, Scandinavians, and Germans. Few of these people have been interned. Some of them have worked openly for the Japanese. Most of them have lived strange parasitical lives in the midst of a warring world.

Today there are no people in all Asia more perplexed, anxious, and terrified about the future than these smartly dressed, highly cultured, sophisticated foreigners. Through the town's colourful Japanese-style market street, with its tasteful shops in which prints, high quality porcelain and silks are sold, wander beautiful young Russian, French, and German girls in smart gowns and trim sports wear, handsome men in grey flannels and Harris tweeds and a pretty Australian girl and her Japanese husband.

In this little Lisbon of Japan a false air of poise, self-confidence, and Occidental superiority prevails until

Australian in 1929. He was formerly a concert pianist. He was interned in Japan at the beginning of the war, but was released after intervention by his patron, Baron Shigeta Hozumi, to whose daughters he is music instructor. His wife, Raissa Vinogradoff, is still living at Potts Point, Sydney, but he, too, says that he is quite happy to remain in Japan, "because the people have a deep love of music."

In Karuizawa the best people of all, and the most troubled, are the White Russians. I stayed as a guest for two nights in the home of a White Russian family. The picture that held pride of place on the walls was a portrait of the Czar Alexandrovitch. Most of the White Russians have a meagre livelihood and little reserve stocks. They have not been able to afford to pay the fantastic black market prices. They openly admit that the arrival of Allied troops has saved them all from certain starvation this winter. For that reason they entertained us royally with all they had left in their pantries and cellars.

In a wild celebration now that peace had come we had vast meals of borsch, lepeshki, and prioshki, danced half the night, and drank all that remained of their precious stocks of Harbin vodka. Almost their first

1945年9月18日Argus紙記事

井沢で同胞のオーストラリア人二人に、戦争中、敵国日本でどのように暮らしていたのかを尋ねている。

オーストラリア人のベティ片山に、戦争中はどんな様子だったかと尋ねると、彼女は日本人の夫の腕に愛おしそうに自分の腕を絡ませながら、「すばらしかったわ」と答えた。彼女はニューサウスウェールズ州モスマンの出身で、旧姓はベティ・マクドナルド。夫はコンサートピアニストで、彼女は戦争の間ずっと夫とともに日本で暮らしていた。

（中略）

オーストラリアに帰りたいかと尋ねると、彼女はこう答えた。「もちろん、親族や友達と再会したいです。でも私は日本に住み続けたい。日本と日本人が大好きなのです」

軽井沢で暮らすもう一人のオーストラリア人が、シドニーから来たポール・ヴィノグラドフだ。モスクワで生まれ、一九二九年にオーストラリア国籍を取得したヴィノグラドフは、コンサートピアニストだった。戦争が始まると抑留所に入れられたが、パトロンだった穂積重遠男爵の尽力により解放された。ヴィノグラドフは穂積男爵の娘たちに音楽を教えていた。妻は今もシドニーに住んでいるが、ヴィノグラドフ自身は引き続き日本に留まってもよいと言う。「なぜなら日本人は音楽を深く愛しているからです」と彼は言った。

ポール・ヴィノグラドフは、実際日本に骨をうずめている。生まれは記事にあるモスクワではなく、ポーランド。早くからピアノの才能を発揮し、パリ国立音楽院に無試験で入学を認められた。モスクワ国立音楽院を首席で卒業した後は、ロシアのトムスク音楽大学の総長も務めた。大正期に初来日し、一度は帰国するが、一九三七年に再来日。だが一九四一年十二月八日、

ベティ片山の帰国を報じるオーストラリア紙（1947年3月2日 Sunday Times）

日本軍がハワイの真珠湾を攻撃すると、英連邦に属するオーストラリアも対日宣戦布告。日本に住んでいたオーストラリア人は「敵国人」として抑留所に入れられた。ヴィノグラドフも東京の菫《すみれ》家政女学院に抑留されるが、外諜容疑が薄いとして一九四二年三月二十一日に抑留解除となる。戦後は演奏活動に復帰し、武蔵野音楽大学、日本大学芸術学部でも教え、優れたピアニストを数多く育てた。一九七四年に亡くなり、横浜山手の外国人墓地に眠っている。

　一方、ベティ片山は戦前の一九三六年、オーストラリアに留学していたピアニストの片山信四郎と結婚し、来日した。戦時中が「すばらしかった」というコメントは誇張と思われるが、片山家は裕福だったので、ベティは「戦争中もあまり苦労はなかった」と別のインタビューで語っている。

　空襲が激しくなると軽井沢に疎開したが、やはり食糧には事欠いた。終戦直前の七月に息子が誕生している。取材を受けたときは、息子が生まれ、戦争も終わり、幸せな時期だったと思われる。しかしこのわずか二年後、ベティは息子を連れて母国オーストラリアに帰国する。愛する息子の健康状態が悪化し、敗戦後の混乱と物資不足の日本で育てるのは困難との、苦渋の決断だろうと推測される。

　だが一九四七年、幼い息子を連れて帰国したベティに母国は冷淡だった。オーストラリアは建国以来「白豪主義」政策を採って、有色人種の入国を厳しく制限していた。その上、日本はオーストラリアを唯一直接攻撃した国であり、捕虜となったオーストラリア兵に厳しい仕打ちをした国であり、日本に対する憎悪がことのほか強かった。戦後、オーストラリア軍は英連邦軍の一部として西日本に進駐し、数百人のオーストラリア人将兵が日本人女性と結婚したが、彼女たち「日本人妻」がオーストラリアに入国を認められるまで何年もかかった。

「黒い髪、黒い瞳、褐色の肌」の息子を連れて帰国したベティは、「ジャップの妻」として新聞でも報道され、風当たりも強かった。オーストラリア政府も当初半年間の滞在しか認めず、ベティは息子の市民権を得るために長く闘うことになる。やがてベティは「エリザベス・カタ(Elizabeth Kata)」のペンネームで小説を出版する。人種を越えた恋愛を描いた処女作は大ヒットとなり、映画化もされた。その後の作品も多くがテレビドラマ化や映画化され、ベティは人気作家となる。

帰国後もベティはたびたび日本を訪れ、夫信四郎とも親しくしていたという。一九六三年のインタビューでは、「戦争中のつらい四年間は、平和に感謝することを教えてくれた」と語っている。さらに、「私にとって人種差別は、今日の世界においてもっともつらく、悲しいこと」と語り、終生人種差別に異議を唱え続けた。

ジョンストンの記事は続いて、ロシア人たちについて書いている。

> 軽井沢で一番気が良く、一番困っているのが白系ロシア人だ。私は客人としてロシア人家庭に二晩泊めてもらった。壁にはロシアのアレクサンドロヴィチ大公の肖像画が誇らしげに飾られていた。ほとんどの白系ロシア人はわずかな収入と備蓄品しか持っておらず、闇市での法外な値段も払うことができない。そのため彼らは、「連合軍が来たことで救われた。この冬、餓死しないですんだ」と言う。そして戸棚に残ったわずかな食糧で私たち

を精一杯もてなしてくれた。

私たちはようやく平和が訪れたことを祝い、ボルシチ、レベシキ、ピロシキを腹いっぱい食べ、夜半まで踊り、彼らの貴重なストックであるハルビン産ウォッカを飲みほした。彼らが私たちに真っ先に、そして何度も尋ねたことが、「自分たちはソ連に送還されるのだろうか?」という不安だった。

〔ボリシェヴィキ〕革命から四半世紀以上が経った今も、無国籍の彼らはロシアに送還されることを恐れている。満州や日本で生まれた子どもたちでさえ、ロシアに帰ったら処刑されると思っている。

酒が尽きてしまうと、私たちのホストは申し訳なさそうに謝った。「あなた方に勝利のお祝いをしてあげたいのに、もう飲むものがありません」と。そこで私たちはパーティーの続きをやるためにドイツ人の家に行って、ウィスキーやウォッカをかき集めてきた。

つまり私たちは軽井沢で白系ロシア人たちのパーティーで、ロシアがドイツと日本に勝ったことを、ドイツがオーストラリア船から盗んできたウィスキーで祝ったのだ。なんという皮肉、なんというパラドックスだろう。


ロシア帝国では、一九一七年にレーニンら率いる社会主義者によるボリシェヴィキ革命が発生。国内は社会主義を信奉する「赤軍」と、帝政ロシア派の「白軍」による激しい内戦に突入した。最終的に赤軍が勝利を収め、ロシア帝国は瓦解し、皇帝一家は処刑され、敗れた白軍の兵士や貴族は命からがら逃げた。そして東へ東へと逃れた人々の一部が、日本にたどり着いた。その数、千百人余り。

彼ら「白系ロシア人」は、函館や軽井沢、神戸、東京などに住み、日本人にさまざまな文化を紹介した。その一つがジャムだ。ロシアでは、紅茶とともにジャムを食す。軽井沢の名産品にジャムがあるが、これは白系ロシア人が地元の人々にジャム作りを勧め、教えたことに端を発している。

日本に亡命してきたロシア人たちは、戦争が終わり、戦勝国ソ連が敗戦国日本に対して、日本国内の白系ロシア人の引き渡しを求めてくるのではないかと、不安を抱えていた。

記事はさらに、不安を抱える別のグループとして、同じ敗戦国のドイツ人について記している。

ドイツ人は他のヨーロッパ人から、そして日本人からも嫌われ、ねたまれている。主な理由は、ドイツ人が豊富な食料の備蓄を持っているからだ。ドイツ海軍の封鎖突破船は燃料補給と捕虜を下ろすために東京や横浜に入港したが、その際、豊富な食糧も運んできた。日本のほぼ全土が餓死寸前という状況にある中、軽井沢のドイツ人はドイツ軍が拿捕した船に積まれていたオーストラリア産のバターやチーズ、肉の缶詰、果物や酒を食べていた。だが、比較的恵まれた境遇にあるドイツ人でさえ、自分たちがどうなるのかわからず、不安におびえている。

ドイツは日本の同盟国だったので、戦時中日本には約二千六百人のドイツ人がいた。第一次世界大戦で敗戦したドイツは強靭な軍隊を作り上げた。ヨーロッパでのドイツの快進撃に幻惑された日本は、ドイツと軍事同盟を結び、ついには対米戦争にも突入していった。

ドイツ海軍の軍艦は、インド洋上で連合軍への補給物資を運んでいたオーストラリア軍艦を拿捕した。将兵は捕虜として、積み荷は戦利品として、同盟国日本に運ばれた。戦利品の缶詰やラード、当時希少だったコーヒー豆などは、日本側にはほとんど供出されず、東京のドイツ大使館を通じて日本に暮らすドイツ人に配られた。軽井沢には、これらドイツ人専用物資を保管する倉庫もあった。この特別配給品のおかげで、ドイツ人は他の国の人々のように飢えずに済んだ。だが、それゆえにねたまれることになった。

しかし、かつての軍事強国ドイツも日本に先んじること三か月、無条件降伏していた。日本のドイツ人たちはどんな処遇を受けるのか、いつ本国に送還されるのか、一体祖国はどうなっているのか、大きな不安を抱いていた。

軽井沢にやってきた従軍記者たちは、世界中を巻き込んだ凄惨な戦争の間、大勢の西洋人たちが山の中で「無傷で」暮らしていたことを知り、仰天した。実際には全員が無傷だったとは言えないのだが、少なくとも彼の目にはそのように映った。

軽井沢に集められた外国人はどのような人々だったのか。どのような経緯で軽井沢に集められたのか。激しい空襲と深刻な食糧不足、そして排外主義的な空気が蔓延し、外国人が厳しく監視された状況下で、どのように暮らし、生きたのか。

次章から少しずつ明らかにしていく。

第2章 落葉松林の中のモザイク社会

外国人に「発見された」軽井沢

軽井沢町の始まりは、中山道の宿場町、「軽井沢宿」だ。江戸時代、中山道は東海道と並び、江戸へ向かう参勤交代の主要ルートの一つだった。東海道は大井川の水量が増えると何日も足止めされるリスクがあったが、中山道は日数はかかってもリスクの少ないルートだった。軽井沢宿は江戸から十八番目の宿場町で、十九番目の「沓掛《くつかけ》（宿）」、二十番目の「追分宿」とあわせて、「浅間根腰の三宿」と呼ばれた。宿場町の中心は、現在軽井沢で「旧道」または「軽井沢銀座」と呼ばれている商店が並ぶ通りで、公家や参勤交代の大名行列の一行が宿泊する本陣と脇本陣、一般の旅人が宿泊する旅籠が軒を連ねていた。

だが明治維新によって武士の時代が終わり、参勤交代もなくなり、その上国道も建設されると、三宿ともすっかりさびれてしまった。旧道の店舗も廃業や商売替えを迫られ、江戸時代に俳人小林一茶が宿泊した旅籠の「しろきや」も、質屋に商売替えしている。

そこに、まさに救世主のごとく現れたのが、キリスト教の宣教師だった。明治時代の幕開けとともに、欧米から多くの宣教師が布教活動のために日本にやってきた。欧米人にとって、高温多湿な日本の夏は体力的にきつい。そこで彼らは夏の暑さから逃れるために、涼しい場所へ「避暑」に出かけた。

カナダ人宣教師のアレキサンダー・クロフト・ショー（Alexander Croft Shaw）が、友人でお雇い外国人の英語教師ジェームス・メイン・ディクソン（James Main Dixon）とともに、移動の途中に軽井沢に立ち寄ったことが、町の歴史を大きく変えることとなった。ショーは夏涼しく、湿度が低い軽井沢のさわやかな気候が気に入り、一八八七年（明治二十年）頃、軽井沢に別荘を建てた。そして仲間の宣教師たちにも軽井沢を勧めた。

やがて、夏になると日本各地から外国人の宣教師や教師が軽井沢に集まるようになり、別荘を建てた。ぺんぺん草がはえ、さながらゴーストタウンだった、かつての宿場町に、「異人さん」の姿が増えていった。

一八九七年（明治三十年）には、長野市を拠点に布教活動を行っていたカナダ人宣教師ダニエル・ノーマン（Daniel Norman,「ノルマン」の表記あり）が、軽井沢に宗派を超えた礼拝堂「ユニオンチャーチ」を創立した。なお息子のハーバートは、後にカナダ公使館に勤務し、日米開戦により交換船で帰国。優れた日本思想史研究者だったが、アメリカの赤狩り「マッカーシー旋風」の中、共産主義者の疑いをかけられ、自死している。

一八九九年（明治三十二年）外国人居留地制度が廃止されて内地雑居が始まると、軽井沢は避暑地として定着し始める。

当然のことながら、日本人と全く異なる生活様式の外国人が突然やってくるようになり、地元の人々は戸惑った。家の中に土足であがる。言葉が通じず、コミュニケーションが取れない。日本語ができる宣教師の中には、軽井沢に来ると日本語を話したがらない者もいた。「グッドモーニング」と言われたのを「愚問」と勘違いしたり、「ウォーター」と言われて「綿」を持って行ったこともあったという。

価値観の違いもあった。宣教師の暮らしぶりは簡素で、そのとき必要な物しか買わない。「おまけ」をつければ、「なぜ要らない物をくれるのか」と言われる。日曜に営業している商店は、「日曜は安息日だから店を閉めるように」と諫められる。それでも軽井沢の人々は戸惑いながらも違いを受け入れ、外国人のニーズに合わせた新たな商売に取り組み始めた。というより、生きるためにそうせざるをえなかったという方が強かった。

旅館は西洋式のホテルに変わった。外国人の食に欠かせないパンや牛乳、牛肉を扱う店ができ、牛乳や肉を保存するために天然氷の製造が始まった。地元の人々は西洋の新しい技術を努力して習得し、写真スタジオ、衣服の仕立て、靴の製造・販売、「西洋洗濯」と呼ばれたクリーニング、西洋人向けの生花の栽培や販売、別荘向けの薪売り、水汲み、「おまる」の清掃、貸し布団業などを始めた。前出の、旅籠から質店に商売替えした「しろきや」は、所有する畑を売ったお金で上京して写真技術を学び、写真店を開業する。現在も旧道で営業を続ける「土屋写真店」だ。

宣教師は地方で宣教活動をしているため、普段は西洋式の衣服や生活用品が手に入らない。そこで衣服や、食器や家具を軽井沢で調達した。東京の銀座や横浜の元町の西洋人向け商店が夏の間だけ、軽井沢で出張店を開くようになった。

宣教師たちは軽井沢に到着すると、まず衣服をオーダーする。そして夏の終わりに、出来上がった衣服を受け取ってそれぞれの土地に帰っていく。日光から来た大工職人は、別荘で使用

軽井沢の旧道（絵葉書）

する家具を作り、そこに「日光細工」の技術を生かした彫刻を施した。桜の模様を細かく彫り込んだ椅子やテーブルは、解体して持ち運べるよう工夫したため、人気を博した。現在も続く「軽井沢彫り」だ。

日露戦争が始まると、軽井沢は傷病兵の療養地に指定された。傷病兵の数が多く、軽井沢だけでは受け入れきれなかったため、さびれていた隣の沓掛、追分も息を吹き返した。「沓掛」は現在の中軽井沢だ。

一九一五年（大正四年）には軽井沢と草津温泉を結ぶ「草軽電鉄」線が開通。宣教師以外のアメリカ人やイギリス人の別荘が数多く建てられ、旧道の商店街には英語の看板が増えていった。長野県の山の中に、横浜や神戸のような異国情緒あふれた街並みが出現した。海外経験のある日本人上流階級もやってきて、別荘を建てるようになった。

こうしてショーをはじめとする外国人宣教師によって、軽井沢は「避暑地」という新たな生命を吹きこまれ、生まれ変わった。ショーは今も「軽井沢の恩父」として慕われ、毎年「ショー祭り」が開かれている。

軽井沢を愛し、その発展に寄与した外国人は多い。先述のダニエル・ノーマンは軽井沢を「第二の故郷」と呼び、避暑客と地元住民との問題解決のために「軽井沢避暑団」を作って自ら理事を務め、「飲む・打つ・買う」のない「清潔な避暑地」という方向性を作った。結核療養所も開設し、住民たちはノーマンを「軽井沢の村長さん」と呼び、敬愛した。

また、医師にして考古学者、人類学者でもあり、日本各地で貝塚や古墳などの考古学的発掘に多大な成果をあげたニール・ゴードン・マンロー（Neil Gordon Munro）は、診療所の初代院長に就任。診療所は通称「マンロー病院」と呼ばれ、避暑客だけでなく村民も診察した。

アメリカ出身のウィリアム・メリル・ヴォーリズ（William Merrell Vories）は、家庭常備薬の軟膏メンタームを輸入販売する近江セールズ会社（現在の近江兄弟社）や建築設計事務所を設立し、軽井沢でユニオンチャーチや、有名なテニスコートのクラブハウスなど多くの建物や別荘を設計した。

駐日アメリカ大使を務め、退任後はハーバード大学教授として日本研究を推し進めたエドウィン・ライシャワー（Edwin Reischauer）は、宣教師の息子として日本で生まれ、軽井沢に深い愛着を持っていた。関東大震災発生時には、軽井沢にいて難を逃れ、家族とともに軽井沢駅で逃げてきた被災者の支援にあたった。

軽井沢は宿場町から、国内随一の避暑地へと変貌し発展した。その素地には、地元の人々が宿場町時代の伝統から、外の人を大切にし、人をもてなす術を知っていたことがあった。町の人々は時代の変化に先取的に対応し、西洋の技術を進んで習得した。外国人からさまざまなことを学んだ。「外の人」との適度な距離感を身に着け、別荘族との付き合い方を習得した。一方、別荘の避暑客も地元の人々との関係を大切にした。

一九二三年（大正十二年）に摂政天皇（のちの昭和天皇）が軽井沢に行啓されると、以降皇族も訪れるようになり、ステータ

ユニオンチャーチ

スも付加された。

世界初の大西洋単独横断飛行を成功させたチャールズ・リンドバーグは、一九三一年には北太平洋横断飛行も成功させ、来日の際、軽井沢を訪れた。

一九三八年には日独交流のために来日したドイツのヒトラー・ユーゲントの一行三十一名が、近衛首相の招待で軽井沢を訪れている。

太平洋戦争開戦

一九四一年（昭和十六年）七月、日本軍が南部仏印に進駐すると、これに抗議してアメリカは米国内の日本資産を凍結。対抗して日本も国内のアメリカ資産を凍結し、日米関係は急速に冷え込んでいった。日本で貿易業を営んでいたアメリカ人やイギリス人は商売が難しくなり、日本を去り始めた。戦争が近いのではないかと、本国からの帰国勧告を受け入れて帰国する者も続出した。

ついに十二月八日に対米英開戦となると、アメリカ人やイギリス人が日本国内に保有していた資産は「敵産管理法」により、「敵国人財産」として封鎖され、日本政府の管理下に置かれた。その中には、アメリカ人やイギリス人が軽井沢に所有していた別荘も含まれた。別荘の中には家具や備品が残され、タンスの中にはシーツ、食品庫には缶詰やびん詰も残されていたという。「敵産」の別荘は競売にかけられ、このとき購入した文学者も少なくなかった。

戦争が長引き始めると、軽井沢に別荘を保有する日本人の上流階級者や文学者などが軽井沢に疎開してきた。その中には、後に民間人として初めて皇室に嫁いだ、現在の美智子上皇后もいた。

軽井沢に疎開した文学者の中に、戦時中の軽井沢での外国人について著作に記している者たちがいる。フランス文学者の朝吹登水子は『私の軽井沢物語』の中で、戦時中軽井沢にいたフランス人たちのことを記している。小説家の野上彌生子の日記には、東京で焼け出され、軽井沢の愛宕山のふもとに疎開して来た「トルコ人の爺さん」が登場する。「アハメッド」という名のこの爺さんは、終戦後ではあるが、野上彌生子の別荘にリンゴやバター、牛肉、白米、パンなどを売りに来た。歌人の窪田空穂は、終戦翌年に執筆した随筆の中で、軽井沢の外国人について、次のように書いている。

私は疎開者として昨年七月から十一月までを、長野県の軽井沢町で過した。そこはわが国代表の外人の集合地となっていて、殊に戦時中は政府の命令で集合をさせられていたところである。従って足一歩屋外に出ると、見かける人の八、九分は外人で、自国人といっては極めて稀で、かへって珍しいくらいであった。

（『高原に集へる外人達』一三三頁）

「見かける人の八、九分」が外国人とは、日本人の方が珍しいくらいだ。窪田空穂は、外国人と日本人は好む住環境が異なり、自分が住んでいたところは外国人がとりわけ多いエリアだったとも記している。

軽井沢の外人の集合している地は、信越線軽井沢駅よりは西北の三キロばかり、旧仲仙道碓井越えの上り口にある町で、旧軽井沢と呼んでいる。その辺一帯の碓井の支脈よりの傾斜地帯に彼らは別荘を構へている。わが国人の別荘は浅間山寄り、別山の孤立した山の山裾に多く、これは平地を択《えら》んでいる。建築様式も一目にそれと見分けられる程に異なっている。…外人は樹木の多い、殊に陰鬱な地に、わが国人はその反対な、比較的明るい地にいるのである。おのおのその所好、趣味を現している。（中略）

私の居た家は外人地帯にあり、一区画の林の中の一軒家という形であった…。

（『高原に集へる外人達』二三三〜二三五頁）

これら日本人文筆家による記録は貴重ではあるが、極めて断片的であり、戦時中軽井沢に疎開した外国人の全体像を窺い知ることは到底できない。

そこでまず、太平洋戦争中、軽井沢に疎開・移住した外国人の概要を、残存するわずかな一次資料から探ってみたい。

戦時下軽井沢の外国人の人数

冒頭に記したように、一九四五年（昭和二十年）八月十五日に終戦を迎えると、長野県庁では公文書の焼却が行われた。県からの指示にしたがって、軽井沢町役場でも公文書の焼却が行われた。燃やすのに三日かかったと言われ、徹底的に焼却処分されたものと思われる。

一九五三年（昭和二十八年）発行の『町誌　軽井沢』に、町の人口の推移が掲載されている。それによれば、一九四〇年十月の人口は、「二〇七八世帯八七四六人」。さすがに太平洋戦争中の数字はないが、終戦からまもない一九四五年十一月の人口は、「三四七五世帯一万五三七四人」。仮に一九四〇年の数字が比較的平時に近いものだとすれば、世帯数で三・五倍、人口で約二倍に膨れ上がっている。とはいえ、これらは町役場が把握できた人数であり、実際には把握しきれていない人々も相当数いたものと思われる。さらに、終戦直後の九〜十月には早くも外国人たちは東京や横浜に戻り始めている。戦中の軽井沢の人口がピークに達したのが終戦の直前とすれば、そのときの人口はこの数字よりも多かったと推定される。

日本国憲法の作成に女性としてただ一人参加し、男女平等に関する条項を書いたベアテ・シロタ・ゴードンの両親も戦時中、軽井沢にいた。

ベアテの父レオ・シロタはウクライナ生まれのユダヤ人で、「リストの再来」とまで称せられた世界的なピアニストだった。一九二八年に山田耕筰の要請を受けて初来日し、コンサートで大成功を収め、翌年に再来日。東京上野の東京音楽学校（現在の東京藝術大学）で教鞭をとり、多くのピアニストを育てた。妻アウグスティーネもピアノの教師だった。

一人娘のベアテは、ドイツがポーランドに侵攻して第二次世界大戦が始まった一九三九年、大学進学のためアメリカに渡る。一九四一年夏、シロタ夫妻はアメリカを訪れて娘との再会を楽しんだ。だが、この頃日米関係は目に見えて悪化していた。周囲は夫妻に、日本に戻らずアメリカに留まるよう勧めた。だがレオは、「日本はアメリカと戦争はしませんよ」と耳を貸さず、「音楽学校との契約がある。私を待っている生徒たちがいる」と言って、帰国した。

夫妻が横浜に戻ってからわずか十日後、日本軍はハワイの真珠湾を攻撃。太平洋を挟んで引き裂かれた親子は、終戦までの四年

表１　軽井沢町の人口推移

	世帯数	人口(男)	人口(女)	合計(人)
1940年10月	1,078	4,336	4,410	8,746
1945年11月	3,475	6,450	8,834	15,374
1946年 4月	2,888	5,595	6,974	12,542

（『町誌　軽井沢』昭和28年より作成）

間、互いの安否さえわからなくなった。

戦争が終わった一九四五年十二月二十四日、ベアテはアメリカ進駐軍GHQの一員として来日し、両親の消息を必死に探し求める。そして、ラジオ放送用の演奏で上京してきた父と、次いで凍える軽井沢で母と、涙の再会を果たす。母アウグスティーネは栄養失調により、ほとんど寝たきりの状態だった。

そのベアテの自伝に、軽井沢の外国人について次のように記されている。

〔一九〕四三年になると、同盟国、中立国の大公使館が軽井沢に疎開を始めた。…最終的には約三〇〇名の外交官が滞在し、軽井沢は一挙に外交の中心となった。約五千人の外国人によって、軽井沢のホテルはふくれあがった。
(『1945年のクリスマス』一四六頁)


軽井沢の外国人について、「約三〇〇名の外交官」を含めた「約五千人」という、具体的な人数が示されている。

戦時中、日本には同盟国ドイツやイタリアの他、中立国が大使館や公使館を置いていた。戦前日本が大使館を交換していたのは、アメリカ、イギリス、フランス、中国、ドイツ、イタリア、ソ連など大国のみで、他の国々は公使館だった。これら外国公館の一部は、一九四三年頃から業務の一部を軽井沢に移し始めたようだ。「ようだ」と書くのは、具体的にどこの国の大公使館が、いつから、どのくらいの業務を疎開させたのか、はっきりとはわからないからだ。

一九八八年(昭和六十三年)発行の『軽井沢町誌　歴史編(近・現代)』をはじめ、軽井沢の歴史について記した本は、「一九四三年にトルコ大使館やソ連大使館が万平ホテルに疎開した」と記しているものが多い。「フィリピン、スペイン、ポルトガルの大公使館が万平ホテルに置かれた」と書いているものもある。だが、太平洋戦争中の日本の対中立国外交について研究した田川幸太氏は自身の論文の中で、万平ホテルの社史の次の記述を引用して、この時期は疎開ではなく単なる休暇だったのではないかと指摘している。

〔昭和〕十九年六月を迎えると軽井沢万平ホテルの宿泊人名簿にソ連人の名前が急激に増えていく。在日ソ連大使館関係者で、中には親子連れもみられるが、ほとんどが一泊二日の日程になっている。ついでスイス公使館、中華民国大使館の関係者が多いが、執務をしたような雰囲気ではなく、外交官は週末に往復している。東京もこの時期は空襲を受けていなかった。

（『万平ホテル物語　軽井沢とともに百年』二〇五頁）

東京の空襲が本格化したのは、一九四四年（昭和十九年）十一月下旬からだ。日本政府は一九四四年に外国公館の「任意疎開」を認めたが、一九四五年三月十日の東京大空襲を受けて、それまでの「任意疎開」を「強制疎開」に切り替えた。そして、強制疎開した外交団との折衝のため、疎開先に外務省の出張所を開設した。外務省軽井沢事務所長に就任した大久保利隆公使が、本省宛てに送った、一九四五年六月六日付けの電報の中に、軽井沢の外国人の人数が示唆されている。

最近一般罹災外人の急増に鑑み（約千名程度の外人増加の見込）、従来共不足勝ちなる当地の食糧状況を更に悪化せしむべく、総計二千数百人に上る外人に対する食糧供給の困難は自然外交団の配給に迄累を及ぼすべきに付き…。

（外交史料館『在日外交団ニ対スル物資ノ配給並ニ処遇関係』軽普第二二一号）

外国人がさらに千人ほど増えて二千数百人になりそうだ、と記されている。この電報から、「六月上旬時点での軽井沢の外国人の数は千数百人で、さらに増加中」ということがわかる。外務省軽井沢事務所は、現地で外交団と直接折衝していたので、この数字は実情に即したものと思われる。

具体的な数字を示唆してくれる、もう一つの一次資料が、やはり外務省外交史料館に保管されている『在留外国人名簿』（K3.7.0.15 在本邦外国人ニ関スル統計調査雑件第四巻）だ。この名簿には当時日本に在留していた外国人で、敵国人として抑留されていた者を除いた、ほとんどすべての人の氏名、性別、年齢、職業、住所が五段組みで、六十七ページにわたってびっしりと、国籍別に記されている。「ほとんどすべての」と書いたのは、他の一次資料や証言から、この名簿から漏れている人々が少なからずいることが判明したからだ。一方で重複して掲載されている人々もいる。

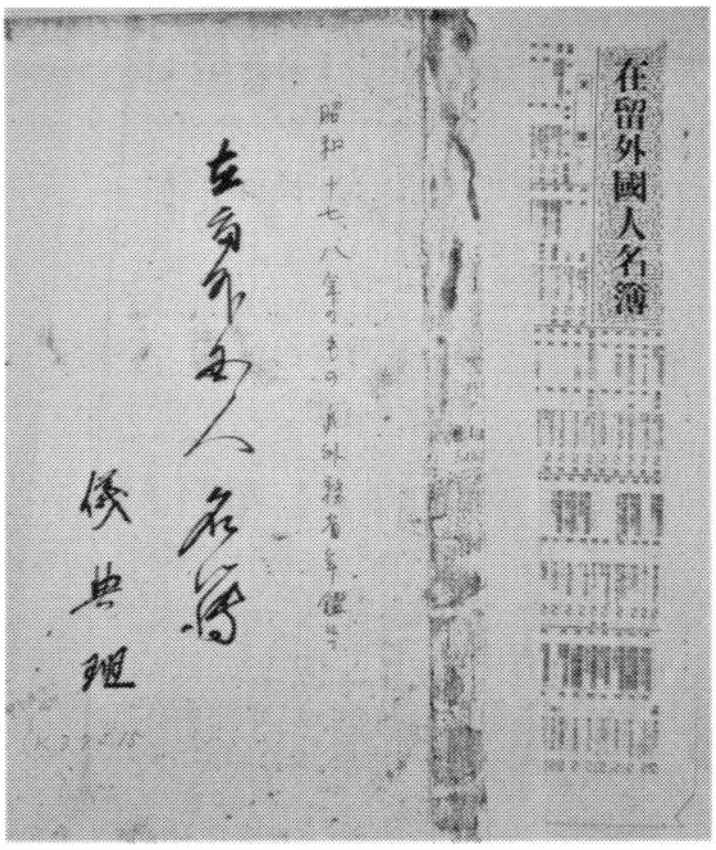

外務省外交史料館の
『在留外国人名簿』

二〇一九年初め、戦時中の民間外国人抑留者について長年研究されている小宮まゆみさんから、この『在留外国人名簿』（以下略して『名簿』）を紹介された。その年の春から秋にかけて、筆者をリーダーとし、「戦時中軽井沢にいた外国人」のテーマに関心を持つ四人（小宮まゆみ氏、大堀聰氏、田川幸太氏、筆者）で、この『名簿』についての分析を行った。まず編纂時期について。表紙に手書きで「昭和十七、八年頃のもの」と記されているが、四人で検証した結果、実際にはもっと後、具体的には終戦直後の一九四五年（昭和二十年）八月二十五日頃だろうとの結論に至った。その根拠は三つ。

一つは、終戦直前に来日したマルセル・ジュノー博士（Dr. Marcel Junod）とマルガリータ・ストレーラ女史（Margherita Straehler）の二人の氏名と軽井沢での住所が掲載されていることだ。ジュノー博士は、空席となっていた赤十字国際委員会の新たな駐日代表として、そして横浜生まれのストレーラ女史はジュノー博士の日本語通訳として、一九四五年八月九日、まさにソ連が対日参戦したその日に満州の新京から、ソ連軍に誤って撃墜される危険を冒しながら、飛行機で来日した。ジュノー博士もストレーラ女史も軽井沢に住居を用意されていた。だが、そこに腰を落ち着ける暇もなく、東京大森の連合軍捕虜収容所、さらに被爆地広島の視察に向かう。ジュノー博士が広島に届けた十五トンの医薬品は、広島に届けられた唯一の国際支援物資となった。広島の平和記念資料館の前には、ジュノー博士を顕彰する碑がある。

広島の平和記念資料館前にある
ジュノー博士顕彰碑

二つ目の根拠が、『名簿』に掲載された外国人のうち、神奈川県在住者の記載情報が、『昭和二十年八月二十五日現在　在留外国人名簿　神奈川県』と題した神奈川県警察部の史料の記載情報とぴったり符合することだ。このことから、恐らく外務省の『名簿』は、各都道府県警察に対して都道府県内に在留する外国人の名簿を提出させ、それらの名簿をまとめたものではないかと思われる。すべての都道府県警の名簿が昭和二十八月二十五日時点のものかどうかはわからないが、少なくとも同時期に提出されただろうと推測される。

三つ目として、『名簿』に掲載されている多くの人々の住所や年齢も、八月下旬説と符合する。

つまりこの『名簿』は、「ほぼすべての在日外国人が、終戦直後の時点に住んでいた場所が記されている名簿」だといえる。したがって、この『名簿』から住所が「長野県軽井沢町」と記されている人々を数えていけば、終戦時に軽井沢にいた外国人のほぼ正確な人数と氏名が判明することになる。

その後四人で、この『名簿』から長野県内在住者を抽出し、エクセル表に落とし込む作業を手分けして行った。さらにその人がどのような人物で、どの史料に登場するかも、わかる範囲で備考欄に記入した。この作業によって、軽井沢にいた外国人の総数や国籍別人数が初めて明確に見えてきた。同時に、いたはずのスイス公使夫人が載っていないなど、『名簿』から漏れている人物がいることもわかった。

エクセル表完成後、新型コロナにより集まれなくなってしまったため、筆者一人で調査を続け、さらに記載漏れの人々が判明した。例えば、外交史料館の、「Of staff-members of the former German Embassy in Japan, who are at present residing at Karuizawa who wish to be repatriated（現在軽井沢に居住する元ドイツ大使館員で送還を希望する者）」というリストと突き合わせた結果、軽井沢にいたドイツ大使館員の家族がすっぽり抜け落ちていることが判明した。この他、直接聞き取りや接触をした人々の証言から、「いたのに載っていない」ことがわかった人々もいた。これらの人々は、証言などからたまたまわかったので、こうした人々が他にもまだいる可能性は高い。

以上をもとに、まず『名簿』に重複して掲載されている人を見つけて削除し、次いで記載漏れ判明者を追加し、氏名を一人一人数えるという地道な作業を行った。その結果、得られた人数は「一八四七人」だった。この数字は外務省軽井沢事務所長の電報に記載された、「六月上旬時点で千数百人、なお増加中」という数字と矛盾しない。多少の変動や記載漏れを加味しても、「終戦時に二千人弱」というのが、実数だったのではないだろうか。

この数字を、表1の数字と突き合わせてみると、終戦時の軽井沢町全体の人口に占める外国人の割合は、一割〜二割になるだろうか。ただし、窪田空穂が書いているように、外国人が多く集まって住むエリアと日本人が多く集まって住むエリアがあったので、エリアによってかなり差があったものと思われる。

外国人の国籍

では、「二千人弱」の外国人は、どの国籍の人が、それぞれ何人くらいいたのだろうか。前章で紹介したジョンストンの記事は、白系ロシア人、次いでドイツ人が多いと記していた。窪田空穂は次のように記している。

軽井沢に群居している外国人は欧洲の広い範囲に亘ってのものらしいが、外人馴れしていない私などの眼には、その国別は分らない。大体英米人は引揚げてしまって居ないらしく、比較的多いのはドイツ人らしい。…私などには丈が低く、柔和な顔をしている者はフランス人、反対に丈が高く、がっちりと厳つい恰好をしている者はドイツ人と思はれる程度で、それ以上には分からない。台所口へ林檎を売りに来た中年の外国婦人に、その国を訊くとトルコだと答へたさうである。地図の上だけで知る欧洲小国の公使館、領事館が林間に散在しているので、かなり雑多な外人の居ることは確かである。支那人、半島人も相応にゐる。

（『高原に集へる外人達』二三六頁）

『名簿』は国籍別に氏名が記載されているので、先ほど同じ作業、つまり国ごとに記載されている人数を数えあげ、重複者を除き、記載漏れが判明した者を加えるという地道な作業を再び行った結果、得られた数字が表2の通りだ。

これによればドイツ人がもっとも多く五三四人で、全体の三分の一近くを占める。次いで中国人が三五二人、旧ロシア人が一八九人、フランス人が一三九人、スイス人が一三五人、無国籍者が一二〇人、トルコタタール人が一〇三人と続く。他にオランダ、ベルギー、ノルウェー、フィンランド、スウェーデン、ハンガリー、リトアニア、エストニアなど、窪田空穂が書いている通り、「欧洲の広い範囲に亘って」いる。

「旧ロシア人」は、ロシア革命後に日本に亡命してきたいわゆる「白系ロシア人」で、その多くは「無国籍」だった。

「トルコタタール人」も、同様にロシア革命後にロシア領域内から日本に亡命してきた人々だが、テゥルク系のイスラム教徒で、やはりほとんどが「無国籍」だった。窪田空穂や野上彌生子の作品に登場するリンゴ売りの男女は、「トルコから来た」と答えているが、実際にはトルコタタール人だと思われる。なぜなら、『名簿』によれば軽井沢にいたトルコ人はわずか九人で、全員がトルコ大使館関係者だからだ。

「無国籍」は、ユダヤ系ロシア人や、ドイツ国籍を剥奪《はくだつ》されたユダヤ人だ。一九四二年一月一日、ナチスドイツ政府はユダヤ系ドイツ人の国籍を剥奪すると発表した。だがすぐに剥奪したわけではなく、また全員が一斉に剥奪されたわけでもなく、剥奪された時期は人によって異なった。

なお、リトアニアの杉原千畝《ちうね》領事代理が発行したビザを命綱に来日したユダヤ人のほとんどは、日本を経由してアメリカなどへ渡っている。

「アルメニア」人は、長らく国を持たない民族で、二十世紀初めにはロシア、ペルシャ、オスマントルコの三大帝国にまたがって暮らしていた。ロシアが第一次世界大戦とボリシェヴィキ革命、さらにそれに続く内戦によって大混乱に陥ると、一九一八年にアルメニアは悲願の独立を果たす。だが、そのわずか二年後の一九二〇年、ソ連邦によって吸収され、再び国が消滅してしまう。

これら旧ロシア、トルコタタール、ユダヤ人、アルメニア人の人数を合わせると、軽井沢には無国籍者が四二一人もいたことになる。昭和十九年三月の『外事月報』には、「本邦在住旧露国人其他無国人総数は約一千四百名」と記されているので、日本全国にいた無国籍者の約三分の一が軽井沢にいたということになる。『外事月報』とは、外事警察の月ごとの報告書であり、現在発見されたものが復刻出版されている。

一点留意すべきことは、この国籍は世帯主の国籍だということだ。『名簿』では国籍別に氏名が掲載されているが、夫婦で国籍が異なる場合や、同じ世帯に異なる国籍者がいる場合も、家族全員が世帯主と同じ国籍者として掲載されている。

例えば、ドイツ大使館員のフランツ・クラプフはドイツ人、妻ヘルガはスウェーデン人だったが、二人ともドイツの欄に記載されている。ドイツ人のエルクレンツ家は、両親と長女はドイツ国籍、長男と次男はアメリカ生まれでアメリカ国籍も持っていたが、五人ともドイツの欄に掲載されている。同様に、外国人男性と結婚した日本人女性は夫と同じ国籍欄に掲載されているが、日本人男性と結婚した外国人女性は掲載されていない。したがって前章で紹介したベティ片山、外務大臣東郷茂徳のドイツ人妻エディ、来栖三郎元駐米大使のアメリカ人妻アリスなど、軽井沢には日本人男性と結婚した外国人女性がかなりの数いたが、『名簿』には一人も

表2　戦時軽井沢町在住外国人の国籍別内訳　（1945年8月下旬時点）単位：人

国　名	終戦時の対日関係	『名簿』記載人数	重複/誤記	記載漏れ判明	調整後人数
アメリカ	敵国（1941年12月8日宣戦）	3			3
イギリス	敵国（1941年12月8日宣戦）	6			6
カナダ	敵国（1941年12月8日宣戦）	4			4
オーストラリア	敵国（1941年12月8日宣戦）	8			8
インド	敵国（1941年12月8日宣戦）	2			2
オランダ	敵国（1941年12月10日宣戦）	1			1
ベルギー	敵国（1941年12月22日宣戦）	6			6
ノルウェー	敵国（1942年3月30日断交 1945年7月11日宣戦）	2			2
フィンランド	断交（1944年9月22日断交）	3		3	6
トルコ	敵国（1945年1月6日断交 1945年6月20日宣戦）	16	7		9
イラン	敵国（1942年4月13日断交 1945年2月28日宣戦）	3			3
アルゼンチン	敵国（1944年1月26日断交 1945年3月27日宣戦）	4	1		3
中　国	交戦国だが、敵国人扱いせず	354	2		352
ドイツ	正式な政府ないため無し（元同盟国）	513		21	534
イタリア	正式な政府ないため無し（元同盟国）	46	6		40
ハンガリー	正式な政府ないため無し（元同盟国）	13			13
ルーマニア	断交（元同盟国）（1944年10月31日断交）	3	1		2
スペイン	断交（1945年4月12日断交）	43	5		38
デンマーク	断交（1945年5月23日断交）	22	1		21
フランス	正式な政府ないため無し	157	13		139
リトアニア	正式な政府ないため無し	2			2
エストニア	正式な政府ないため無し	6			6
ポーランド	正式な政府ないため無し	7			7
チェコ	正式な政府ないため無し	5			5
アイルランド	中立	11			11
アフガニスタン	中立	6	1		5
スイス	中立	142	10	3	135
スウェーデン	中立	50	14		36
ポルトガル	中立	30	3		27
旧ロシア	（無国籍）	187		2	189
トルコタタール	（無国籍）	103			103
アルメニア	（無国籍）	9			9
無国籍	（主にユダヤ人）	121	1		120
合　計					1847

（『外務省儀典班　在留外国人名簿』をもとに作成）（2021年3月現在の調査による）

掲載されていない。

さらに、日本人を父に、外国人を母に持つ子の場合、その子が外国籍ならば、子どもだけが掲載されている。とはいえ、例外もあるようで、個々の世帯ごとに見ていく必要がある。そのため、表2の人数も確定的なものではなく、今後の調査によって変動する可能性がある。

「バベルの塔」か、「コスモポリタンなモザイク社会」か

このように太平洋戦争中の軽井沢には、敵国、同盟国、中立国、亡命者、無国籍者など、実にさまざまな国籍、立場、背景の人々が集まっていた。さらに、ユダヤ人とナチス派のドイツ人が隣り合わせに暮らしていたという点でも、この時代を考えれば極めて特異なことだった。アルメニア人のルシール・アプカーは回想で、軽井沢の外国人コミュニティーについて、次のように表している。

> 太平洋での戦争が徐々に日本本土に近づくにつれ、内陸のこの小さな町にはますます大勢の西洋人が移ってきて、やや奇妙なコミュニティー（rather strange community）を形成していった。
>
> （"SHIBARAKU"p97）

ＡＦＰ通信社の前身であるアヴァス通信社の特派員だったフランス人のロベール・ギランは、太平洋戦争を通じて日本で過ごした数少ない西洋人ジャーナリストの一人だった。ギラン自身は最後まで東京に留まって戦争を見届けるつもりだったが、東京大空襲後の四月中旬に軽井沢に移っている。そしてジャーナリストの視点から、戦争下の日本の姿を著書『日本人と戦争』

につぶさに記している。その中で、軽井沢の外国人コミュニティーを、「ミニチュアのバベルの塔」と形容している。

軽井沢は、だいぶ以前から、「非枢軸」の白人たちに滞在が許される、日本のいくつかの場所のひとつに指定されていた。（中略）狭い山村の中にできたこのミニチュアのバベルの塔（"strange miniature Babel"）、森のあちこちに離ればなれになった家々の中までは警察の厳しい監視も十分届かず、われわれが会うことを禁じられていた人びとと秘かに出会うことも決して不可能ではなかった…。われわれの扱いは、いっさい終わってみると、かなりゆるやかな監禁だったといえる。

（『日本人と戦争』二九四頁）

「バベルの塔」とは、旧約聖書の創世記の中に登場する塔だ。神を恐れることを忘れ、傲慢になった人類は、自分たちの英知と力を誇示しようと、天まで届く塔の建設に着手する。挑戦的なその態度を見た神は、人間たちの言葉を乱す。人々は意思疎通ができなくなり、塔の建設はあえなく頓挫。人類は各地に散っていった、というストーリーである。

ただ、「バベルの塔」と戦時下軽井沢の外国人社会が決定的に異なる点が二つある。一つは、バベルの塔では人々の言葉が全く通じなくなって塔の建設作業が立ち行かなくなってしまったが、軽井沢では多くの外国人が複数の言葉を話すマルチリンガルであり、共通語は日本語か英語だったという点だ。

外国人の中には英語で学校教育を受けた者も少なくなかったし、長年日本に暮らしている者や、日本で生まれ育った者も少なくなかった。日本生まれの者たちは、「ＢＩＪ（Born in Japan）」と呼ばれ、その多くは日本人とは日本語で話し、両親とは親の母語で話し、友達とは英語で会話する、というマルチリンガルな環境の中で育った。日本語の読み書きはできなくても、日本語での会話には不自由しなかった。窪田空穂は軽井沢で、外国人の子どもたちの日本語力の高さに舌を巻いたことを記している。

私が親しく耳に聞いて、感心したといふよりもむしろ驚かされたのは、彼ら外人の子供が、実に日本語を綺麗に、上手に使ひこなすことである。（中略）

私は後ろから話をして来て、追ひ抜いて行く外人の青年と子供の会話の、その一断片を耳にした。話をしてゐるのは十五、六の、少年といふよりは青年に近い者で、聞いてゐるのは、二つ三つ年下の者である。「君、その家は、室の数が二十七もあるんだよ。そしてね」と手真似で物の形を拵へながら大袴《おおまた》に行き過ぎたので、あとは聴き取ることが出来なかった。これは日本人に対してではない、外人同志の話なのである。それを日本語でしてゐる。しかもその日本語は、わが国の青年のするのと全く異なってゐないのである。

（『高原に集へる外人達』一三五頁）

日本人と遜色《そんしょく》ない日本語会話力を有したＢＩＪたちは、戦時中は近隣の農家への買い出しに力を発揮し、終戦後は、その日本語力と日本の地理や文化・風習に詳しいことを買われ、進駐軍に通訳や道案内、翻訳者として雇われた。

もう一点、「バベルの塔」と大きく異なるのは、軽井沢の外国人たちは同じ境遇に置かれた者同士、一種の連帯感が生まれ、困難な状況下で生き延びるために連帯し、助け合ったということだ。同胞同士で固まる傾向は多少あったものの、そこには国籍を超えた協力と助け合いが生まれた。次章以降で具体的な事例を紹介していくが、薪集め、食糧調達、ベビーシッターなど、協力し合った話は枚挙にいとまがない。
ドイツ人のヒルデガルド・エルクレンツ・マホーニーは回想に次のように記している。

軽井沢の外国人コミュニティーは全体として互いに親切だった。なぜなら私たちは皆、アジアの国における西洋人で、誰からの支援もなかったので、互いに支え合うが必要があったからだ。私たちはある意味、同じ繭《まゆ》(cocoon)の中にいて、誰もが生き延びるのに必死だった。もし誰かが何か起きたことや、何か起こりそうな噂を耳にすれば、その噂は火事のように一気に外国人コミュニティーの間に広がった。 (“Journey Interrupted” p112)

日本人外交官の父、イタリア系の母を持つセシル・ヨシ渡辺も記している。

軽井沢は当時とても独特なところだった。真に国際的で、文化的で高潔なところだった。終戦間際には物資が極度に不足し、たった一個のジャガイモや卵も家族の間で分け合わねばならなかったが、そうした状況下でさえ、住民の間で暴力沙汰や犯罪、争いごとを耳にしたことはなかった。ある種の調和と冷静さがあった。第二次世界大戦のもっとも ひっ迫した時代に、私たちはグランマ・モーゼスのクリスマスカードのような世界にいたのだ。
(“Karuizawa Memories-Three Remembrances” B.)

グランマ・モーゼスはアメリカの国民的な画家で、晩年になってから絵筆を握り、田園生活を描いた牧歌的な絵画が人気を博した。ただし、セシル・ヨシ渡辺の記述はやや美化しすぎかもしれない。なぜなら他の人の回想や手記には、畑の農作物が盗まれたことや、わずかな食糧をめぐって長年の友情が壊れたこと、ハトをしとめて食べたら隣人に密告されて警察でこってり絞られ、罰金を払わされたことなども記されているからだ。

前出のマホーニーの次の記述が、一番現状に即していたのかもしれない。

> 会話では完全に中立でいることがベストだった。大抵の場合は誰もが協力的で、力を貸してくれるように見えるのだが、ときに密告や裏切りの話が聞こえてきたからだ。
>
> (“Journey Interrupted” p112)

とはいえ、生死にかかわる厳しい状況下にあったにもかかわらず、暴力や犯罪はおろか、争いごとすら極めて少なかったのは事実のようだ。子ども時代を戦時中の軽井沢で過ごした外国人の多くが、聞き取りに際し、軽井沢時代をなつかしそうに語ったことは、その何よりの証左だろう。

ギランのいう「ミニチュアのバベルの塔」は、当事者が受けた印象として興味深いが、現状を知ると、「バベルの塔」よりも、例えば「コスモポリタンなモザイク社会」の方が合っているのではないかと思われる。

外国人の集住を促した政府の政策

戦争のさなかに、これだけ多様で多くの外国人

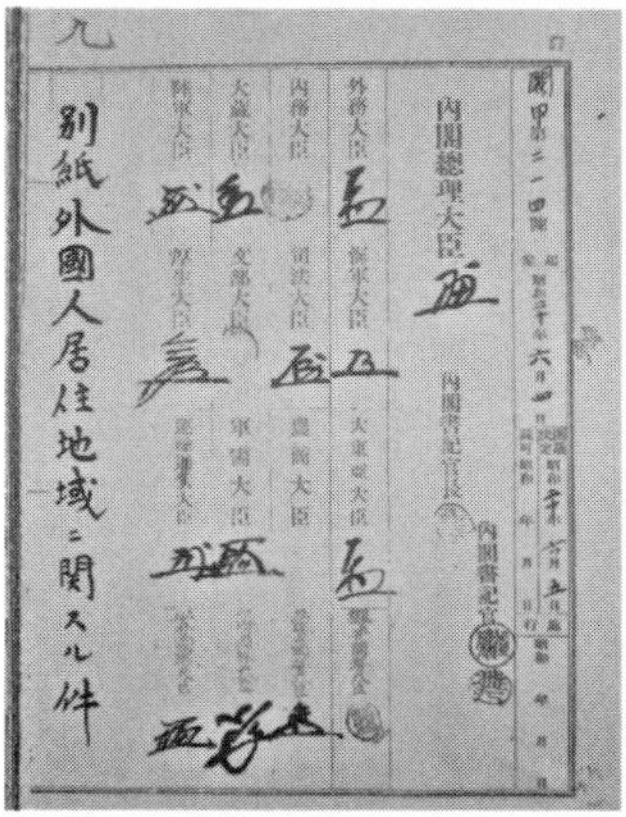
別紙外國人居住地域ニ関スル件

国立公文書館『外国人居住地域ニ関スル件』の表紙

が軽井沢に集まった背景には、日本政府の政策や方針、後押しがあったと推察される。

当時の日本政府の在留外国人に対する基本的な方針は、「外国人居住地域ニ関スル件」と題する公文書に凝縮されていると言える。この文書は、昭和二十年六月四日に起案され、翌五日に閣議決定されている。「極秘」という四角いスタンプが押された、二頁にわたる公文書は、迫水久常内閣書記官長の名で、外務、内務、大蔵、陸軍、海軍、司法、農商、軍需、運輸、大東亜各省の大臣と、逓信院総裁、総合計画局長官、情報局総裁宛てに通達されている。

この文書は重要なので、現代仮名使いに直し、句読点を入れて、全文を紹介する。

第一、方針

内外諸般の情勢に鑑み、在留外国人に対する保護及び防諜の万全を期する為、一定地域を設定し可及的之に居住せしめんとす。

第二、要領

一、転住せしむべき外国人は、主として国内各地に散在居住する欧米人とす。但し無国籍人を含む。

二、転住せしむべき地域は、概ね東海、北陸以東在住者に対しては長野県軽井沢町、山梨県河口湖畔、及び神奈川県箱根町方面を、近畿以西在住者に対しては兵庫県宝塚町、有馬町、及び武田尾町を予定し、尚必要ある時は更に物色す。

三、居住家屋は前項地域に現在する空家屋(ホテル、別荘等)、其の他適当なる家屋を以て之に充つ。但し強制疎開又は戦災者等にして、更に落着先無き者の居住する家屋に付ては考慮を加ふ。

四、外国人を転住せしむるに方りては凡て推奨に依ることとし、且落着先、荷造、輸送等に付可及的便宜を供与す。
五、邦人家屋明渡に方りては概ね前項に準ず。
六、本件実施に要する経費は国庫支払とす。
備考
一、本施策は七月末達成を目途とす。
二、本措置実施の為、各庁関係官を以て連絡委員会を組織し、且各庁関係事項は夫々各庁毎に処理するものとす。
三、本措置実施に方りては外国人の地位、身分、職業等を充分考慮することとし、特に中立国人に対しては慎重に取り扱ふ。
四、本地域居住の外国人に対しては食糧、燃料等生活必需物資の配給・斡旋等に付、特に考慮す。
五、無国籍人等にして生計に窮する者に対しては、適当なる業務に就かしむる如く補導す。
六、本地域に対しては作戦上必要ならざる限り、軍事施設又は重要工場の設置等に関し、特段の考慮を払ふ。

以上

（国立公文書館公文類集第六十九編昭和二十年第三十九巻『外国人居住地域ニ関スル件』）

在留外国人対策の基本方針として、「保護」と「防諜」の二つが明確に掲げられている。「保護」とは、文字通り身体・生命の保護だ。「防諜」とは、外国人は敵国のスパイかもしれない、敵に情報がまわっては困る、だから彼らを監視しなければならない、ということだ。外国人は、守りながらも監視する、そのために特定の地域に集住させる、ということがわかる。

第二項には、具体的な実施要領が記されている。対象となる外国人は、「無国籍人を含む欧米人」。つまり西洋人であって、アジア人は含まれない。集住場所は、東日本は長野県軽井沢町、山梨県の河口湖畔、神奈川県箱根町。西日本は兵庫県宝塚町、有馬町、武田尾町で、足りなくなればさらに新たな場所を探す。転住先は、ホテルや別荘などの空き家で、落ち着く先がない者には考慮する。費用はすべて国が負担し、家屋や輸送について便宜を図るように、とある。

この文書からわかるのは、日本国内のアジア人を除く外国人を特定地域に移送し集住させることが、国家的プロジェクトとして、国費を投じて行われたということだ。

しかも六月五日に閣議決定され、七月末の完遂を目指すという、二か月足らずでの大急ぎの施策であり、時期的に恐らく本土決戦に備えてだろうと思われる。だが、実際には完遂には到底及ばず、終戦の時点でも東京や横浜にはかなりの数の外国人が残っていた。

太平洋戦争中に実施された、政府による在留外国人政策をまとめると表3のようになる。

一番目の「敵性外国人の逮捕・勾留」に関しては、対米開戦の一九四一年十二月八日に、全国で西洋人一〇四人、

表3　太平洋戦争中の日本の在留外国人政策

	実施事項	実施時期
1	敵性外国人の逮捕・勾留	1941年12月8日
2	敵国籍人の抑留	1941年12月8日より順次
3	横浜港周辺に住む外国人の強制移転	1943年9月～1944年7月
4	外交団の強制疎開	1945年3月～
5	首都圏に残る西洋人の強制移送	1945年6月～

日本人五四人、アジア人五人の計一六三人が外諜容疑で逮捕されたことが昭和十六年十二月の『外事月報』に記録されている。逮捕された者はジャーナリスト、宣教師、教員が多かったが、アメリカ企業に雇用されていた日本人や無国籍者もいた。

二番目の「敵国籍人の抑留」とは、敵国籍を持つ者を抑留所に収容したということだ。太平洋戦争中、アメリカやカナダで日系人が収容所に入れられたことはよく知られている。だが、日本でもアメリカ、イギリス、オーストラリアなど敵国となった国々の国籍を持つ人々が、同じように抑留所に入れられたことはほとんど知られていない。抑留者は、開戦直後は十八～四十五歳の成人男性が中心だったが、戦争が長引くにつれ次第に女性や子ども、高齢者も抑留されていった。しかもアメリカ人やイギリス人の多くは開戦前に日本を離れていたため、開戦時に残っていて抑留された人々は、長年日本に住んでいる、配偶者や親が日本人である、高齢であるなど、日本と関係が深い人々が多かった。

後者三つは、軽井沢に大いに関係があるので、以下、実施時期順に見ていく。

横浜港周辺からの強制移転

対米英開戦翌日の十二月九日、内務省は「外国人ノ旅行等ニ関スル臨時措置令」を発令した。これにより外国人は指定された地域への立ち入りや居住が禁止され、また都道府県を越えて移動する場合には許可を得なければならなくなった。

この「臨時措置令」はその後何度か一部改正され、一九四三年九月の改正では立入禁止地域や居住禁止地域が拡大されている。それまでは「外国人居住禁止区域」であっても、すでに居住している者は許可があれば住み続けることができたが、この改正によってそれまでの「外国人居住禁止区域」は、「外国人居住**絶対**禁止区域」（太字は筆者）となり、該当区域に居住する外国人は国籍を問わず、一切居住できなくなってしまった。つまり、該当区域に住む外国人全員が自宅を立退かなければならなくなった。これには外交施設も含まれた。

「外国人居住絶対禁止区域」に指定されたのは、三浦半島、横浜市の高地や臨海地帯、横須賀軍港、横浜港、木更津方面、軍関係工場地帯が展望できる地域。

外国人がとりわけ多く住んでいたのが、明治期に「外人居留地」として発展した横浜の山手地区だった。外国人たちはこのエリアを「ブラフ」（Bluff「絶壁」の意）と呼んできたが、その呼称の通り、山手は絶壁の上にあり、見晴らしがよく、横浜港内の船舶がよく見えた。横浜港には、日独間の協定によりドイツ艦船がたびたび入港し、横浜のドックで修理を行っていた。船舶の動静は軍事機密である。

外国人居住絶対禁止区域が策定された背景には、二つの大きな出来事があった。一つは、前年に横浜港で起きたドイツ艦船の大爆発事故。もう一つはゾルゲ事件だった。

ドイツ艦船爆発事故とゾルゲ事件

一九四二年十一月三十日午後一時四十分頃、横浜港一帯に突然大きな爆発音がとどろき渡った。港に停泊していたドイツ軍艦ウッカーマルク（Uckermark）号が爆発したのだった。爆発は隣に停泊していたドイツの仮装巡洋艦船トオル（Thor）号、日本の第三雲海丸、さらにはドイツのロイテン（Leuthen）号にと次々と連鎖していった。艦船には火薬類が積まれていたため、激しい爆発音が何度も起こり、巨大な火柱と真っ黒な煙が空に立ち上った。四隻とも全焼した上、埠頭の上屋や倉庫も大破した。鎮火に数日を要す、大変な事故だった。

事故原因の捜査は、「スパイ活動」と「過失」の両面から行われた。事故現場にいた者は全員が爆死、あるいは焼死し、死体さえ発見することができなかったため、事故原因の捜査は難航を極めた。しかし、付近一帯は海軍用地であり、厳重に警備されており、外部からの侵入者も確認できなかった。昭和十七年十一月の『外事月報』に、この爆発事故の調査結果が記録されている。それによれば、事故原因は「油槽内掃除中錆洛し、作業によるスパーク、或いは電燈引き込み線のスパークによる揮発油瓦斯に引火爆発したるか、又は砲弾積替作業中過って之を落下爆発せしめたるかに起因するに非ずやと推定せられ、外部より働きかけたる外諜関係謀略とは認められざるものの如し」として、過失によるものであった可能性が高いとされている。

大事故であったため、当然ながら多くの周辺住民がこの事故を目撃していた。山手に住む外国人たちも目撃していた。山手二二〇ａ番地に住んでいたアルメニア人のルシール・アプカーは回想に次のように記している。

ドイツ船は頻繁に東京湾に入ってきて、横浜の桟橋に停泊していた。街の中心部はいつもドイツ人船員でいっぱいなようだった。私たちはすでに海岸付近に立ち入ることを禁じられていたが、ブラフからは船がよく見えた。

突然大きな爆発音がブラフ中を揺らした。さらに爆発音が続いた後、ドックから大きな煙が立ち上り、柱のような炎が上がった。遠くから見ても、大きなビルくらいの高さだった。

（"SHIBARAKU"　p92-93）

山手にある男子系ミッションスクール、セント・ジョセフ学院に通っていた、ユダヤ系ロシア人のアイザック・シャピロも、そのときの様子を回想に記している。

十一月半ば、南太平洋では、日本軍とアメリカ軍がガダルカナル島で戦っていた。地元の横浜港では、私たちを震撼させた大きな出来事があった。十一月三十日午後一時半と二時の間、私たちが学校にいたとき、大きな爆発音がした。すぐ後に、その二倍くらい大きな爆発音が続いた。生徒も先生も全員が学校の屋上に駆け上がった。眼下のドックから巨大な火が立ち上るのが見えた。炎と煙はどんどん大きくなっていった。横浜港に停泊していたドイツ船三隻と、港にあった複数の建物が燃えていた。

午後三時に学校が終わり、ドイツ水兵が岸に上がって来るのを見た。目が見えない者、足がない者。ほとんどの者は重傷を負いながらも、人の手を借りて自力で歩くことができていた。午後四時になると火は鎮火し始めた。空気は煙と灰が充満し、硫黄のにおいがしていた。誰かが、硫黄のにおいは武器の保管庫だった建物からのものだ、と言った。ブラフ中に警察官が配備され、誰も港に近づかないようにしていた。

（"Edokko" p118-119）

前出のルシール・アプカーは続けて、事故原因について、さまざまなうわさが流れたことや、報道統制が敷かれたことを記している。

爆発の原因について、当然のことながらあちらこちらでうわさが流れた。敵の潜水艦が港に入って来たというものや、新たな空襲によるものだというものもあったが、すべて憶測に過ぎなかった。

死者が出たことは明白だった。だが直ちに箝口令《かんこうれい》が敷かれ、私たち家族が毎晩聴いていたラジオのニュースでも、この事故については全く触れられなかった。

（"SHIBARAKU" p92-93)

事故で負傷したドイツ人将兵のうち、重症者は病院に運ばれ、入院するほどではない者は山手地区に住むドイツ人家庭が二、三人ずつ引き受けることになった。最終的な死者・行方不明者はドイツ人六十一人、中国人三十六人、日本人五人の合計一〇二人にも上った。死亡したドイツ人将兵六十一人は山手と根岸の外国人墓地に葬られ、生き残ったドイツ将兵約二百人は終戦まで箱根に収容されることになる。もちろん、こうしたことは当時は一切報道されず、近年の研究や調査によって、ようやく公にされたことだ。

日本軍は対米英開戦当初こそ華々しい戦果を挙げたが、この爆発事故が起きた頃には、すでに暗雲が立ち込めていた。四月には、アメリカ軍のジミー・ドゥーリトル中佐率いるB-25爆撃機十六機が、太平洋上の空母から発進して初めて日本本土を空襲し、日本の度肝を抜いた、いわゆる「ドゥーリトル空襲（Doolittle Raid）」があった。

六月には、「ミッドウェー海戦」で、日本海軍は投入した空母四隻と搭載機約二九〇機をすべて失い、大敗北を喫していた。そのような状況下で、同盟国ドイツと日本の艦船がそろって大爆発炎上という大惨事は、国民の士気に甚大な悪影響を及ぼすことが懸念された。さらに、事故が外国人の多く住む地域で起こり、多くの外国人によって目撃されたことは、防諜上の懸念も引き起こした。

二つ目が、一九四一年十月に発覚した「ゾルゲ事件」だった。ドイツの新聞紙『フランクフルター・ツァイトゥング』の記者リヒャルト・ゾルゲ（Richard Sorge）が、実はソ連のスパイで、日本の機密情報をソ連に流していたことが発覚したのだ。

一九三三年に来日したゾルゲはナチ党に入党し、駐日ドイツ大使館にも食い込み、オイゲン

・オット大使の厚い信頼を得た。軽井沢では、オット大使の別荘に出入りするゾルゲの姿も目撃されている。日本人協力者とともに諜報グループを組織したゾルゲは、一九四一年六月二十二日にドイツがソ連と締結した独ソ不可侵条約を反故《ほご》にして独ソ戦が始まると、日本の対ソ方針を探った。ソ連は、ゾルゲが送った情報によって日本が対ソ攻撃する意志のないことを知り、満州国境付近に配備していた部隊を西へと大移動させ、ドイツ軍を押し戻し、結果的に対独戦に勝利することができた。

リヒャルト・ゾルゲ

ドイツ大使館警察部のヨーゼフ・マイジンガー大佐は一九四一年春の着任後、ゾルゲの監視を命じられた。だがオット大使同様ゾルゲを信用し、日本の特高警察にゾルゲの尾行停止を依頼した。だが特高警察は外国人ジャーナリストに対する通常任務の一環としてゾルゲの尾行や調査を続け、その結果ゾルゲは逮捕された。この一件でオット大使は解任され、日独伊三国同盟締結の特使として日本に派遣されたハインリヒ・スターマーが大使に任じられた。裁判の後、ゾルゲは一九四四年十一月のロシア革命記念日に死刑に処せられるが、この事件は、「外国人スパイの恐怖」を現実のものとして人々の心に刻み込んだ。外国人の何気ない些細な行動でさえも、「スパイではないか」と疑う空気が生まれ、「防諜の徹底」が叫ばれるようになった。

強制移転の対象者

一九四三年九月の「臨時措置令」の改正により、外国人居住絶対禁止区域に住む外国人は、住み慣れた家から退去し、移転先を見つけて引っ越さなければならなくなった。移転先については、「敵国人、及び特に仕事に支障がない場合は、なるべく京浜地区外」という指針が示されたものの、基本的に自由に選ぶことができた。下見を含めた、移転費用はすべて日本政府が負担した。

昭和十九年八月の『外事月報』には、一九四四年（昭和十九年）七月末までに全世帯の移転が完了したと記されており、移転したすべての外国人世帯の世帯主名、元の住所と移転先の住所、職業、帯同する家族の人数が記載されている。強制移転の対象となったのは、五〇八世帯一二二七人。移転先を見ると、外交官は仕事の都合だろう、東京都内に移転している者が多い。中国人は料理人の職に就いている者が多いせいか、横浜市内に移転した者が多い。それ以外の西洋の民間人は、軽井沢か箱根に移転した者が多い。

軽井沢への移転者名を表4に示す。なお、連絡がとれたご本人やご家族からの聞き取りから、『外事月報』の記載の誤りが四点判明した。ドイツ人「ルートヴィヒ・フランク」の職業は、『外事月報』には「横商教授」と記載されているが、この頃は横浜山手のサン・モール学校の教員。また、ルートヴィヒの父で元山梨高工教授のルイス・フランクも強制移転で軽井沢に移ったが、『外事月報』には記載されていない。ポルトガル人のランゲル家は、「同伴家族二」と記載されているが、実際には両親と長男、長女の四人家族だった。また、箱根に移転したドイツ人のアルヴィッド・バルクは、「同伴家族なし」になっているが、実際には妻を帯同していた。以上から、「外国人居住絶対禁止区域」からの強制移転対象者数は『外事月報』の記載「五〇八世帯一二二七人」より一世帯と四人増え、「五〇九世帯一二三一人」となる。このうち軽井沢に移転した者は、「五十七世帯一三九人」。

ドイツ人のヘルベルト・ツァヘルトは日本の研究者で、戦後はベルリン自由大学とボン大学

表4　「外国人居住絶対禁止区域」から軽井沢への移転者一覧

	国　籍	氏　名	職　業	同伴家族（人）
1	ドイツ	ワルター・フォン・フレーデン	大使館雇員	1
2	ドイツ	ヘルベルト・ツァヘルト	日独文化協会主事	3
3	ドイツ	ケルトルート・ストック	無職	
4	ドイツ	リスベスエリー・ブックシュ	無職	
5	ドイツ	テイリー・ジュラダー	無職	
6	ドイツ	ユリラスエルンスト・ウィルヘルム・エンゲル	油脂仲買人	
7	ドイツ	ハインリヒ・ウェツツエル	商会員	
8	ドイツ	ノルベルト・ベルシュテット	大使館武官補佐官	4
9	ドイツ	コーラ・ウォルトマン	無職	
10	ドイツ	ゲルダ・チンメルマン	無職	2
11	ドイツ	ハンナ・ミュラー	看護師	
12	ドイツ	マックス・デイトリッヒ	商会員	3
13	ドイツ	ルートヴィヒ・フランク	教員（注1）	2
14	ドイツ	ルイス・フランク（注2）	元山梨高工教授	1
15	ドイツ	ハンス・スターム	会社支配人	2
16	ドイツ	ウィルヘルム・ヘルム	会社員	3
17	ドイツ	ロバート・シェーヤ	技師	1
18	ドイツ	ワルター・エンゲル	会社員	3
19	ドイツ	エルンスト・ザウエルランド	取締役	1
20	ドイツ	ウィルヘルム・フェルケル	商会員	1
21	ドイツ	テオドル・ヒュゴ・フックトーマン	商会員	2
22	ドイツ	アーサ・キュニック	商会員	2
23	ドイツ	ポール・スペリンガー	商会員	2
24	ドイツ	エノ・エルクレンツ	無職（元銀行員）	4
25	ドイツ	ハーリー・レムケ	事務員	3
26	ドイツ	マグダレナ・ハインラール	商会員	
27	ドイツ	ロバート・メルシマル	洋服業	
28	ドイツ	ヘルムート・レンズ	洋服業	
29	ドイツ	フリッツ・シュナイダー	アーレンス商会代表	2
30	ドイツ	リスロッテ・ウルリッヒ	無職	2
31	ドイツ	ジョーヂツ・アクトマン	会社員	2
32	ドイツ	エリック・キン	技師	3
33	ドイツ	ルドルフ・ベルシュタイン	無職	3
34	ドイツ	ビアトリフ・バアロッタ	無職	
35	ハンガリー	レザリヤ・トート	修道女	

	国　籍	氏　名	職　業	同伴家族（人）
36	スイス	ハンス・ウィドマー	機械技師	1
37	スイス	ハインリヒ・ホックカリ	機械技師	2
38	スイス	ハンス・ベンヂンガー	技師	3
39	スイス	オスカ・アベック	工場支配人	3
40	スイス	ハンス・ミラー	技師	2
41	フランス	ジョン・ロンジーム	会社支配人	2
42	フランス	ミチェル・ジャレンコ	無職	
43	フランス	リシュニネアンナー・マリー	看護師	
44	フランス	マリヤ・ボイセリエ	看護師	
45	フランス	マリー・フォール	教師	3
46	ポルトガル	ヴィセンテ・ランゲル	無職（元貿易商）	3（注3）
47	ポルトガル	マニュエル・ゲーデス	書記官	2
48	デンマーク	イージルソフス・ハードケンデル	会社員	3
49	デンマーク	ゴーゲ・ジュリアス・クレメント	無職	2
50	ルクセンブルグ	アンヌ・ダレゼー	家政婦	
51	旧ロシア	オーガスト・ミラー	タイピスト	
52	無国籍	マイク・アプカー	アプカー商会主	4
53	無国籍	ヘルマン・バウムフェルト	三菱研究所所長	1
54	無国籍	ステファン・レーヴェ	歯科医	
55	中　国	干士鴻	料理人	
56	中　国	劉鏡湖	料理人	
57	中　国	潘仲恩	ボーイ	

（『外事月報』昭和19年8月号をもとに作成）

『外事月報』との違いは以下の通り。
（注1）ルートヴィヒ・フランクの職業は、「横商教授」ではなく、「サン・モール学校の教員」。
（注2）ドイツ国籍のルイス・フランク、元山梨高工教授を追加。同伴家族は妻。
（注3）ヴィセンテ・ランゲルは、「同伴家族二」と記載されているが、実際には三人。

で日本学教授を務めた。一九三三年に来日し、長野県の松本高等学校でドイツ語を教えた。妻ズザンナは母が日本人だった。松本で長女フリーデルと長男ハンスが生まれる。一九四一年、ドイツに一時帰国していた日独文化協会主事のヴォルター・ドナードが、独ソ開戦により日本に戻ってこられなくなったため、ヘルベルトは後任の主事に任命され、一家は横浜に引っ越す。ズザンナは聞き取りに次のように証言している。

日本人は西洋人を横浜に置いておくのを良しとしなくなりました。…彼らは西洋人を、同盟国人であってもなくてもすぐには信用しませんでした。外国人たちは海を見渡すことができ、船の出入りを見ることができました。外国人はほとんど高台に家を構えていたのです。…そこには美しい洋風の家があり、どの家からも海を見渡すことができました。日本人は、最終的にドイツ人も含めてすべての外国人が軽井沢か〔箱根の〕宮ノ下へ疎開させられたことを喜びました。

（『終戦前滞日ドイツ人の体験（5）』一三二頁）

ツァヘルト家は移転先に、毎年夏を過ごしていた軽井沢を選んだ。ズザンナの評伝には、ズザンナが不安な気持ちを抱えながら移転準備に追われるなか、事情を知らない子どもたちの無邪気な様子が描かれている。

あちらこちらのドイツ人家庭で、慌ただしく荷作りが始まった。（中略）

「ママ、どうしてテーブルやベッドまで持っていくの？　なんだか、お引越しみたい」

「フリーデル、知らないの？　ほんとにお引越しなんだよ。お隣のユルゲンちゃんもそういっていたもの。ぼく、知っているよ。みんなで軽井沢にお引越しするんでしょう、ママ？　ぼく、ユルゲンちゃんと軽井沢のお山に虫捕りに行く約束したんだ。ママ、ぼくの虫捕り網も忘れないでね」

（『ズザンナさんの架けた橋』一一九〜一二〇頁）

この後、一家は軽井沢と横浜に別れて暮らすことになる。夫ヘルベルトは仕事のため平日は横浜、土曜に軽井沢へ行き、日曜に横浜へ戻る生活となる。当時、上野—軽井沢間は列車で約六時間。

外国人居住絶対禁止区域からの強制移転が完了したのと同じ一九四四年七月、太平洋上では、マリアナ諸島のサイパンで日本軍が玉砕した。サイパンからは日本本土へ爆撃機が直接飛行できた。つまりサイパンが陥落したことは、日本本土がすっぽりアメリカ軍の空襲の射程圏内に入ったことを意味した。東条英機内閣は総辞職に追い込まれ、アメリカ軍はテニアン島にあった滑走路の整備を急ピッチで進めた。

強制移転させられた外国人は、住み慣れた自宅から強制退去させられたものの、空襲が本格化する前に首都圏を脱出できたこと、移転先を選ぶ余地があり、荷物もかなり持っていけたこと、その費用も日本持ちだったことなど、ある意味では幸運だったかもしれない。

外交団の強制疎開

果たして一九四四年十一月に入ると、日本の上空にアメリカ軍機が飛来するようになった。最初に飛来したのは偵察機だったが、下旬になると爆弾を落としていくようになり空襲が始まった。日本政府は外国公館の任意疎開を認め、一部の外国公館は業務や館員の一部を箱根や軽井沢に疎開させていた。

だが一九四五年三月十日未明、東京の下町一帯を一夜にして焼き尽くし、十万人の市民の命を奪った東京大空襲を受けて、政府はそれまで「任意」としていた外国公館の疎開を、「強制疎開」に切り替えた。

疎開先は、外交関係に応じて指定された。同盟国のドイツ大使館は河口湖畔、中立国のソ連大使館、バチカン公使館（ローマ法王庁使節団）、満州国大使館、中華民国大使館、タイ大使館、フィリピン大使館、ビルマ大使館は箱根、そして中立国のスイス公使館、スウェーデン公使館、スペイン公使館、トルコ大使館、アフガニスタン公使館などは軽井沢を指定された。折衝のため軽井沢、箱根、河口湖畔の三か所に外務省の出張所が開設されることになった。

先に紹介した軽井沢事務所長からの六月六日付けの電報に、六月一日

表5　軽井沢疎開外交団人数　（人）　（1945年6月1日時点）

国	大使公使	同夫人	外交官	同夫人	一般館員・家族	合計
アルゼンチン	1	1			1	3
ルーマニア	1	1				2
ポルトガル	1	1	1	1	3	7
スウェーデン		1	2	2	18	23
フランス	1	1	13	9	22	46
スイス	1	1	8	4	47	61
スペイン	1	1	2	1	7	12
ドイツ				12	36	48
アフガニスタン	1				3	4
デンマーク	1	1			5	7
赤十字国際委員会			3	2	11	16
中華民国	1	1	1	1	2	6
イタリア			2	1	2	5
トルコ	1	1	4	1	1	8
増加見込	2	2	14	10	24	52
合　計	12	12	50	44	182	300

（外交史料館『在日外交団ニ対スル物資ノ配給並ニ処遇関係』軽普第二二号より）

時点での軽井沢の疎開外交団の人数と内訳が報告されている。その内訳は表５の通り。最大の人数を抱えているのがスイス公使館で、家族を含めて六十一人。次いでフランス大使館四十六人、スウエーデン公使館二十三人と続く。

スイス公使館が軽井沢で業務を行ったのが、中心部から少し離れた三笠地区にある「深山荘」という建物だった。それ以外の大公使館については、大使や公使の自宅が大公使館を兼ねたようだ。トルコ大使館はギョケルル大使夫妻以下、参事官、海軍武官、書記官らが万平ホテルに入っている。

一般外国人の強制移送

同じ頃、外交官ではない一般の外国人も続々と軽井沢に移送された。回想や評伝を読むと、ある日突然警察から「明日軽井沢に行け」と言われ、持っていける荷物もごくわずか。かなり早急で乱暴だったことがわかる。

ソ連出身のバイオリニスト、小野アンナの実姉であり、早稲田大学や東京外国語学校（現在の東京外国語大学）でロシア文学を教えていた画家のワルワラ・ブブノワの評伝にその様子が記されている。

一九四五年三月初め、ブブノワたちの番が来た。警官たちは二十四時間以内に立ち退くよう乱暴に要求した。ほとんど全部の荷物を置いていかねばならなかった。持っていけるのは三十キログラムまでだった。…

ブブノワは以前にも何度か軽井沢を訪れていた。小川や滝、森におおわれた山のあるこの場所が気に入っていた。ここでは白樺を見ることもあったし、鈴蘭が咲き、郭公も鳴いていた。しかし、自分の居場所から引きはなされて、おびえている人々があふれている軽井沢は不気味だった。住む所を見つけるのはむずかしかった。知り合いの外国人が二つのベッドと小机がやっと入るだけの小さな部屋を空けてくれて落ちつくことができた。

（『ブブノワさんという人』二三四〜二三五頁）

ブブノワ夫妻が落ち着いた先は、北欧系の一家が住む住宅の廊下の端の部屋だった。世話してくれたのは、この家族にピアノを教えていたアウグスティーネ・シロタ夫人だった。軽井沢には日本人、外国人を問わず大勢の疎開者が流入していたため、空いている住宅を見つけるのは難しくなっていた。

在日亡命ロシア人協会の会長や、東京のロシア人学校の初代校長も務めたパーヴェル・ペトロフの一家が軽井沢に行くよう命じられたのは、四月半ばだった。長男セルゲが記している。

四月十五日、地元大森の警察から、東京と横浜にいる「非交戦国の外国人」は長野県の軽井沢に行くようにと言われた。やはり「非交戦国」に分類されたドイツ人もこの対象に含まれていた。ヨーロッパでの戦争が終わりに近づいていたからだ。明らかに「日本の」外務省は、東京の都市部から外国人全員を疎開させる時が来たと思ったのだろう。一体何が彼らにこういう行動を促したのかはわからなかった。三月と四月のひどい空襲の後、急に同情心がわいたのか。日本の極右が「外国人に対して」報復するかもしれないと危惧したのか。それとも単純に外国人が一か所に集まっていれば警察にとって監視しやすいという現実的な理由からなのか。理由が何であれ、私たちは直ちに荷造りをして、必要最低限の物だけを持ち、翌日東京の上野から出る軽井沢への特別列車に乗るようにと言われた。
("Life Journey" p118-119)

指示にしたがって一家は翌日、軽井沢に向かった。だがセルゲは、警察に逮捕されたドイツ人の元上司、ウィリー・フォスターから自宅の管理を頼まれていたので、それを片付けてから、五月一日に軽井沢に向かった。

セルゲの文章から、外国人を軽井沢に移送するための特別列車が出されたことがわかる。これは列車丸々一本ではなく、外国人専用車両だったかもしれない。いずれにせよ日本人の乗車は禁じられていた。ブブノワの教え子の本郷香織がブブノワ夫妻とともに列車に乗りこんだとき、問題が起きた。

本郷は荷物を運んでいき、ギューギューづめの列車で二人を座らせてやり、そこに一緒に残ったが、これは禁じられていることだった。本郷を見つけた警官は「どうして車内に日本人が居るのか？」とどなりつけた。「この人は中国人です」――とうろたえもせず、ブブノワは答えた。
(『ブブノワさんという人』一三五頁)

ユダヤ人芸術家の追放

調べを進めるうちに、軽井沢に強制移住させられた外国人には、もう一つ別のカテゴリーの人々がいることが見えてきた。それはユダヤ人音楽家だ。

一九二〇年代から一九三〇年代にかけて、日本の音楽界は当時「西洋音楽」と呼ばれていたクラシック音楽の育成に力を入れていた。山田耕筰や近衛秀磨らが先頭に立って、欧米から音楽家を積極的に招聘した。日比谷公会堂などのコンサートホールが建設され、日本初のオーケストラ、現在のＮＨＫ交響楽団の前身となる「新交響楽団」も創設された。

折しも、ロシアではボルシェビキ革命、その後の激しい内戦、ユダヤ人迫害「ポグロム」があった。ドイツでは、政権をとったナチ党がユダヤ人の排除を始めていた。ロシアやヨーロッパのユダヤ人音楽家にとって、日本の音楽家招聘は一本の救いの糸となったに違いない。招聘に応じて、多くのユダヤ人音楽家が来日した。ドイツの場合、日本と同盟国だったので、アメリカなどに比べて出国許可が下りやすいという事情も後押ししたようだ。

この結果、戦前の日本の音楽界では、きら星のごとく大勢のユダヤ人音楽家が活躍することになった。「リストの再来」と称せられたピアニストのレオ・シロタ、そのアウグスティーネ夫人、新交響楽団の指揮者に就任したジョセフ・ローゼンストック、チェロ奏者のコンスタンチン・シャピロと妻でピアノ教師のリディア、美少女バイオリストともてはやされた諏訪根自子の師匠ともなったアレクサンドル・モギレフスキー、指揮者のクラウス・プリングスハイム、バイオリニストのウィル・フライ、ピアニストのレオニード・クロイツァー、活動期間は短かったがバイオリニストのカール・コーンなどがいた。これらユダヤ人音楽家は、戦前の日本のクラシック音楽界と演奏家の育成に多大な貢献をした。

ユダヤ人は、欧米では長年嫌われ、迫害の対象とされてきた。その理由は宗教的なものだ。キリスト教はもともとユダヤ教から生まれたが、ユダヤ教はキリストを救世主として認めていない。キリスト教がヨーロッパに広まっていく中で、キリストを救世主と認めないユダヤ教徒は、「キリストを冒瀆している」として憎まれるようになっていった。職業も自由に就けなくなり、やむなくキリスト教徒が嫌う金融業などに従事するが、そのことでますます忌み嫌われるようになった。

これに対して、宗教的、歴史的背景が異なる日本人には、なぜユダヤ人を差別しなければならないのかが、そもそもわからない。さらにこの頃、アメリカやカナダでは日系人移民が排斥されており、日本は国際連盟の場で「人種的偏見の除去」を求め、連盟規約に人種的差別撤廃を盛り込むことを提案していたという事情もあった。

来日したユダヤ人音楽家たちはユダヤ人差別から逃れ、音楽学校や自宅で教え、コンサートで演奏し、人間らしい普通の生活を送ることができた。

だが日本はナチスドイツの同盟国であり、ナチ党の反ユダヤ人政策から全く逃れるわけにはいかなかった。駐日ドイツ大使館や日独文化協会は、教育機関からユダヤ人を排除するよう、日本側に圧力をかけた。レオ・シロタのアウグスティーヌ夫人が記している。

ドイツ大使館は日本の〔教育〕機関から、非アーリア人を排除しようと積極的に動いた。ドイツ語の新聞にレオたちを糾弾する記事が掲載されたが、なかでも非アーリア人を大勢連れてきたとしてレオに厳しかった。（"Last Boat to Yokohama"p37）

日本音楽文化協会は、「ドイツ、イタリアなどの枢軸同盟国以外の出身の音楽家とは共演しないように」という通達を出した。通達には「ユダヤ人」とは明言されていなかったが、これによりユダヤ人音楽家は演奏活動から排除され、舞台に立てなくなってしまった。一九四四年には東京音楽学校がユダヤ人音楽家の契約更新をしないことを決定し、教壇にも立てなくなってしまう。そのうえ、東京から出ていくようにと言われた。指揮者のローゼンストックが記している。

第一回の、さして効果もなかったアメリカの東京空襲があってから、警察は神経をとがらせ、外国人全員の東京退去を望んだ。ちょうどその頃、…日本「音楽協会」だか何だったかが、「反枢軸国」側外人芸術家全員を公職から追放すべし、という趣旨の決議案ごり押しの挙に出た。それは私の日本における指揮の終りを意味した。（中略）

それから先の仕事を追われ、警察のお達しで東京を離れなければいけなくなった私は、どこへ行くかの問題に直面した。場所としては山中湖…か軽井沢であったが、私はすっかりお馴染みとなった土地の軽井沢に決めた。麻布の家は引き払わねばならず、持物を軽井沢へ持って行くことも難しかった。警察は蔵書類とピアノを持って行くことを許可してくれたものの、トラック、それから荷物を積み運転する運転手がまずもって探せなかった。ガソリンが足りないため、当時大抵のトラックは木炭燃料に変わっており、そんな車で山道のジグザグ走行はとても無理だと思われた。次の問題は住む所を見つけることだった。軽井沢は夏こそ魅力溢れる所だが、冬ともなれば話は別である。

幸運この上ないことに、そして私の生徒の助けもあって、二つの問題は解決出来た。生徒の一人黒田睦子《よしこ》…の両親が、軽井沢に持っていた別荘の一軒を、はなはだ気前よく使わせてくださったのである。そこは一年通して住むように作られてはいなかったけれども、その家で生き延びられることを願いつつ、私はこのお申し出を有難くお受けした。別の生徒は、郊外のトラック運転手を見付けてくれた。

（『音楽はわが生命』八〇～八三頁）

レオ・シロタ夫妻も軽井沢に移った。アウグスティーネ夫人が記している。

ドゥーリトル空襲を自宅の庭から目撃した後、東京を出て、外国人が暮らす軽井沢に行って住むようにと言われた。東京で何日も、山の中まで荷物を運んでくれるトラックを待った。

軽井沢での暮らし――夏向きの小さな家に移った。このときから三年間、ここが私たちの家になった。誰も助けてくれない。初めて日本に到着したときと、なんという違いだろう。帝国ホテルから最初の家に移ったとき、コックの指示の下、荷物を運んでくれるボーイが十五人もいた。

（"Last Boat to Yokohama" p37-38）

こうして軽井沢に多くの音楽家が移り住んだ。旧道の「土屋写真店」の店主の町田夏子さんが戦争中のことを語ってくれた。

「歩いていると、ピアノやバイオリンの音色が聞こえてきました。ちょうどあのあたりです。ああ、きれいだなぁと思って聞いていましたよ」

懸念された外国人たちの不満

この他に、軽井沢に自主的に疎開してきた外国人もいた。軽井沢に別荘を所有していた人、懇意の日本人や同胞を頼って疎開してきた人、自宅が「外国人居住絶対禁止区域」に指定され、東京都内や横浜市内に移転した後、空襲を逃れて疎開してきた人々などだ。

日本人も大勢疎開してきた。東京の八丈島の島民八百人は南軽井沢に集団疎開してきた。学童疎開も多かった。暁星初等科が約三百人、日本女子大付属校が約三百人、啓明学園が約五十人などだ。軽井沢の国民学校の学童数は激増し、町の人口は膨れ上がり、戦前の夏季よりも多くなった。
こうなるといくら別荘やホテルがたくさんあっても、足りなくなる。一軒の家屋に数家族が住む事態になった。横浜山手のサン・モール学校のシスターたちの住宅状況について、アルメニア人のルシール・アプカーが記している。

サン・モールのシスターたちもやってきた。修道院は爆弾の直撃を受け、皆、着の身着のまま建物から逃げ出した。私が以前教わった先生が話してくれた。修道院も紅蘭女学校も完全に破壊されてしまった。学校は大磯などの海沿いに保養施設を持っていたが、海岸線は立入禁止になっていたので、軽井沢にやってきたのだった。…

軽井沢では、居住に適した家はほとんどすでに埋まっていたので、シスターたちはすきま風の入る古い日本家屋に二十人ほどがすし詰め状態で暮らすことになった。

("SHIBARAKU"p109-110)

作家の野上彌生子は「トルコ人の爺さん」の住宅事情について日記に記している。先述したように、ここでいう「トルコ人」とはトルコタタール人のことと思われる。終戦後の十月一日の記入だが、戦中も状況はそれほど変わらなかったものと思われる。

トルコ人の爺さんがリンゴを売りに来た。…もう二十一年日本に来てゐる。和泉多摩川で焼け出され、軽井沢の愛宕に七月疎開して来た。…愛宕の家には七家族とか四家族とか集まってゐるとの話。

(『野上彌生子全集』第Ⅱ期第九巻、一二二頁)

『名簿』を見ると、たしかに愛宕山付近に大勢のトルコタタール人が住んでいる。六九一番地に八世帯三十一人、六九二番地に三世帯九人、六九三番地に七世帯二十七人。六九一番地の居住者の中に、「アズドル・ファナン・サファ」の名があり、戦後テレビ司会者として人気を博したロイ・ジェームスこと、アブドゥル・ハンナン・サファと思われる。

ところが、こうした現地の事情など全くおかまいなしに、東京や横浜の警察は次々と外国人を送り込んできた。七月八日、外務省軽井沢事務所長の大久保公使は、これでは外国人たちの不満が高まってしまうと危惧する電報を打っている。

外国人現在居住地警察官憲の遣口《やりくち》を察するに、唯当該地域より外国人を追出しさへすればよしとの観念に支配され、当地警察と何等の連絡なく、どんどん送出し居るものの如く。当地に来たりても受入態勢整わず。我官憲の態度に不満を抱き居るもの相当あるやに見受けらるる…。

（外交史料館『外国人軽井沢疎開ニ関スル件』軽機密第六六号）

大久保公使のこうした声に、中央が耳を傾けた形跡は見当たらない。

第3章

戦時下軽井沢の暮らし

軽井沢町に「軽井沢ナショナルトラスト」という団体がある。イギリス発祥のナショナルトラストにならい、軽井沢の自然、景観、歴史的建造物の保存活動を行っている市民団体だ。設立メンバーの一人であり、長く会長を務められた後、名誉会長となられた中島松樹さんを、二〇一九年の晩秋、軽井沢のご自宅に訪ねた。軽井沢に生まれ育った中島さんは町の郵便局で働き、軽井沢の別荘に来るフランス文学者の朝吹登水子に大層可愛がられた。軽井沢の歴史の「生き字引」のような方なので、訪問客も多く、ご自宅の玄関スペースは軽井沢関係の書物や資料で天井まで埋め尽くされていた。

戦時中の外国人について尋ねると、中島さんは「戦争が始まると、外国人がどっと来た」と言われた。「木造の簡素な別荘がたくさんあった。とくに愛宕山あたりにはいっぱいあった。外国人たちはそうしたところに住んでいた」と、「いっぱい」の部分を強調しながら語られた。

同じく軽井沢ナショナルトラストの副会長で、現在は旧道で骨董品カフェ「三度屋」を営む佐藤袈裟孝さんも町の歴史に詳しい方だ。「外国人はきれいだったねー。あこがれたよ」と言われる。戦時中のことについては、「外国人は戦争中、最後の方以外、それほど苦労していないと思うよ」とも言われた。

戦時中、軽井沢で外国人は、実際にどのような暮らしをしていたのか。

本章では、軽井沢で外国人が具体的にどのように暮らしていたのか、そして次章では、どのように終戦を迎えたのかを見ていく。

ベースにした資料は、実際に軽井沢にいた外国人たちが記した回想や手記、証言、そして評伝だ。「評伝」は著名人（ピアニストのレオ・シロタ、指揮者のジョセフ（ヨーゼフ）・ローゼンストック、プロ野球選手のヴィクトル・スタルヒン、画家のワルワラ・ブブノワなど）のもの。「回想」や「手記」の著者は、ジャーナリストから一般人まで二十数人。うち「回想」は本として出版されているもの、「手記」は未出版・未公開のものや、私家版とする。

「証言」は、一九九〇年代にケルン日本文化会館のプロジェクトとして早稲田大学の荒井訓教授らが行った、ドイツ人二十数人への聞き取り調査『終戦前滞日ドイツ人の体験』で『文化論集』に五回にわたって掲載されたものと、筆者が直接お話を伺った方々のもの。とはいえ、後者の中には当時は幼かったのでほとんど記憶がない、という方もいらした。

「手記」の多くは、ご自身も軽井沢にいらしたトム・ハールさんが譲ってくださったものだ。トムさんは、横浜山手にあったセント・ジョセフ学院の研究をされたフェリス女学院大学の大西比呂志教授からご紹介いただいた。

トムさんの父フランシス・ハール（Francis Haar）はハンガリー人写真家で、日本で写真技術を教えるため、日本におけるハンガリー研究の先駆者である今岡十一郎の招聘により、妻イレーヌとともに来日。日本で長男トム、長女ヴェロニカが生まれ、戦時中は軽井沢に疎開した。

長男トムさんのもっとも古い記憶は、おぼろげで断片的な軽井沢の映像だという。外に光がもれないよう窓に黒い紙を貼ったこと、寒い冬の間家族がストーブの周りでずっと身を寄せ合っていたこと、毎朝早く、母が馬の後を追いかけて畑の肥料にする馬糞を集めていたこと、一夜のうちに降り積もった大雪で玄関の扉が開かなかったことなど。

終戦翌年の一九四六年の夏、一家は軽井沢から鎌倉に移る。東京へ向かう蒸気機関車の車内

ハール家とお手伝いさんたち（1944年6月）
（Tom Haar氏提供）

ハール家と近所の子どもたち（1944年8月）
（Tom Haar氏提供）

には、鶏やヤギも乗っていて騒々しかったという。トムさんは横浜山手で再開したセント・ジョセフ学院（Saint Joseph College, SJC）を卒業した後、一九五九年、アメリカに移住。父と同じ写真家になり、現在はハワイに暮らす。軽井沢に愛着を持ち、二〇一二年には軽井沢旧道の観光会館で写真展を開催されている。

トムさんは二〇〇八年から二〇一〇年にかけて、ＳＪＣの同窓生をあたり、戦時中軽井沢にいた人々に手記を書いてもらった。それらの手記を大堀聰さんと筆者に対し、惜しげもなく譲ってくださった。手記を記した方の中には、すでに他界されていた方々もいた。トムさんはさらに、ＳＪＣの先輩ジュリオ・ランゲルさんも紹介してくださった。ランゲルさんの両親はポルトガル人で、父は横浜で生糸貿易に従事していた。現在カナダ東岸のビクトリア市に住むランゲルさんは、このとき自らの回想録を執筆中だったが、軽井沢で通った学校のことなどを、なつかしそうに語ってくださった。

このようにして、戦時下軽井沢の外国人の姿が見えてきた。本章では、その暮らしぶりを項目ごとに、回想や評伝、手記や証言を引用しつつ、見ていく。項目は、まず生きるのに不可欠な「衣食住、燃料、医療」、続いてコミュニティーの中心としての「教会、学校」、最後にイベントとしての「クリスマス」とした。

一、衣食住、燃料、医療

住まい

外国人の疎開先として日本政府が指定した軽井沢、箱根、河口湖畔、有馬温泉はいずれも観光地であり、別荘やホテル、旅館などの宿泊施設を多く備えていた。とりわけ西洋人向けの避暑地として発展した軽井沢には、西洋式や和洋折衷式の別荘が多数あった。別荘は木造で、バンガロータイプのシンプルな造りだった。

その典型的な間取りについて、ドイツ最大の化学企業コンツェルンI・G・ファルベン（I. G. Farben）社社員のヘルムート・ミュラーの息子ウッツが手記に記している。一九四一年、ミュラー家はシベリア経由でドイツに帰国する予定だった。東京大森の自宅を引き払い、出発まで帝国ホテルに滞在していたが、独ソ開戦のため帰国できなくなった。軽井沢では、万平ホテルの近くに住んだ。

家は軽井沢に多い、典型的なサマーホリデー用の家で、二階建ての簡素な造りだった。玄関を開けるとすぐに暖炉のあるダイニング兼リビングルームがあった。ベランダ、日本式の木の浴槽がある風呂場、勝手口のついた小さな台所、そして使用人の部屋と和式トイレがあった。急な階段を上ると、二階に小さな部屋が三つあった。

（"KARUIZAWA" p2）

明治時代に来日し、横浜を拠点に貿易会社アプカー商会（A. M. Apcar & Co.）を営んでいたアルメニア人のアプカー家は、三笠地区の貸し別荘地「前田郷」内の一軒に住んだ。

軽井沢で私たちが借りた、（よく言って）コテージは、町から三マイル〔四・八キロ〕ほど離れた「三笠」という地区の、夏季向け貸し別荘地の中にあり、悲しいほど狭かった。メインルームは十フィート×十五フィート〔三メートル×四・五メートル〕ほど。ここで私たちは食べ、温まり、交流した。両親の寝室となった八フィート×八フィート〔二・四メ

ートル×二・四メートル〕の主寝室が一つ、他に小さな和室が二部屋あった。（中略）
あとは玄関、部屋に通じる木の廊下、トイレに通じる小さな通路、洗面台が一つ、そして和式の浴槽「オフロ」。浴槽の下には水を温めるための小さなストーブがあり、屋外に通じていた。…廊下には大きな作り付けの食器棚があり、ここにわずかな食糧、それに毛布、リネン類や衣類をしまっておいた。五フィート×五フィート〔一・五メートル×一・五メートル〕ほどの小さなキッチンには、小さな流し台、火鉢二台を入れるテーブルとスペースがあった。キッチンは一度に二人が立てないほど狭かった。
（"SHIBARAKU" p99）

アプカー家もそうだったが、軽井沢は外国人の間で避暑地として人気だったので、外国人の多くは軽井沢をよく知っていた。夏の休暇を楽しく過ごした、風光明媚なところという印象が強く、いざ引っ越すことになっても、通年暮らすことの大変さにはあまり思い至らなかったようだ。

だが軽井沢は避暑地であり、夏は涼風さわやかでも、冬の寒さは厳しく、長い。真冬の気温は氷点下二十度近くまで下がる。バンガローやコテージタイプの別荘は、夏季のみの使用を想定したものだったので、到底冬を越すようには作られていなかった。もちろん断熱設備など施されておらず、冷たいすきま風があちこちから入ってきた。暖房器具も、セントラルヒーティングなどあるはずもなく、手を温めるだけの火鉢か、「北海道ストーブ」と呼ばれた金属製の薪ストーブしかなかった。冬の寒い朝、金属に触れると手の皮膚が金属に吸い付いた。

回想や手記の中で軽井沢の冬の寒さについて、記している者は多い。前出のアルメニア人ルシール・アプカーの回想から。

〔私たちにとって〕不幸だったことは、早い段階で来たにもかかわらず、厳しい冬を越せるよう、断熱材が施され、灯油や石油のヒーターのある住宅はすでに残っていなかったということだった。私たちは暖房としてもっぱら木や炭に頼らねばならなかった。

（"SHIBARAKU" p 97）

アプカー家が軽井沢に移転したのは、一九四三年十一月。軽井沢に外国人が多く流入し始めたのは一九四四年なので、早い方だった。

ドイツ人のノルベルト・ベルシュテット家も、一九四三年秋に軽井沢に移転した。ベルシュテットは木材取引に携わっていたが、開戦後、ドイツ大使館海軍武官補佐官となった。同名の長男ノルベルトの手記から。

一九四三年十月以降の軽井沢は、華やかさや魅力とはまるで無縁だった。町は陰鬱で暗く、営業を続けていた店も少なかった。時間の経過とともに軽井沢にはますます多くの外国人が集まってきたが、夏のリゾート地は寒い冬の間もずっと住み続けるようにはできていなかった。

（"Karuizawa 1943-1947"）

アプカー家が暮らした家
（Leonard Apcar氏提供）

ハール家が暮らした家
（Tom Haar氏提供）

冬の寒さ

夏向きの簡素な住宅で、寒冷地の冬を越すのは、生死にかかわる問題だった。回想や手記の中でも、寒さに関する記述は、食糧に関するものに次いで多い。ユダヤ人ピアニスト、レオ・シロタのアウグスティーヌ夫人の記述から。

春夏はまだいいが、冬になると耐え難くなる。家々は夏向きで、一階と二階にだるまストーブが一個ずつしかない。燃料はわずかで、高い。靴や男性もののスーツと物々交換して燃料を手に入れた。氷点下の気温の中でストーブに火をつける作業に、私は何度も泣きたくなった。早朝や夜、家の周りを歩くときには、毛皮のコートを着て、ブーツを履いた。家の中が暖かくなるのは、太陽が出ている正午から午後四時までだけだった。夜中にキッチンの水道管がよく破裂し、朝、床がスケートリンクのようになっていた。

（"Last Boat to Yokohama" p39）

ユダヤ人指揮者ローゼンストックも記している。

冬季の突き刺すような寒さのことは前に述べたが、夜など、屋内の気温はマイナス十二度に達した。寝床に入る時は下着を二組着込み、毛皮のコート、温い手袋、靴下、頭をすっぽり覆う毛織のスキー帽を総動員し、目と鼻を開けて置くだけにしておかなければならなかった。

（『音楽はわが生命』九一頁）

冬季に増えた苦労が水だった。水道管が凍結して使えなくなるのだ。東京帝国大学と学習院大学のドイツ語教師ロベルト・シンチンゲルの長女バーバラの手記から。

冬の寒さがわかることをいくつか話すと、風呂の浴槽は和式だった。薪を節約するため、入浴は週一回か二回。わが家は水道管に凍結防止用の布を巻いていなかったので、蛇口をずっと開けておかねばならなかった。水道は台所と風呂場に一つずつあった。週二回しか風呂に入らなかったので、水がしたたる蛇口の下に氷ができ、やがて風呂場に小さな氷の山ができた。入浴するときは、この氷山の上にお湯をかけて溶かして入浴した。次の入浴日までに、また氷山ができる。風呂の残り湯は翌日、洗濯に使った。干したシーツはパキパキに凍った。洗濯物が乾くのに長い時間がかかった。

（"The Story of My Life"）

ドイツの銀行員で、アメリカからドイツへの帰国途中、独ソ開戦により日本から動けなくなってしまったエルクレンツ家は、愛宕山のふもとに住み、愛宕山の中にある井戸まで水を汲みに行った。冬の水汲みの様子を長女ヒルデガルドが記している。

厳しい寒さがやってくると、他にもいくつか問題が起きた。その一つが、家の中の水道管がすべて凍ってしまったことだ。これは料理し、入浴し、トイレを流すための水がないことを意味した。唯一の方法は、愛宕山を登って、井戸から汲んでくることだった。私たち三人は凍った道ですべらないよう気を付けながら、両手にバケツを持って坂を上がった。六個のバケツをいっぱいにした後、また坂を下りるのだが、地面は凍ってつるつるなので、水の入ったバケツを持って滑らないように下りるのは不可能だった。そこで帰りは、氷の上を滑って帰った。多少水がこぼれてしまうのは仕方なかった。持ち帰った水はまず、トイレについた霜を落とすために沸かした。それからもっとお湯を沸かして、体を洗い、残った湯はゆっくりつかれるよう浴槽に入れた。

（“Journey Interrupted” p114）

前出のアルメニア人のアプカー家は、近くの精進場川から水を汲んできた。近くに川があり水が確保できることが、家を決めた理由の一つだった。

十月も終わりになると、氷が張るくらいまで気温が下がった。夜中に水道管が破裂しないよう、家の中の水道管を空にした。以降、三月終わりか四月初めまで、入浴、料理、洗濯、飲用の水は近くの小川まで行って汲んできた。家の中のトイレも使えなくなり、外にある小屋で用を足さねばならなかった。…木の小さな「オフロ」を満たすのに、ちょうどバケツ六十杯分の水が必要だった。つまり六十回、川まで行って、バケツを持って丘を上がってこなければならないということだ。

（“SHIBARAKU” p103）

精進場川（Leonard Apcar氏提供）

水汲み作業の効率を少しでも上げようと、アプカー家の父マイクは、天秤棒式にバケツ二つを両端にぶら下げた器具を作る。だが、ある日マイクは急峻な川岸で転倒してしまう。ひどい打撲と肩の脱臼で、日本人医師に診てもらったが、数週間動けなかった。

燃料

軽井沢は夏でも朝晩は冷える。暖房にも調理にも、燃料としての薪は一年中欠かせないが、とりわけ冬を前に薪を蓄えておくことは死活問題だった。前出のアプカー家の父マイクは、一九四三年の初冬、「町」に出かけた際に、ある話を聞いてきた。アラクセ夫人が記している。


マイクが「町」でフランス人のシャーロット・ワイズに会った。「町」とは軽井沢のメインストリートのことだ。彼女はマイクを呼び止めて、尋ねた。

「ねぇ、最新のニュースを知っている？」

マイクはけげんそうな顔で彼女を見た。

「いや、知らない。何だね？」

「警察は、この氷点下の寒さでは、私たちはひと冬も越せないだろうと言っているそうよ」

これを聞いてマイクは言った。

「断じてそんなことにならないよう、僕は全力を尽くすよ」


（“Six Survived” p119）

それからまもなく、マイク・アプカーは軽井沢警察署に出向いた。横浜の自宅に残してきた家具を処分するため、県外への移動許可をもらうためだった。外国人が県境を越えて移動するには、その都度警察で移動許可をもらう必要があった。日本生まれのマイクは、関西弁も話せるほど日本語が流暢《りゅうちょう》だった。警察署でマイクは、冬が来る前に薪が必要なことを力説した。アプカー家では、誰もが外出のたびに薪を拾ってくるようにしていたが、冬を越すにはそれでは全然足りない。本格的な冬が来る前に、大量の薪を蓄えておくことがどうしても必要だった。マイクの執拗な頼みに、警察署長は「どうにかしよう」と答えた。

数日後、横浜から戻ったマイクは再び警察署を訪れた。

警察署長はマイクを見て言った。

「…軽井沢町から二十五マイル〔四十キロ〕ほど先のところの丘に、木の枝がたくさん落ちているところがある」

「なぜ木を切ったんです?」マイクは警部補の方を向きながら尋ねた。

「軍艦を作るためだ」と警部補は答えた。「でも使うのは幹の部分だけで、上の方は現地に残されている」

署長はマイクの方を向きながら言った。

「残っている木を自分たちで切って、束ねて、鉄道まで持っていけるなら、持って行ってよろしい。持って来られるなら、鉄道貨車から降ろして、自宅に持って行けばいい」

("Six Survived" p121)

戦争が始まると、兵器を作るための金属が大量に必要になった。日本各地の銅像や門は溶かされ、市民は調理に使う鍋釜まで供出させられた。金属だけでなく、木材も大量に必要になった。浅間山の山麓には、美しい赤松が一面に生えていた。この赤松は松にしては珍しいくらい幹がまっすぐだったので、木造船を作るために大量に伐採された。だが、使われたのは幹の部分だけで、木の先端部分や枝は現地に放置されていた。警察は、それを持って行って使ってよいと言うのだ。ただし、切り、束ね、貨車に乗せ、自宅まで運ぶ作業はすべて自分たちで行わなければならない。

大喜びしたマイクは、自宅に戻ると早速薪集めの計画を立て、仲間を募った。

集まった者たちは、「大変そうだな」、「少なくとも作業に見合った成果は得られるね」、「寒い中での作業になるから、着られるだけ着こんでいくわ」などと口々に言いながら、計画に賛同した。女性の一人が「あーあ、そもそも私たち、なんで日本なんかに来たのかしら」とぼやくと、彼女の夫が「今さら、そんなことを言ってもしょうがないだろ」とたしなめた。

マイクの次女ルシールが記している。

草軽電鉄沿線の山の奥で木を切ってもよいという許可が出た。切り出した薪を載せるために、機関車に連結する平たい貨車も何両か借りることができた。体力のある者は全員が参加した。寒い冬の間、誰もつらい思いをしないで済むよう、必要な薪の量を計算した。シロタ教授と奥さんは体力的に無理なので、特別に配慮された。

（“SHIBARAKU” p114）

「シロタ教授」とは、前出のピアニストのレオ・シロタのことだ。音楽好きのルシール・アプカーは軽井沢で、最初はアウグスティーヌ夫人、後にレオ・シロタにピアノを習った。筆者に語ったところによれば、「プロフェッサー・シロタは音

草軽電鉄三笠駅（1945年）
（Leonard Apcar氏提供）

草軽電鉄の列車
（Reinhard Buss氏提供）

楽学校での仕事のため東京と軽井沢との間を夜行列車で頻繁に行き来していた。ミセス・シロタは体調がすぐれないことが多かった。それで、薪集めのときには皆がシロタ夫妻のことを心配し、特別に配慮した」のだという。

説明会をお開きにする前に、マイク・アプカーは集った参加希望者たちに指示した。アラクセ夫人が記している。

「軽井沢駅の近くに住んでいる人は〔草軽電鉄の軽井沢〕駅に集合するように。皆に広めて欲しい。明朝六時半から始める。三笠地区に住んでいる人は、三笠駅から列車に乗る。昼食の鍋に入れる食材を忘れないように」

そう言うと、マイクは会をお開きにした。

翌日、大勢の人が集まった。外国人に雇われている日本人の使用人もいた。

(“Six Survived” p122)

警察から指定された場所は、草軽電鉄の終点、草津温泉の近くだった。二時間ほど列車に乗り、現地に着くと作業にとりかかった。次女ルシールの回想から。

男性たちは木を切り、女性たちは薪を束ね、積みあげた。シスターたちも参加した。重たいスカートをたくしあげ、私たちと一緒に作業した。年配のシスターたちは料理を担当し、シチューを作った。材料は参加者が持って来られるものを持ち寄った。ジャガイモ、骨、ニンジン、キャベツ。すべて、一つの鍋の中に入れた。

病院で働いていたシスターたちは包帯や消毒薬、添え木を持ってきた。切り傷や骨折、捻挫がつきものだったからだ。

（"SHIBARAKU" p114）

薪集めの作業は一回だけでなく、年をまたいで数回実施された。同じグループかどうかは不明だが、指揮者ローゼンストックも、指揮棒を斧に持ちかえて薪集めに参加している。

われわれ亡命者たちは、薪がないと警察に訴えた。そうしたら木のある小山に上って自分で切り倒せとのこと、そこで志願者を募ってそんな作業には不向きな道具類、二つの小さい鋸、ナイフ、斧、猫車などを手に手に、ある寒い朝――外気はマイナス十八度だった――、山へと向かった。われわれの手に負える最大の木は直径約三十センチ、これだって不慣れな者と原始的な装備では太過ぎた。切り倒した木はその場で小さな木片にし、猫車に積み、小高い山から持って下りなければならなかった。重い荷物を転がして山道を下りるのは難渋を極め、私は積荷ごと何度も地べたに引っくり返らされた。

（『音楽はわが生命』九一～九二頁）

一方、ドイツ人はドイツ人同士で連携して、薪集めを行っている。以下順に、ズザンナ・ツアヘルトの評伝、宣教師ノーテヘルファーの回想、バーバラ・シンチンゲルの手記から。

夏は涼しくて快適な軽井沢も、九月に入ると、とたんに朝夕の冷え込みが厳しくなる。落葉松の葉が金色に染まる頃から、ズザンナの心配の種はひとつ増えた。ストーブの薪のたくわえがないのだ。…本来夏用に建てられた木造の別荘は、隙間風が吹き込み、寒さが身にしみる。…頼りの配給もすでにほとんど途絶えがちだった。他の家庭でも事情は同じで、そのうち見兼ねたドイツ人会が地元の山の木を買い取り、男たちが木を切り、女たちが枝集めをするようになった。集めた薪はできるだけたくさん背負子にのせて、男手のないツァヘルト家ではズザンナ自ら家まで運んだ。

（『ズザンナさんの架けた橋』一二三頁）

森に行って木を切ってくることは、日本のために働いていない、体力のあるドイツ人男性全員の義務だった。幹の部分は日本側が使うので持っていってはいけなかったが、伐採後に、付近に残っていた枝などは持って行ってもよかった。晴れた日は毎日、学校があるときも、私たちは子どもたちを連れて森に行き、薪を拾い集めてきた。

（"Remarkable Journey" p75-76）

ドイツ人コミュニティーは森の一部を買い取った。男性、女性、子どもたちは山に上り、男性たちは木を切り、女性たちは枝を払い、子どもたちは切った枝を集めた。皆でスープの材料を持ちより、大きな鍋を火にかけ、昼食に「アイントプフ（Eintopf、鍋料理）」を作った。疲れると、背中に背負えるだけの薪を背負って自宅に持ち帰った。

（"The Story of My Life"）

ドイツ人専用の森を買い取ったというところに、ドイツ人の圧倒的な資金力が見える。駐日ドイツ大使館のバックがあったのだろう。河口湖畔に疎開したドイツ人も軽井沢まで薪集めに来ている。ドイツ大使館員ヴォルフガング・ガリンスキーの証言から。

日本当局は、ドイツ人が日本の森林職員の指導下で森の木を切り、それを薪にすることを許可しました。私自身、河口湖から出かけて数日間軽井沢で樵《きこり》として過ごしたことがあります。

（『終戦前滞日ドイツ人の体験（2）』一四三頁）

宣教師ブッスの長男ジークフリートは、薪集めの作業は楽しく、ドイツ人同士に連帯感が生まれたと手記に記している。

地元当局から小瀬〔温泉〕周辺の木を切って、持って行ってもよいという許可がでた。何百人もが参加した。鍋でスープを作り、ジプシーのようだった。ドイツ人学校のための薪も集めた（この間、学校は休校になった）。多くの面で、皆が協力し合う楽しい作業だった。友情が生まれ、ドイツ人コミュニティーに団結心が生まれた。

（"Karuizawa's German Community During WWII"）

連帯感が生まれたことについては、前出のルシール・アプカーも記している。

私たち〔軽井沢の外国人〕は多様だったが、普通ではない状況に放り込まれた者同士、連帯感が生まれた。

（"SHIBARAKU" p106）

食糧配給

戦争が長引くにつれ、食料不足はますます深刻化していった。配給は次第に量が減り、質も落ちていった。食糧の調達は日本人・外国人を問わず、すべての人にとって、日々重大で切迫した問題だった。誰もが、庭や使用されていないテニスコートなど、少しでも土地があればそこに農作物を植えた。だが軽井沢は標高千メートルで気候は寒冷、土壌は浅間山の火山灰で痩せている。そのため、植えた野菜はほとんど育たなかった。

戦時中軽井沢にいた外国人の食糧事情は、国籍や立場によって大きく異なっていた。「外交官」、「ドイツ人」、「ドイツ人以外の一般人」というグループごとに異なり、大きな格差があった。外交官への配給は、日本の外務省が手配し、一般より優遇されていた。ドイツ人にはドイツ大使館からのさまざまな支援と、ドイツ人だけが受けられる特別配給があった。それ以外の人々は、一般配給のみだった。

以下、三つのグループ別に、それぞれの食糧事情について記す。

外交官への食糧配給

外交団が本格的に疎開したのは、一九四五年三月十日の東京大空襲を受けてだった。疎開外交団への住宅や食糧、燃料の配給は、軽井沢、箱根、河口湖に開設された外務省事務所が担当した。軽井沢事務所長を務めた大久保利隆公使は、軽井沢事務所長の辞令を受けたとき、大勢の外交団に食糧を供給する自信がないと言って、一度は辞令を断っている。「ぜひ受けるように」という説得を受け入れて、最終的には任を引き受けるが、外交団への食糧配給がいかに大きく、困難な任務だったかが窺われる。

外交団への配給が日本にとってどのような意味を持っていたか、その重要性が、一九四五年三月三十一日付けの外務省儀典課長から農商省総務課長への書簡に記されている。

疎開外交団員及び其の家族等に対しての主要食糧配給に関しては、客年来貴省長野県当局ご協力に依り、兎も一応外交団に対する国際基準数量を確保し、此れ等外交団員及び其の家族に対する**外交上の施策の促進及び防諜的見地より**の措置、実施上相当の効果を収め来れる處、最近に於ける戦局の緊迫化に伴う国内諸事情の急激なる変化に伴ひ、右外交団疎開地に於ける食料配給事情も頗る悪化し、長野県当局の最善の努力あるにも拘わらず、如何ともし難き物資もある実情に付いては、右の如き実情が若し疎開外交団側に明白となるに於ては、或いは**我が国食糧問題其の他国力判定の資料に供せらるる惧れ**無きに非ざるを以て、長野県庁側とも充分協議せる結果なるも、疎開外交団員及び其の家族に対する主要食糧物資中、左記諸項目に関し特別のご配慮相成りと共に至急長野県、新潟県、及び群馬県等関係の向きにご指令相成り度く此の段ご依頼申進す。

（外交史料館『在日外交団ニ対スル処遇並ビニ物資ノ供給関係　第一巻』）（太字は筆者）

疎開外交団とその家族に「国際基準数量」に見合った食糧を配給することは、外交政策上も、防諜上も重要なことだ、と記されている。国民への食糧供給量は、国力を見る上で重要な指標の一つだ。食糧配給が減れば外交官はそのことを母国に報告する。そこから、日本は国民に食糧も満足に与えられていない、相当切羽詰まっているのだな、ということが海外に伝わってしまう。そうした事態を避けるために、周辺県は協力して欲しい、と書簡は訴えている。

六月九日付けの軽井沢事務所から本省宛ての電報に、外交団に配給する予定だったバターが焼失してしまったので、至急手配願いたいと書かれている。この電報から外交団への配給がどのように行われていたのかがわかる。

軽井沢在住外交団員に対する五、六月分「バター」は東京に於て焼失し、右、補給の長野県に申請せる處、事情は諒解するとも「バター」は全く国の統制下に在り、県としては如何とも致し方なきに付、至急農商省より指令を長野県へ発令せしめたる様、配慮相成度き旨、申越せり。…

就ては、左記数量一、九八七封度至急配給する様、農商省より県へ指令を発せしめらる様相御取計相成度。

記

「バター」一ケ月分

甲類　二〇〇封度《ポンド》

乙類　四五五封度

丙類　三三四封度

計　九八九封度

右二ケ月分

総計　一、九七八封度

（外交史料館『在日外交団ニ対スル処遇並ニ物資ノ配給関係第一巻』軽普通第二六号）

電報を見ると、外交団員が「甲類」、「乙類」、「丙類」の三つに分類されていたことと、分類に応じて配給量が異なっていたことがわかる。「甲類」とは大公使。「乙類」は大公使夫人、外交官と夫人、「丙類」は一般館員と家族だ。第2章の表5の六月一日時点の外交団の人数を見ると、甲類十人、乙類八十人、丙類百五十八人なので、バター一か月分の一人当たり配給量は、甲類が二十ポンド、乙類が約五・六ポンド、丙類が約二・一ポンドとなる。

電報にはまた、バターが国の統制下にあり、県では対応できないので、農商省に依頼してほしいと記されている。外交団への食糧・燃料配給は、現地の外務省事務所が東京の本省に依頼し、外務省が農商省に手配するというルートを取った。まわりまわった手順がさらに配給を遅らせ、規定通り配給されないこととあわせて、外交団の不満を増大させた。七月二十一日の東郷茂徳外相宛ての電報で、軽井沢事務所長の大久保公使は、「中立国は直接に、断交国は利益代表国を通し、本国に電報し、食料及び燃料の不足を訴えつつあり」と書き送っている。国中が食糧難にあえぐ中、外交団への食糧や燃料の配給も到底目標量には達しなかった。

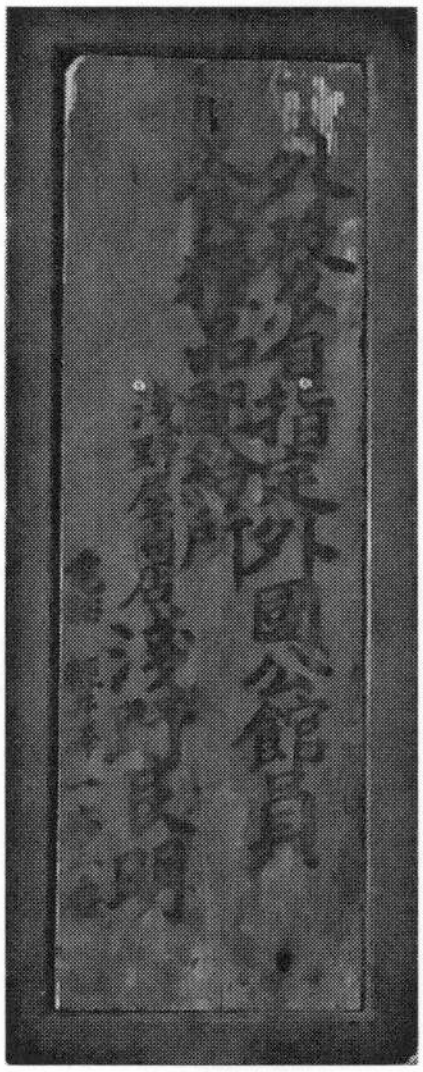

外国公館員向け
配給所の看板

外交団は配給品の受け取り場所も一般とは異なっており、旧道の浅野屋商店、現在のブランジェ浅野屋だった。浅野屋商店の本店は東京麹町にあり、一九三三年から夏の間、軽井沢に出張店を開いていた。戦前期には、缶詰などの日用品も扱っていたようだ。現在、観光客でにぎわうブランジェ浅野屋のカウンターの向こうに、「外務省指定外国公館員食糧品配給所」と書かれた木製の看板がかかっている。

恵まれていたドイツ人

ドイツ人には、ドイツ人だけが享受できるメリットが二つあった。一つは、ドイツ人への特別配給品があったこと。これらは缶詰やラードなどで、主にドイツ軍艦がインド洋で拿捕したオーストラリアの補給船からの戦利品だった。ズザンナ・ツアヘルトが証言している。

食料の調達に関しては、ドイツ人は日本人に比べると良い方でした。私たちは、米や豆を日本人と同じだけ配給されましたが、その他にドイツ人コミュニティーから追加の食料を受け取っていました。ドイツ人コミュニティーは野菜や果物を田舎で買うことができると、それを分配しました。それに略奪品もありました。ドイツ海軍は敵船を拿捕し、その積荷を奪いました。…コンビーフやヘットやラードは大歓迎でした。こうして私たちのところにもってきました。それが日本の近くでそういうことがあると、彼らは品物を日本には日本人より多くの食料があったのです。ドイツ人の食糧事情は良く、飢えることはありませんでした。

（『終戦前滞日ドイツ人の体験（5）』一三三頁）

ドイツ人宣教師ブッス家の長男ジークフリートも手記に記している。

食糧不足は深刻だったが、ドイツ人は幸運だった。缶詰やラードなどが十分あったからだ。これらはすべて、ドイツ海軍の軍艦が封鎖を突破して、連合軍向けの補給品を積んだオーストラリア船三隻を拿捕して奪ってきた戦利品だった。残念だったのは、軽井沢のドイツ人コミュニティーの指導部は戦争が長引くことを懸念して、少しずつしか支給してくれなかったことだ。備蓄品はドイツ学校の向かいの建物に保管されていた。

（"Karuizawa's German Community During WWII"）

「ドイツ学校の向かいの建物」とは、上皇と美智子上皇后の出会いの場として有名なテニスコートの通りを隔てた西向かいにあった、「ブレット・ファーマシー（Brett Pharmacy）」という薬局の建物だった。備蓄品は相当な量があったことが終戦後に明らかになるが、倉庫に入りきらない備蓄品は、町から外れたブッス家の庭にも埋められた。同じくブッス家の次男ラインハルトが記している。

すべての食糧がドイツ人家庭に分配されたわけではない。かなりの量が備蓄として容器に入れられ、地面に埋められた。前沢二番地のわが家に、ドイツ人男性が何人かやってきて穴を掘り、ラードの樽をいくつも埋めていった。うちは町の中心から離れていたので、人が多い場所よりも安全だと思ったのだろう。

（"Adventures of Youth" p53）

ズザンナ・ツァヘルトは、特別配給品のラードを使ってソーセージを作ったと語っている。

私たちはヘット・ラードと味噌とコンビーフを混ぜ合わせて、レバーソーセージの代用品にしましたが、とても良い味でした。このような脂は日本人の手には入りませんでした。

（『終戦前滞日ドイツ人の体験（5）』一三三頁）

特別配給の缶詰は、近隣の農家で新鮮な野菜や果物と物々交換するのにも役立った。同じくズザンナ・ツァヘルトの証言から。

生鮮食料品を買うために、私たちはコンビーフを日本人のところで現金化しました。軽井沢からは御代田と小諸という近くの町に行くことができ…ました。そのお金で軽井沢の奥にあった農家でナッツやリンゴを手に入れました。

（『終戦前滞日ドイツ人の体験（5）』一三三頁）

ドイツ語教師ロベルト・シンチンゲルの長女バーバラは、缶詰と交換して自転車を手に入れたと記している。

ドイツ人コミュニティーには缶詰が配られた。…私たちは燻製の鮭、いわし、さばなどの缶詰をもらった。わが家では自転車を一台入手したが、もう一台必要だったので、いわしの缶詰六、七個と交換して手に入れた。

私はひどい空腹を感じたことがあまりなかった。…何十年も後に、やはり軽井沢にいた友人に、空腹だったかと尋ねたら、彼は何度も空腹を感じたと答えた。

（"The Story of My Life"）

二台の自転車で、バーバラは弟ローランドとともに缶詰を持って農家をまわった。

在日ドイツ人が享受したメリットの二つ目は、ドイツ大使館からのさまざまな支援が受けられたことだった。まず、月額四〇〇円の現金が支給されたという。今の金額に換算すると八万円くらいだろうか。生き延びるのに十分な金額だったという。ただ、冬になると商店の棚には商品はほとんどなく、貨幣は次第に価値を失い、物々交換が主体になっていたので、現金のありがたみは薄れていったかもしれない。

太平洋戦争中、日本には二千七百人近いドイツ人がいたが、その中には、「蘭印」と呼ばれたオランダ領東インド（現在のインドネシア）から引き揚げてきた者たちが七百人ほどいた。そのほとんどが女性や子どもだった。

一九四〇年五月、ヨーロッパでドイツ軍がオランダを急襲すると、蘭印にいたドイツ人はオランダによって収容所に入れられた。スイス領事や赤十字国際委員会の尽力によって、一年後、女性と子どもは解放され、シベリア鉄道経由でドイツに送還されることになり、そのために日本に移送された。ところが一九四一年六月二十二日に独ソ戦が始まったため、日本から動けなくなってしまった。

翌一九四二年に日本が蘭印を占領すると、さらに大勢のドイツ人が蘭印から日本に連れて来られた。蘭印からのドイツ人婦女は、ほとんど着の身着のまま引き揚げてきた上、女子どもばかりで、日本に来てさぞ苦労しただろうと思うところだが、ドイツ人向けの特別配給、ドイツ大使館からの支援、さらには同胞ドイツ人からも支援の手が差し伸べられたので、さほど困らなかったようだ。ドイツ大使館員だったイルムガルト・グリムとヴォルフガング・ガリンスキーは、これら女性と子どもたちのために大使館が骨折ったことを証言している。

戦争中ドイツ人社会にオランダ領インドから女性と子供たちがやってきました。…彼女たち全員を預かることはドイツ人社会にとって大変な課題でした。ホテルを確保したり、客室を持っている公邸すべてに何人か受け入れられるか問い合わせたりしました。…学校はそれまでよりはるかに多くの子供たちを受け入れなくてはなりませんでした。それで私たちの校庭には、すべての子どもたちが入れるように教室が4つある小さな建物が建てられました。

（『終戦前滞日ドイツ人の体験（3）』一四三頁）

これらの女性や子どもたち全員にドイツ大使館領事部あるいは総領事館は終戦まで、つまり活動を停止するまで援助金を給付していました。…その後［ドイツが降伏して］大使館が活動を停止したとき、河口湖畔にいた私たちはこれらの女性や子どもたちのために尽力しました。小さな学校のための机や長椅子をそこで作り、靴がすぐに小さくなってしまう子供たちのために…靴工房を作って靴の修理をし、小さなドイツ人社会のためにパンも焼きました。

（『終戦前滞日ドイツ人の体験（2）』一四一頁）

「蘭印婦女」、もしくは「バタビア婦女」と呼ばれたこれらドイツ人の多くは、アメリカ人やイギリス人が去った後、空いていた横浜山手の洋館に入居した。そして山手が「外国人居住絶対禁止区域」に指定されると、軽井沢や箱根へと移った。そのときも同胞が手を差し伸べた。ズザンナ・ツァヘルトの評伝から。

オランダ領東インドのバタビア（現・ジャカルタ）からの引き揚げドイツ人婦女子が万平ホテルに集団疎開してきた。暑い国から身一つで引き揚げてきた人たちは冬服もなく、**先住者は生活用品を持ち寄って助けた。**

（『ズザンナさんの架けた橋』一二八頁）

だが、彼女たちの夫や父の一部は、悲劇的な最期を迎える。日本軍が蘭印を占領すると、オランダはイギリスの助けを得て、抑留していたドイツ人を英領インドに移送した。移送は三隻の船に分けて行われ、二隻は無事インドに到着したが、一隻は日本軍の攻撃を受けて、大破。船長をはじめオランダ人船員は救命ボートで脱出し、その際バルブを開けて船を意図的に沈めてしまった。乗っていたドイツ人抑留者四七七人のほとんどが溺死。スマトラの南にあるニアス島に生きてたどり着いたのは、わずか六十七人だったという。

ドイツ人以外の一般人

外交官でもドイツ人でもない、それ以外の者たちには、外交官のような優遇された配給も、ドイツ人のような特別配給や大使館からの支援もなかった。一般配給のみだった彼らは、食糧の調達にもっとも苦労し、飢餓の危機に瀕した。世界的指揮者ながら、ユダヤ人ゆえにドイツ国籍を剥奪され、無国籍となったローゼンストックが記している。

　最大の問題は食糧を得る事であった。町には団栗《どんぐり》で作ったパンらしきものもあったが、これは食べられるしろものでなかった。

（『音楽はわが生命』八四頁）

　主食の配給は、日本人は米だったが、外国人はパンだった。パンか米か選べるケースもあった。配給品は、時の経過とともに量も質も低下していった。町から少し離れた三笠地区に住んだアプカー家は、配給所まで配給品を取りに行くにも苦労した。

　軽井沢の春の訪れは遅かった。地面は深さ六インチ〔十五センチ〕くらいまで凍って、五月になると溶けて、ぬかるんだ。私たちはかかとまでぬかるみにはまりながら、「町」まで歩いた。泥は夜のうちに凍結し、深いわだちができた。日中になるとこれが溶け、夜になるとまた凍結する、この繰り返しだった。歩くのも大変だったが、毎週の配給を受け取りに「町」まで自転車で行くのも大変だった。配給は週にパン二斤まで減り、ますます小麦粉ではなく木くずを焼いたのではないかと思われるような代物になっていた。ときに一か月に小麦粉が一袋、米が一袋、まれにオートミールが配給されたことがあったが、虫がたくさん入っていて、よけるのが大変だった。

　あるとき、サメの肉が配給されたことがあった。アンモニア臭が強く、私たちは鼻をつまんで食べた。…私は今でも、魚市場でサメ肉を見るのが耐えられない。一度だけ大豆が一袋配給されたことがあった。いかなる種類のたんぱく質も、もはや配給品の中にはなかった。

（"SHIBARAKU" p111）

前出のローゼンストックは、ドイツ人の特別配給についてうらめしそうに記している。

われわれ「亡命者たち」は、皆、不馴れな生活の難儀を共にした。一般のドイツ人たちもかなりいたが、連中は安楽に、比較的贅沢な暮らしをしていた。ドイツ大使館が、自国の潜水艦がたまたま入港した時に持って来た戦利品を、彼らに運んでくれたのである。私は東京からやって来たドイツのパン屋のトラックが、ドイツ人居住者たちに、新鮮な日用の食糧を配達している所を目にした。でも、われわれには何も売ってくれようとしなかった。

（『音楽はわが生命』八六頁）

当然ながら、配給品だけでは到底生きていけない。食糧を調達するために奔走しなければならない。自給自足的な生活が始まる。

農作業

食糧を得るためには、自ら作るしかない。誰もが田畑を耕し、ミルクを得るためにヤギを飼い、卵を得るために鶏を飼った。アルメニア人のルシール・アプカーが記している。

五月に雪が解け、地面があまりぬかるまなくなると、野菜を植えてみた。生育期間が短いので、生育の早い野菜だけを植えた。つまりジャガイモ、かぼちゃ、トマト、ナス、キャベツだ。実がなると、夜交替で見張りに立った。誰もがお腹をすかせていていたので、畑や小さな私有地はすべて、食べられる物を探し求める人々によって、くまなく捜索されてしまうからだ。そもそも食べられるものがなるだけでも、ラッキーだった。

（"SHIBARAKU" p113）

先述したように軽井沢は土壌が火山灰なので、農作物はあまり実らない。そこで肥料として注目されたのが、馬糞だった。馬が引くカートの後ろをついてまわり、主婦の間で馬糞の争奪戦が繰り広げられた。人糞も使ったという証言もある。ハンガリー人のイレーヌ・ハールも馬糞を求めて馬の後ろをついてまわった。

夫のフランシスは、クレソンで生き延びたと記している。

日本の若者が動員される頃、食糧は配給制になり、乏しくなった。一家に対し、一週間にパンが約一斤配給された。子どもたちのためのミルク、そして家族の食糧を得ることが大きな問題になった。私は家の横で小さな野菜畑を始めたが、長い冬をしのげるだけの野菜は収穫できなかった。幸い、家の近くに小さな小川が流れていて、クレソンがたくさん生えていた。私たちはクレソンで救われた。冬でも生えていたからだ。イレーヌは工夫してさまざまな方法でクレソンを料理した。スープ、ソテー、生でサラダに。私たちはほとんどクレソンだけ食べて生きていたと言える。

（"Karuizawa Dreamscape" p6）

畑仕事や家畜の世話は、誰もが初めての経験だった。アルメニア人のルシール・アプカーが説明している。

結局のところ私たちは都市生活者で、原始的な自給自足的生活には慣れていなかった。木を切る、動物の世話をする、水を運び、食糧を探すということは私たちにとってなじみのないことだった。

("SHIBARAKU" p106)

前出のハンガリー人イレーヌ・ハールは、家畜の世話や乳しぼりを農家の人に教えてもらったことを記している。

近隣の農家で…持ち物と交換し…、ヤギ二頭とウサギとニワトリを何羽か手に入れた。農家の人は餌のやり方や世話の仕方、乳しぼりのやり方を教えてくれた。私にとって初めての体験で、最初は緊張して慣れなかった。幸いヤギが辛抱強くて、何度かやるうちに、うまくできるようになった。自分を誇らしく感じた。ヤギの乳はとても栄養があるが、独特の強い味と臭いがあるので、子どもたちには薄めて飲ませた。おいしいチーズを作ることもできた。

("Karuizawa Dreamscape" p6)

ヤギを連れたアラクセとミッキー・アプカー(Leonard Apcar氏提供)

乳を得るためにヤギを飼った家庭は多い。だがほとんどが雌ヤギだった。乳を得るためには繁殖させなければいけない。繁殖させるには雄ヤギがいる。だが、雄ヤギを飼っていた者はわずかだった。おかげで雄ヤギを飼っていたスウェーデン人のエリックは人気者になった。アプカー夫人が記している。

エリックは背の高さに加えて、サイズ十二の足と、雄ヤギを飼っていることで有名だった。軽井沢の住民が飼っていたのは雌ヤギで、繁殖させるにはエリックの雄ヤギが必要だった。おかげでエリックはひっぱりだこで忙しかった。

（"Six Survived" p124）

ドイツ人宣教師のベルンハルト・ブッスは、牛まで飼い、そのために納屋を作った。ベルンハルトはドイツ北東部の農家の出身だったので、農業経験が豊富だった。

裏庭にテントを張って、ヤギ、鶏、ウサギの飼育場にし、貯蔵庫にした。九月には乳牛も買ったので、どうしても納屋が必要になった。ドイツ人の隣人たちが頑丈な納屋を建てるのを手伝ってくれたので、お礼に彼らのヤギや鶏をうちの納屋に入れてあげた。寒いポメラニア地方の農場で育った私にとって、生産性の高い百姓になり、寒い冬を生き延びることは得意なことだった。

（"Trusting God" p98）

（上）ヤギを連れたブッス家の長男、次男と朝鮮人の友人
（左）軽井沢で農作業中のブッス家（後ろは友人の日本人女性）
（ともにReinhard Buss氏提供）

買い出しと「たけのこ生活」

野菜を育てるにも馬糞や人糞の肥料も限界があり、疎開者は食糧を得るため、周辺の農家へ「買い出し」に出かけた。現金は価値を失っていたので、手持ちの貴重な缶詰や衣服を持って、新鮮な野菜や果物と物々交換してもらった。ドイツ人のエノ・エルクレンツの手記から。

食糧を得る方法は、地元の農家と物々交換して米や野菜をもらうことだった。そのためには、まず軽井沢駅まで行き、長野方面行きの列車に乗って、三つ目くらいの駅で降り、村を通り抜け、農家があるエリアまで歩く。セーター、シャツ、ときには靴などの衣服を持って行って、米、かぶ、にんじん、その他の野菜や果物と取り換えてもらった。こうして手に入れた食糧を持って、軽井沢に戻る列車に乗り、駅から歩いて家まで戻った。軽井沢にいた間、少なくとも三、四回は出かけた。物々交換は外国人同士の間でも行われた。例えばバターと肉、肉と砂糖を交換するのだ。砂糖はほとんど手に入らなくなっていた。生き延びるためのこの努力は、多くの時間を要する苦労になっていた。

（"Karuizawa Interlude" p2）

列車は疎開者で立錐の余地もないほど、ぎゅうぎゅう詰めだった。列車の乗り込み方について、アルメニア人のルシール・アプカーが書いている。アプカー家の買い出し先は主に御代田《みよた》だった。

到着した列車はすごい状況で、乗るのにかなりのエネルギーと決意が必要だった。列車は食糧と屋根を求めて都会から来た人でいっぱいで、中には扉からぶら下がっている人もいた。こうした列車に乗り込む唯一の方法は、開いている窓を見つけ、リュックサックを放り込み、すでにいっぱいの人の上によじのぼるのだ。幸い、御代田までは三十分ほどだった。降りるときは同じ方法で降りた。

（"SHIBARAKU" p102）

ドイツ人のズザンナ・ツァヘルトも御代田や小諸に買い出しに出かけ、列車の窓から乗り降りしたこと、外国人の持ち込む品物は日本人の物より好まれ、とりわけ夫ヘルベルトの服は、夫が百八十六センチと長身だったため、「これなら二枚取れる」と歓迎されたことを語っている。

こうなると、食糧を持っている農家の方が、圧倒的に立場が強い。世界的指揮者ローゼンストックは、駆け引きに苦心したことを記している。

世界中の農夫に共通することだが、彼らは、危急存亡の折ともなれば、自分たちが人間社会で一番重要な座を占めることを知っており、金での支払いを拒んだ。…農夫たちはシャツとか、靴とか、靴下とか、そういった品物との物々交換でなければ話に乗らなかった。そこで農夫の所へ行って食物を得るため、私はその都度シャツや何かを持参しなければならなかったのである。それでも、時には、農夫の首を縦に振らせる取引が難航することもあった。…私が持参したシャツを農夫に差し出すと、彼はこう答えたものだ。「いや、そのシャツは要らねぇ。お前さんの着てるのが欲しいだ」。私が上げようとしたシャツよりも、着ている方がもっと良質だと抜け目なく考えてのことだった。

（『音楽はわが生命』八四〜八五頁）

人気があったのが、タバコや酒の配給券だった。ドイツ人宣教師のベルンハルト・ブッスが記している。

〔物資が〕品薄になるつれ、物価は高騰した。商店には基本的な必需品さえなくなり、配給券を渡されるようになった。この配給券の一部を私たちは物々交換に使った。タバコや酒の配給券はとりわけ需要が高かった。わが家では誰もタバコも吸わないし、酒も飲まないので、卵、野菜、ジャガイモ、米と交換することができた。（"Trusting God" p98）

ドイツ大使館員のフランツ・クラプフも、闇市ではタバコが通貨代わりだったと語る。

妻も私も煙草を吸いませんでしたから、…それを重要な支払手段にしていました。闇市のことは誰でも知っていました。あちこちで買うことができ、買い方も知っていました。たとえば、米はグラム単位ではなく、袋で買うというようなことです。

（『終戦前滞日ドイツ人の体験（2）』一五七頁）

買い出しでは、子どもたちが活躍した。日本語での会話に不自由しないBIJ（日本生まれ）が多かったし、子どもは大人より言葉の習得が早い。それに、日本人は子どもにやさしかった。ジャワ島で収容所に入れられ、解放後、日本でドイツ大使館員となったローレ・コルト夫人の証言。

ドイツ人の主婦たちは買い物に自分の子どもを連れて行きたがりました。子どもたちはたいてい両親より上手に日本語を話しましたし、日本人は一般に子ども好きだったからです。

（『終戦前滞日ドイツ人の体験（５）』一七六〜一七七頁）

日本で生まれ育ったユダヤ系ロシア人のアイザック・シャピロは当時十四歳。農家をまわり、農家で眠らせてもらったことを記している。

兄ヤコブと二人で食糧を探しに、軽井沢の周辺や県内の田舎によく出かけていった。自転車をこいで農家をまわり、戸を叩き、聞いてまわった。

「野菜ありますか？　ジャガイモありますか？　果物ありますか？」

農家の人たちは最初、流暢《りゅうちょう》な日本語を話す、がりがりに痩せた外国人の少年二人の姿に戸惑っていた。だが、すぐに市場に出したら手にできないような金額で、食べ物を売ってくれた。こうして兄と私は一晩かけて食糧探しに出かけた。夜は農家の空いている畳の部屋の床で眠らせてもらった。

（“Edokko” p143）

ドイツ人のバーバラ・シンチンゲルは、弟ローランドと買い出しに出かけた。やはり農家の人々が親切にしてくれたことを記している。

私たちの重要な仕事の一つは、自転車に乗って農家を訪れ、衣服を食糧に代えてもらうことだった。…いつも同じ農家にばかり行くとうまくいかないので、かなり遠くまで出かけて行った。農家の人々はいつもフレンドリーで、囲炉裏のまわりに一緒に座らないかと尋ねてきた。「ドウゾ、オアガッテナサッテ」と言って、畳の上に座らせてくれた。あるときは火の上で焼いていた新ジャガイモをくれて、私たちはそれに味噌をつけて食べた。

（"The Story of My Life"）

食糧と交換するために衣服を一枚ずつ出していくさまが、たけのこの皮を一枚一枚はいでいくのに似ているということで、「たけのこ生活」と言われた。ハンガリー人写真家のフランシス・ハールは物々交換に出す手持ちの衣服が底をつき、ついに商売道具のカメラを手放す。

〔軽井沢に移って〕二年ほどが経ち、お金が底をついてからが本当に大変だった。残る手立ては一つしかなかった。日本人の農家と持ち物を物々交換して食糧を得るのだ。私たちの衣服は最低限まで減った。（戦争が終わる頃、私の衣服はズボン一本とシャツ一枚だけになっていた。）次に、カメラの一台を、大きな袋のジャガイモといくばくかの野菜と交換した。だが、これはそれほど大きな犠牲ではなかった。いずれにせよカメラは使えなかった。外国人写真家である私は潜在的スパイと見なされ、常に憲兵隊に監視されていたからだ。

（"Karuizawa Dreamscape" p7）

特別配給の缶詰を持っていたドイツ人は有利だった。ドイツ人以外の外国人はそのあおりをくった。アウグスティーヌ・シロタ夫人が、ドイツ人への恨み節を記している。

物々交換ではナチ関係者が有利だった。ドイツ軍がオーストラリア船から分捕ってきた物があり、交換できる物をたくさん持っていたからだ。おかげで、それ以外の外国人は物々交換に苦労する羽目になった。ナチ関係者が持っている物の方が、新しかったからだ。

（"Last Boat to Yokohama" p38-39）

ピアニストの夫レオは自転車で買い出しに奔走したが、有名人だったことが有利に働いたことがあった。

ある日、農家の戸をあけると、しわの深いそこの主人が「おやっ」という顔をした。「あなたをどこかで見たよ。やせているので別人かな」農家の主人は首をかしげながら、居間に消えた。しばらくたって、「やはり、あんただよ」とニコニコして出てきて、…居間に案内した。そこには…日比谷公会堂での演奏会のポスターが貼られていた。…それから農家の主人は、内緒で食糧を分けてくれるようになった。

（『１９４５年のクリスマス』一四八〜一四九頁）

買い出し先で知人と鉢合わせすることもあったが、互いに行き先を教えることはなかった。ズザンナ・ツアヘルトがそのときの心情を語っている。

どうしてもエゴイスティックになってしまうのですね。心が曲がったとまではいいませんけれど、後味の悪い、さびしい気持ちでした。

そんな話を〔夫の〕ヘルベルトにすると、「ズーゼが行くのは、奥の細道じゃなくて、闇の細道だね」と、笑いながらねぎらってくれました。

（『ズザンナさんが架けた橋』一三一頁）

こうして冬に備えて苦労して集めたリンゴやジャガイモも、通常の保存方法では腐ってしまったり、凍って、食べられなくなってしまう。寒冷地ならではの食糧保存の知恵が、「室《むろ》」だった。地面を掘り、木で枠組みを作った地下貯蔵庫だ。リンゴやジャガイモも、「室」に入れておくと何か月ももった。ドイツ人のウッツ・ミュラーが記している。

家の下は空洞になっていたが、そこにジャガイモやリンゴなどを保存することはできなかった。凍ってしまうからだ。そこで庭に貯蔵用の特別なシェルターを掘った。何世紀にもわたって堆積した火山灰や（軽石のような）小石の層、さまざまな厚さの土の層は浅間山の噴火によって積もったもので、普通のシャベルで掘るのはほぼ不可能だった。貯蔵庫の屋根と壁にはカラマツの木材を使った。完成したら、小さな開口部を残して覆う。こうするとほどよく断熱されるのだ。

（"KARUIZAWA" p1）

ドイツ人は、大量に作ったキャベツの塩漬け「ザワークラウト」も室に貯蔵した。

屠畜も自らの手で

海に囲まれた日本だったが、魚さえも、なかなか配給には上らなくなった。肉はもっと手に入らない。たんぱく源は、日本人にとっては魚や大豆だったが、外国人にとっては肉だった。そのため外国人たちは、肉を手に入れるためにあれやこれや決死の作戦を決行した。もちろん、警察に見つかれば、ただではすまない。

ハンガリー人エンジニアのエルンスト・クァスラーは、仲間と協力して牛肉を手に入れてきた。息子イムレが記している。

父も参加した出来事の中に、近隣に住む複数の家族で協力し合って肉を入手したということがあった。ヨーロッパ人が何人か一緒になり、農家の人に物々交換の対価として牛を屠畜して、肉を分けてもらうことになった。交換品として出した物の中には、少なくともミシンが一台含まれていた。問題は、禁止されている肉をどうやって警察に気づかれずに、軽井沢に持ってくるかだ。農家の人が肉を金属製の容器に入れ、夕方に北軽井沢からやってくる列車に乗せることになった。車掌に口止め料を払い、列車がカーブにさしかかったところで、列車から肉を放り投げてもらうことになった。ちょうど日が暮れる頃、地元の警察官が夕飯を食べている頃、父とドクター・ハインリヒが自転車で回収しに行った。幸い、万事うまくいき、その夜のうちに肉は配られた。父が言うには、次の日、複数の家から肉を料理するにおいがしてきたそうだ！

（"Karuizawa Memories"）

ハンガリー人写真家のフランシス・ハールは、ある日放牧していた子ヤギが、縄が首に絡まって死んでしまい、急きょ自らの手で屠畜する。

触ってみると、ヤギは動かなかったが、まだ温かかった。私は急いで家に戻り、鋭いナイフで小さなヤギののどをかき切り、血を出した。こうして私たちは何か月かぶりに肉を食べることができた。

（"Karuizawa Dreamscape" p6）

農場育ちのドイツ人宣教師ベルンハルト・ブッスは、屠畜も自分でやっていた。このことが知れると、あちらこちらから屠畜を頼まれるようになった。

誰もがヤギを飼い、庭に野菜を植え始めた。ひとたび、私が自分で屠畜をやっていることが知れると、手伝ってほしいと頼まれるようになった。あるとき、ヤギを屠畜して欲しいと女性に頼まれた。私が死骸をきれいにしていると、野犬がやってきて頭を持って行ってしまった。女性はヤギの頭でスープを作ろうと思っていたので、ひどくがっかりした。そこで別の家族からヤギを屠畜して欲しいと頼まれたとき、私は「ヤギの頭をくれるなら」、という条件をつけた。もらったヤギの頭は、先ほどの女性のところに持っていってあげた。

("Trusting God" p100)

フランス文学者の朝吹登水子は、フランス人たちが牛肉を手に入れようと農家と話を付けたら、生きた牛がきてしまい、あわてた話を記している。

牛肉が入手できるというニュースに、フランス人たちは大喜びした。誰は何キロ、○○一家は何キロ、と配分も決めた。貴重なその牛肉は真夜中に届けられる手はずで、フランス人たちは、離れ山の麓の指定の場所に出向いた。

真夜中の十二時。しかし、びっくりしたことに、向うから生きた牛を引いたお百姓さんが歩いて来るではないか！

…さあ、それをいかにして殺すか。しかも、夜中にうろうろしていて、警察か憲兵に見つかっては大変なので、食糧係の男たちは気が気ではなかった。とにかく引き渡された牛を引っ張って一軒の空家に連れ込んだ。

殺したことのない素人が牛一頭殺すのは並みたいていではなく、牛は悲鳴をあげて騒ぎ立てる。真夜中の牛の鳴き声は響き渡り、男たちは冷汗をかいた。誰かの名案で、牛は風呂場の浴槽に入れられ、バタンと下りるギロチン式窓に首をはさまれた。

やっと殺した。皮をはぎ、肉をそぎ、骨を砕き、血をきれいに洗い流すという大作業は一晩中かかったが、無事終了し、この密殺事件は発覚しなかった。しかし、牛を殺した男たちはそのショックで牛肉は一口も食べられず、二週間は一歩も外出せず、大犯罪人のように身を隠していたということである。

（『私の軽井沢物語』二二七頁）


フランス人たちよりずっと度胸がすわっていたのが、アルメニア人のマイク・アプカーとインド人のヴィクター・ケリバシだ。ある日、二人は農家に出かけていった。マイクが獣医のふりをして、「この牛は病気ですよ」と言った。元セールスマンのケリバシも口を合わせ、二人の言葉に不安になった農家の男性は二人に牛を引き渡した。

引いてきた牛はケリバシ家のキッチンに連れ込まれた。床がコンクリートで、排水溝があったからだ。誰にも見られないよう、真夜中になるのを待った。牛にとどめを刺し、解体したのは、かつて横浜根岸の競馬場で馬主だったマイクだった。分け前として、マイクは牛の頭部と血をもらうことになった。日の出前、マイクの娘二人が大きな牛の頭を回収しに行った。次女ルシールが記している。


朝日がさし始める頃、〔妹の〕キャサリンと私は屠畜小屋に頭を取りに行った。私たちは、大きく目を見開いた巨大な頭の角を一本ずつ持って、丘を駆け上った。まだ血が滴るこのモンスターを、私たちは風呂場に運び、そこで父が最後の解体作業を行った。おかげでわが家は脳みそと舌を含め、かなりの量の肉をもらうことができた。牛の血で母がパンケーキを作った。真っ赤なパンケーキ生地は見ていて気持ちのよいものではなかったし、願わくばもう二度とお目にかかりたくないが、それでもできあがったパンケーキは栄養たっぷりでおいしかった。骨は愛犬ジュディが喜んでかぶりついていた。何一つ無駄にはしなかった。

(“SHIBARAKU” p112)

そんな夫マイクの変貌ぶりに、妻アラクセは感嘆する。

スーツをかっちり着こなして事務所に出勤していたマイクと、隙のないセールスマンだったのであろうヴィクター〔・ケリバシ〕。二人の姿が私の脳裏をかすめた。その同じ二人が牛を屠畜したのだ。こんなこと、あるだろうか。

(“Six Survived” p143)

外国人たちのほとんどは、都会で豊かな暮らしを享受していたホワイトカラーだったが、慣れない肉体労働に精を出し、生き延びるために協力し合った。

それでも、戦争が長引き、食糧不足がさらに深刻になると、わずかな食糧をめぐっていさかいが起き、長年の友情が壊れることもあった。

衣服―着たきり雀

寒冷地の軽井沢では防寒着が欠かせなかったが、あらゆる物資が不足した戦時下、衣服ももちろん不足した。手持ちの衣服は仕立て直し、セーターはほどいて編み直し、徹底的に活用した。衣服はまた、食糧を得るための手段でもあった。物々交換に出したので、手持ちの衣類は極限まで減った。それでも、食糧に比べれば衣服に関する記述ははるかに少ないが、アルメニア人のルシール・アプカーは詳しく記している。

服も足りなかった。〔うちでは〕子どもたちはまだ成長が終わっていなかった。靴や服が小さくなってしまうと、次に着るものがない。お下がりをもらったり、リメイクもある程度は役に立ったし、どんなものも捨てなかった。それでも限界があった。この頃になると、ほとんどの服がよれよれになり、擦り切れていた。…長靴はなかなか手に入らなかったので、横浜を離れる前に家財道具の一部をブーツと暖かい靴下と交換した。…しかし衣服、とりわけ、厚手のアウターとなると別問題だった。

わが家のわずかな備蓄のなかに、一九二三年の関東大震災のときに配布された、アメリカ軍の毛布があった。この毛布で、母、妹キャサリンと私のズボンを作り、冬の間は毎日これを着た。あとはセーター数着、それに学校の制服。ワードローブはこれですべてだった。コートは必要なときに必要な人が着た。着るコートがない人は家に残った。長靴もシェアした。つまさきに防寒用の新聞紙を詰めて、履いた。すりきれて穴が開くと、その穴も新聞紙でふさいだ。…夏の間は大抵、日本の「ゲタ」を履いた。幸運なことに、衣服についてはは誰もが似たような状況にあった。すでに衣服が不足し始めてから、何年も経っていたからだ。

（"SHIBARAKU"　p105）

ハンガリー人写真家のフランシス・ハールが衣服を物々交換に出して、ついに着るものが一組しかなくなってしまったことと、飼っていた子ヤギが死んでしまったことは紹介したが、その子ヤギの皮でブーツを作っている。

皮は干した後、二人の子どもたちのブーツを作った。ソール部分には木の板を使った。限られた物しかない環境では、工夫しなければならなかった。

("Karuizawa Dreamscape"p6)

ドイツ人宣教師のブッス家は、宣教活動で使用したテントの生地で防寒着を作った。ウサギの毛皮でライニングもつけた。

テント生地から作ったズボンをはいたラインハルト・ブッスと牛のクシ
(Reinhard Buss氏提供)

テントのキャンバス地はいろいろ役に立つことがわかった。服の上に着る、オーバーオールのようなものを作った。手足が冷たくならないよう、手袋や室内履きも作り、ウサギの毛皮のライニングをつけた。

("Trusting God" p99)

外国人は日本人より体が大きかったが、大きいサイズの靴や衣類は手に入らず、苦労した。スウェーデン人エリックの靴の話を、アプカー夫人が記している。

エリックは自分の足に合った靴を見つけることができず、ついに自分で作ってしまった。タイヤで、そこそこ見栄えのよいサンダルを作った。雪が降るとそれに防水シートを巻いて履いていた。エリックは大柄なスウェーデン人で、配給品で苦労していた。

("Six Survived" p124)

医療

人間生きていれば病気にもなる。まして栄養不足に寒さという厳しい条件下では、なおさらだ。ただ、軽井沢が恵まれていたのは、東京や横浜から医師も疎開してきたことだった。中国籍の應時華さんは横浜から軽井沢に移ってきたが、「戦時中、マンロー病院で目の手術を受けた。腕のいい医師が疎開してきていて、ラッキーだった」と語った。

回想や手記には、疎開してきた外国人医師に世話になったことが書かれている。よく登場するのが、シュテーテフェルド、プレスナー、ヴィッテンベルグという三人の内科医と、レーヴェという歯科医だ。シュテーテフェルドはドイツ人だったが、ユダヤ人も診察した。残る三人はユダヤ人だった。以下、ユダヤ人のローゼンストック、ユダヤ系ロシア人のアイザック・シャピロ、そして日本人とイタリア系の両親を持つセシル・ヨシ渡辺の記述から。

私は概して健康ではあったのだけれども、時に風邪やひどい気管支炎に罹るのは如何ともし難かった。幸いドイツ人居住者の中には、耳鼻咽喉科の名医シュテーテフェルト博士(ナチではない)がいらした。午前中、博士の診療所を訪ねると、フラスコ内の水薬は全部凍っており、それを解かして調合するまで、私は待っていなければならなかった。

(『音楽はわが生命』九一頁)

軽井沢に疎開したユダヤ系ドイツ人の中で、二人の医師を覚えている。ドクター・プレスナーとドクター・ヴィッテンベルグだ。二人ともとても親切で、私たちが十分なお金がなくても、私たちの医療ニーズに応えてくれた。

("Edokko" p142)

万平ホテルから駅に向かう途中に、ドイツ人医師のヴィッテンベルグ先生が住んでいた。持病はこの先生に診てもらっていた。先生は背が高く、親切で、すべての病気の原因は栄養不良だと言っていた。
("Karuizawa Memories-Three Remembrances" B.)

ポルトガル人のランゲル家の長女ミネルヴァは病気がちだったが、プレスナー医師に診てもらったと、長男ジュリオさんは語った。

横浜から疎開してきた看護師のシスターたちは、小さな診療所を開設した。セシル・ヨシ渡辺が記している。

〔横浜山手の〕ブラフ病院から来たフンシスコ修道会のシスターたちが、テニスコート近くに小さなクリニックをオープンした。私たちは切り傷や擦り傷、風邪などのときはここに行った。横浜の病院でチーフドクターをしていたメレ・ロベルテは、軽井沢でクリニックを運営していた。
("Karuizawa Memories-Three Remembrances" B.)

ただし、診察はしてもらえても、薬はなかなか手に入らない。アルメニア人のルシール・アプカーは歯科医のレーヴェに抜歯をしてもらったが、古い麻酔薬はとうに効き目を失っていた。ルシールは横浜でレーヴェの助手を務めていたことがあったが、血を見るたびに気分が悪くなってしまい、助手は務まらないとやめていた。

一九四四年初めになると、ますます多くの西洋人が軽井沢に疎開してきて、都市部で開業していた内科医や歯科医も疎開してきた。その中に、私が働いたことがある歯科医の先生もいた。私は生えてこなかった親しらずがひどく痛んだ時期があった。毎朝大きな泡の膿が出て、父に出してもらっていた。歯を抜かなければならないことは明らかだった。歯科医の先生のところまで、深い雪の中を一マイル半〔約二・四キロ〕も、迷子になるリスクを抱えながら歩いていかなければならなかった。弟のミッキーがついていってくれた。先生の在庫品の麻酔薬は水っぽくて、ほとんど効かず、私の口はこれっぽっちも麻痺しなかった。おかげで私はほとんど麻酔なしで歯を抜く羽目になった。私は行きの道中はよく覚えているが、帰りの記憶がない。明らかに弟ミッキーが連れ帰ってくれたのだ。

（"SHIBARAKU" p112-113）

ドイツ大使館武官補佐官ベルシュテットの息子ノルベルトは、盲腸の手術をしたことを記している。

一九四五年二月、僕は盲腸炎になった。雪は一メートルほども積もっていて、車があったとしても、病院まで車で行くという選択肢はなかった。母は友人二人に電話し、僕をストレッチャーに乗せて、病院に運び込んだ。その日、長野から来た医師が手術をしてくれた。病院には局所麻酔の用意しかなく、おかげで僕は、天井からぶら下がった手術用の照明に映った、自分の手術の様子を眺めるという、ちょっと変わった、でもとても興味深い体験をすることができた。

（"Karuizawa 1943-1947" p2）

二、学校と教会

ドイツ人学校

戦時中の軽井沢で、正式な学校としての体裁を整えていたのはドイツ人学校のみだった。一九四四年秋、東京大森のドイツ人学校は箱根と軽井沢に移転する。それ以前に軽井沢に来たドイツ人は、自宅で家庭教師について勉強した。前出のノルベルト・ベルシュテットが記している。

東京大森のドイツ人学校入り口(Reinhard Buss氏提供)

一九四三年十月にうちが軽井沢に着いたときには、ドイツ人学校もインターナショナルスクールもなかった。そのため当初は個人で家庭教師に習った。選択肢は限られていたが、中等レベルから、すばらしいものまであった。実際、東京から来た女子のクラスメートと一緒に受けた最高の授業は、軽井沢に移ってきたイエズス会の先生によるものだった。先生は知的で文化的で、ドイツ語、ラテン語、歴史を教えてくれた。教え方はすばらしかった。算数を一年ほど教えてくれたのは、乗っていた船がなくなってしまったドイツ人船員だった。彼もすばらしい先生だった。

("Karuizawa 1943-1947" p3)

ドイツ人学校は、東京の大森から移転するに際し、ひと悶着起きている。「五年生以上の子どもは、箱根で寮に入るように」という指示が出されたのだが、これに教員や保護者が一斉に反発したのだ。その結果、軽井沢に分校が開校されることになった。宣教師のベルンハルト・

ブッスが事情を記している。

ドイツ人の五年生以上の子どもは全員箱根の、ヒトラー・ユーゲントの指導する全寮制の学校に入るようにという党の命令が来たとき、大森校の保護者も教員も反対し、別の選択肢を用意することを要求した。こうした事情から、大森のドイツ人学校の最大の分校が軽井沢に開設された。

ドイツ政府は軽井沢のテニスコートに隣接したユース・ビルディングを借りた。窓の修理や改装が必要だったが、それも終わり、机や本が運び込まれ、通常通り秋には授業が開始できた。

（"Trusting God" p95）

軽井沢ナショナルトラストの中島名誉会長によれば、ドイツ人学校が校舎として使用した建物は、旧軽井沢のテニスコートの北側にある、「軽井沢避暑団」の建物だった。軽井沢避暑団は避暑客が増加するにつれて発生した問題を解決するために設立された団体で、「軽井沢の村長さん」と慕われたダニエル・ノーマンが長く会長を務めた。大きな体育館のような建物で、学校にするために改修された。

授業は週三日だけだった。子どもたちも家事や農作業、家畜の世話などで忙しかったからだ。この学校に通ったエノ・エルクレンツ、ウッツ・ミュラー、そしてラインハルト・ブッスの手記から。

東京の大森から軽井沢に疎開してきたドイツ人学校の臨時分校…は月水金の週三日だけだったので、土日を含めた残り四日は食料と燃料（薪）といった、生きるのに必要な物の調達に費やすことができた。

（"Karuizawa Interlude"）

ドイツ学校が軽井沢に引っ越してきた。授業は、今や有名なテニスコートに隣接する、かつてアメリカン・サマースクールが開校されていた建物で行われ、〔東京のときと〕同じカリキュラムが忠実に踏襲された。…そのうち建物も教室もかなり混んできて、新しい友情も生まれた。校庭の端、建物から一番遠く離れたところには、爆弾が落ちてきた場合に備えて、塹壕が掘られていた。

（"KARUIZAWA" p4）

軽井沢のドイツ人学校は時間に正確だった。テニスコートの隣にある、大きな二階建てのスポーツ施設を借り、机や本は大森の校舎から持ってきた。うちの元隣人で、ナチ党員のレオナルド・クレル氏のリーダーシップの下、父〔ベルンハルト・ブッス〕を含めた、有能なスタッフが雇用された。生徒数は百人ほどで、一年生から七年生まであった。

（"Adventures of Youth" p54）

宣教師のベルンハルト・ブッスは学校の理事の一人を務め、宗教の授業を担当した。

私はドイツ人学校で宗教の授業を教えるよう頼まれ、キリスト教の教義について教え、論じた。また八年生向けに「堅信式」や牧師向けクラスも担当した。

（"Trusting God" p96）

とはいえキリスト教の授業はあっても、教育はどっぷりナチス式だった。ノルベルト・ベルシュテットが記している。

　一九四四年になるとドイツ人学校の一部が大森から軽井沢に移ってきた。その頃までに、僕はあの学校がどれほど政治色の濃い学校だったかを忘れてしまっていた。当然、あの当時ドイツ人学校に正式に雇われるには、党の厳しい審査を通らなければいけなかった。おかげで僕たちは一九四五年八月に日本が無条件降伏するまで、頑強なナチ式の学校で学ぶことになった。信じられないだろうが、僕たち生徒は八月までずっと、先生に挨拶するときは、右手を挙げて、「ハイル・ヒトラー!」と叫ばねばならなかったのだ。

（"Karuizawa 1943-1947"）

一九四五年四月二十日。この日はヒトラーの誕生日だった。すでにドイツの旗色は相当悪かったが、ドイツ人の子どもたちは町の中心部を行進した。同じくノルベルト・ベルシュテットの手記から。

　ヒトラー・ユーゲントの団体はかなり活発で、夏と冬にトレーニング・キャンプや政治セッションなどを開催していた。忘れられないのは、一九四五年四月二十日、ヒトラーの誕生日の日、ヒトラー・ユース〔ママ〕の少年少女たちは制服を着て、町を行進しなければならなかったことだ。音楽隊や旗もあり、行進の後には公会堂で愛国的なスピーチを聞かねばならなかった。スイス、スウェーデン、ポルトガルなど他の国の人々は、私たちが行進するのを頭を振りながら、信じられないという表情で眺めていた。

（"Karuizawa 1943-1947"）

文中に出て来る「ヒトラー・ユース」とは、ヒトラー・ユーゲントの日本版、「日本・ドイツ青少年団」(Deutsche Jugend Japans, DJJ)で、一九三四/三五年頃に設立された。ドイツ本国での入団資格は純粋なドイツ人だけだったが、DJJは日本人の血が入っている子も入れた。クリスマス会、演劇の上演会、フォークダンス、軽井沢でのサマーキャンプなどが催された。ドイツ人の中には、エルクレンツ家のようにナチス色の強いドイツ人学校の教育を嫌い、子どもを別の学校に通わせた親もいたが、子どもがドイツ人コミュニティーで孤立しないよう、DJJには入れている。

他には、個人が開いた英語やドイツ語の小規模な「教室」が複数あった。

「アガジャン学校」

横浜山手の男子系ミッションスクール、セント・ジョセフ学院の元体育教師で、アルメニア人のアルフレッド・アガジャニアン(通称「アガジャン」)は、旧軽井沢のテニスコートのクラブハウスで学校を開いた。外国人らが「アガジャン学校(Agajan school)」と呼ぶこの学校は、授業は英語、対象生徒は男子のみだった。

ここに通ったユダヤ系ロシア人のジョージ・シドリンが回想に記している。

　西洋人のための正式な学校はドイツ人学校以外にはなかった。ドイツ人学校はドイツ人以外ほとんど入れなかった。幸い、…アルメニア系兄弟のアガジャニアンがテニスコートのクラブハウス二階の二部屋を使って学校を開いていた。一部屋は僕が参加した低学年用、もう一部屋は「兄の」アレックスが参加した高学年用だった。誰も彼らの資格を問わなかった。他に選択肢はなかったからだ。教わったのは、英語の文法と文学、算数、歴史、地理で、律儀に毎月成績表をくれた。教科書は古かったが、当時手に入った中では最高のものだった。クラスはそれぞれ男子六人くらいだった。

（"Somehow We'll Survive" p189-190）

ジョージ・シドリンの親友で、ポルトガル人のジュリオ・ランゲルさんはこの学校について、「一クラス六人くらいで、出席はあまり厳しくなかった。科目は算数、英語、地理など。教員の中には中年のアメリカ人女性もいた。メガネをかけた、やさしい先生で、アメリカ全州の州都を教えてくれた」となつかしそうに語った。

「ドイツ人学園」

ユダヤ系ドイツ人のルートヴィヒ（ルディ）・フランクは、軽井沢の二階建ての自宅の一階で学校を始め、「ドイツ人学園」と名付けた。教室は三部屋で、授業はドイツ語。ルディは父がユダヤ人だったため、生徒にドイツ人はおらず、ほとんどがユダヤ人で、十人ほどだった。生徒が座るベンチはカトリック教会からわけてもらった。

だが、この「ドイツ人学園」は一九四四年十一月、火災によって焼失してしまう。仕事も自宅も家財道具も一切合切を失ってしまったルディ・フランク家は路頭に迷ってしまうが、最終的に同じカトリック教会に通う中華大使の厚意によ

焼失したルディ・フランクの家と思われる写真（Patrick Frank氏提供）

り、町はずれの家に移る。ルディは、そこで個人授業で算数や英語を教えた。授業料は一時間五円（今の貨幣価値で千円くらい）だった。

この火災とフランク家については、後段で詳しく触れる。

サン・モールのシスターたちによる学校

横浜山手のミッションスクール、サン・モール学校のシスターたちは、軽井沢に疎開した後、女子向けの学校を開設した。場所はやはり、旧道のテニスコートの近く。授業は英語だったが、英語ができない子どもも受け入れた。

ユダヤ系ドイツ人でホロコーストを逃れて来日したステフィ・コーン・カプロフさんは、当初「ドイツ人学園」に通っていたが、火災で学校が焼けてしまったため、こちらの学校に移った。最初は英語がわからず、皆が何を話しているのか、一言もわからなかったが、ある日から急にわかるようになった。クラスは二十人ほどで、どんな科目があったかは覚えていないが、英語がわからない間唯一ついていけた算数の授業があったことは確か、シスターたちはとてもやさしかった、と筆者に語った。

キンダーマン教室

ユダヤ系ドイツ人のカール・キンダーマンも自宅で子どもに教えた。ユダヤ系ロシア人のアイザック・シャピロが回想に記している。

〔兄〕ヤコブと僕はドクター・カール・キンダーマンが運営するドイツ系のサマースクールに編入した。キンダーマンはほとんど目が見えず、分厚いメガネをかけていた。学校と呼ぶのは大げさだった。というのも生徒数は十人ほどで、キンダーマンは自宅のリビングルームで教えていたからだ。（"Edokko" p142）

カール・キンダーマンはドイツの哲学者、教育者、作家だったが、かなり謎めいた人物だ。反共産主義活動家として一九二〇年代にモスクワで投獄され、裁判にかけられる。帰国後、反共産主義を掲げるナチ党の宣伝屋となり、その功労からかナチ政権の支援により、一九三九年に日本に移住する。だがユダヤ人だったため、ドイツ大使館からの正式な支援は得られなかったようで、外国人向けの学校で教えるなどして生活費を稼いだらしい。終戦後の十月末、アメリカ軍が軽井沢でナチ党員三十一名を逮捕した際、キンダーマンも逮捕され、巣鴨拘置所に入れられる。送還後のドイツで、ゲシュタポのスパイだったとして裁判にかけられ、容疑は晴れたとされるが、その生涯と活動については依然謎が多い。

カトリック系教会

外国人宣教師によって避暑地として開拓された軽井沢には、多くの教会がある。

カトリックの聖パウロ教会は、一九三三年に来日したイギリス人のレオ・ポール・ウォード（Leo Paul Ward）神父が開設した。これ以前、軽井沢にはプロテスタント系諸宗派の「ユニオンチャーチ」しかなかったので、ウォード神父はカトリックの教会堂を開設しようと思った。木造の教会堂を設計したのは、チェコ生まれで、アメリカ市民権を得た建築家のアントニン・レーモンド。教会堂は一九三五年に竣工し、アメリカ建築学会賞も受賞した。

一九四一年十二月八日、イギリス人のウォード神父は「敵国人」として逮捕される。カトリックでは「神から与えられた使命」という意識が強いため、戦争の危機が高まり、母国から帰

聖パウロ教会と
創設したウォード神父

国勧告が出た後も日本に留まった宣教師やシスターが多く、対米英開戦時には多くの神父やシスターたちが「敵国人」として抑留所に入れられた。ウォード神父は、日本の同盟国ドイツに批判的な発言をしていたことが問題視され、巣鴨拘置所に勾留された。一九四二年四月に釈放され、交換船で本国に送還されたが、祖国イギリス到着を目前にして、急性髄膜炎のため急死し、水葬された。

戦争中、教会の司教を受け持ったのは、主にドイツ系の神言修道会（Societas Verbi Divini, SVD）の司祭団だった。戦時中の司祭の名として、聖パウロ教会の記録に、アロイジオ・パッヘ師、ヨゼフ・ライナー師、アウガスチヌ・スタウブ師、フランシスコ・サウエルバル師、ユリウス・ホルツア師、そしてスイス人のヤイゼル・ヒルデブラント師の名が残されている。ヒルデブラント師はスイス公使館の嘱託として、日本各地の抑留所を頻繁に訪問している。

主任司祭のパッヘ（Pache、「パヘ」、「パチェ」などの表記あり）師は、戦後南山大学の初代学長となった。セシル・ヨシ渡辺が記している。

南山大学のパッヘ神父はドイツ人で、主任司祭だった。パッヘ神父はとても勇気ある方で、英語と流暢《りゅうちょう》な日本語で説教をした。会衆の団結心を強めるため、「町」の空いている部屋で英語でレクチャーを行った。部屋はいつも満杯で、出席者は全員外国人だった。

（“Karuizawa Memories-Three Remembrances” B.)

ドイツ人神父たちについて、アルメニア人のアラクセ・アプカーが記している。

　木でできたカトリック教会は地元住民で混んでいた。薪集めと伐採の作業に参加した、イエズス会のドイツ人神父たちもいた。後で知ったことだが、彼らはドイツ人だったが、他の同胞ドイツ人ほどは日本人から良い扱いを受けていなかった。彼らは宗教上の弾圧を避けるため、開戦前にドイツを離れた。

（“Six Survived” p131）

ナチスドイツは教会を好意的に見ていなかった。また、日本の憲兵隊や特高警察は外国人神父と日本人信徒との接触に神経をとがらせ、神父たちは外出すれば尾行がつき、訪問を受けた家は尋問された。そのため神父たちは信徒に迷惑がかかると、口を開くのにも気を使った。

　聖パウロ教会では音楽好きな教会員たちによって聖歌隊や音楽隊が結成された。メンバーの一人となったルシール・アプカーが記している。

　発端は忘れてしまったが、私が神父さまに教会のオルガンで練習してもいいでしょうかと尋ねたのではなかったかと思う。音楽好きの人々がいることがわかると、すぐさま音楽隊が結成され、続けてすばらしい聖歌隊も結成された。メンバーの多くはサン・モール学校やセント・ジョセフ学院の卒業生だった。

（“SHIBARAKU” p106）

サン・モール学校もセント・ジョセフ学院も、横浜山手のカトリック系の学校だ。

プロテスタント系教会

カナダ人宣教師ダニエル・ノーマンによって創立され、宗派を超えた教会堂「ユニオンチャーチ」は、戦前はアメリカ人やイギリス人を中心に運営されていた。だが、関係者の多くは開戦により帰国してしまい、軽井沢の人々に聞いても、戦時中にはほとんど活動していなかったようだ。ユニオンチャーチにも問い合わせたが、戦時中の資料はほとんどない、との回答だった。

メソジスト系のドイツのリーベンゼラ（Liebenzell）ミッションから派遣された宣教師、ブッス、ラング、ノーテヘルファーの三人は軽井沢に疎開した。このうちブッスは、軽井沢でドイツ人コミュニティーの礼拝を執り行ったことを記している。

ドイツ・コミュニティー教会で私は定期的に説教をするようになった。〔妻の〕ケーテはオルガニストになり、イースターやクリスマスの時期には特別な音楽を演奏した。もっとも思い出深い礼拝は屋外で、森の中で行ったもので、ノーテヘルファー兄弟と心地よい木の下でペンテコステ〔聖霊降臨〕の礼拝を行った。

（"Trusting God" p96）

戦争初期、白糸の滝でのブッス、ラング、ノーテヘルファー家の子どもたち（Reinhard Buss氏提供）

礼拝場所について次男ラインハルトさんに尋ねたところ、「主にユニオンチャーチだった。ただ、冬はユニオンチャーチはとても冷えたので、ドイツ人学校や軽井沢ホールで行った」とのこと。ケーテ夫人がオルガンを弾くとき、オルガンに空気を送りこむのはラインハルトさんの役目だった。

三、イベント

クリスマス

キリスト教徒の外国人は、戦争中でもクリスマスのお祝いを欠かさなかった。食糧は乏しかったが、そこは主婦の腕の見せ所。わずかな食材を工面し、工夫をこらして料理を作った。クリスマスの飾りつけもした。ドイツ人のズザンナ・ツァヘルトの評伝から。

夏以降、もう砂糖も手に入らなくなっていたが、それでもクリスマスにはとっておきのジャムを入れて小さなケーキを焼き、山で拾ってきたモミの小枝をリボンで飾って、ささやかなお祝いを欠かさなかった。

（『ズザンナさんの架けた橋』一三二頁）

ドイツ人宣教師のブッス家では、クリスマスも力がこもっていた。次男ラインハルトの手記から。

わが家のクリスマスでは、プレゼント交換には重きを置かなかった。どのみち、この頃になると店に商品はなかった。母はクリスマスのお祝い感を生み出す才能にたけていた。ドイツの町シュネーベルグから持ってきたクリスマスのクリスマス飾りで、美しいテーブルクロスやドイリーを作った。…クリスマスツリーを飾りつけ、本物のろうそくをともした。ツリーの周りに紙を敷いて、わずかなプレゼントを並べた。プレゼントは靴下や手袋などだった。父がクリスマスの物語を読み、祈りをささげた。母がピアノを弾き、ささやかなクリスマスコンサートとなった。…それから皆でお気に入りのクリスマスキャロルを歌った。僕が一番好きだったのは、その後だ。ストーブの隣の、大きなダイニングテーブルで料理やケーキを食べるのだ。ホイップクリームつきのブルーベリーもちゃんとあった。それから好きなだけゲームで遊んだ。

（"Adventures of Youth" p58-59）

軽井沢駅でのラインハルトさん
（Reinhard Buss氏提供）

「ブルーベリー」は正しくは、「あさまベリー」のことだろう。かつては浅間山麓に広く自生していたが一九八〇年代のペンションブームの時期に乱獲され、残念ながら今ではほとんど姿を消してしまった。

聖パウロ教会には当時暖房設備がなかったので、冬の間はミサは行われなかった。しかし、クリスマスにはミサが開かれ、大勢の信者が集まった。アルメニア人のアラクセ・アプカーは一九四三年のクリスマス・ミサに出席し、日米開戦からの二年間に一家が経験した数々の苦難を振り返り、感謝の気持ちがわいてきたことを綴っている。

ミサの最中、私は自分たちが恵まれている点に思いをはせた。今薪集めの作業をしている。つまりこの冬、ストーブにくべる燃料が手に入るということだ。［スウェーデン人の］エリックが飼っている雄ヤギのおかげで、うちのヤギのナニーは春に子ヤギを産む。つまり肉と乳が手に入るということだ。私たちは健康だ。屋外で肉体労働に汗しているおかげで、健康を維持できている。家も、わが家らしくなってきた。何より大切なのは、〔夫の〕マイクが一緒にいてくれることだ。感謝することがたくさんある。…そう、クリスマスは幸せなときだ。私たちは幸せなときにしたのだ。

（"Six Survived" p131-132）

アプカー家は、軽井沢で二回クリスマスを過ごしたが、それぞれ工夫している。一九四三年には、三女キャサリンの発案で、プレゼント交換の代わりに、お互い相手が喜ぶことをしてあげるという、「厚意の交換」をする。そして、ご近所にクリスマスカードを送る代わりに、直々に挨拶をしてまわった。

一九四四年には、父マイクの提案で、近くのスイス公使館が入る深山荘で雑役夫をしていたフィンランド人船員四人を夕食に招待することになった。フィンランド人船員たちは日本に不案内だったので、日本に長いアプカー家は何かと助けてあげていた。船員の一人が胃潰瘍を患ったときには、マイクは日本の伝統的な漢方療法を教えてあげた。船員らはお礼に薪を割り、畑を耕してくれた。（なお、フィンランドはこの年の九月二十二日に日本と断交。『外事月報』（昭和十九年九月）によれば、断交時の在留フィンランド人は二十六人。うち十人は公使館関係者なので、帰国したと思われる。残る十六人の内訳は、船員六人、宣教師とその家族十人。だが、終戦直後の『名簿』に掲載されたフィンランド人は四人で、宣教師とその子ども、船員、雑役夫。アプカー家の回想との齟齬から、記載漏れ者がいるものと推察される。）

当日は、食材が限られている上、準備に時間がかかることもあり、一家は昼食を抜いて準備作業に追われた。カーペットや家具を移動し、外に光が漏れないよう窓には黒いカーテンをかけた。準備が整った頃、ノックの音がした。アラクセ夫人がドアに向かった。

ドアを開けると、四人のフィンランド人船員たちが一番いい服を着て立っていた。髪を撫でつけ、満面の笑みだった。彼らは日本の沖合で座礁した商船の乗組員だったが、戦争のため日本から帰れなくなってしまった。今ではスイス公使館で雑役夫として働いていた。私は四人をリビングルームに招き入れ、皆に紹介し、〔夫の〕マイクに託した。火鉢の火は燃えていた。私は料理を皿に盛りつけた。娘たちがキッチンに入ってきた。ルシールは野菜とご飯が入ったボウルを持ち、キャシーは蒸した豆が入った大きなボウルを手にした。

……

「こんなので足りるかしら」、ルシールが不満そうに言うと、「なんとかなるわよ」とキャシーが言った。

（"Six Survived" p192）

マイクがレコードをかけると、船員二人はすぐにステップを踏みはじめた。アプカー家の息子たち二人も、まねをしてステップを踏んだ。続いて食事が運ばれると、わずかな食べ物はあっという間に皿から姿を消し、皆の胃袋の中に納まった。食べ終わると、皆でダンスを踊った。真夜中になり、お開きの時間になった。

船員の一人コルベンフェルドが四人を代表し、目に涙を浮かべながらアラクセ夫人に言った。「ミセス・アプカー、クリスマスの日に私たちを呼んでくださり、どれほど感謝の言葉を述べたらよいのでしょう。誰も私たちのことなど、気にかけてくれません」

アラクセ夫人はこのエピソードを、次のような言葉で結んでいる。

異国の外の寒さと反比例して、友情の温度は上がるのだ。

（"Six Survived" p194）

第4章 ✳ 昭和二十年

しのびよる栄養失調

一九四五年が明けた。この冬はとりわけ寒さが厳しかった。ドイツ人を除く外国人たちには、栄養失調がひたひたと忍び寄ってきた。アルメニア人のルシール・アプカーは回想に、「忘れてしまいたい冬があるとしたら、私たちにとってそれは一九四四年から四五年にかけての冬だろう」として、食糧不足が次第に深刻化していく様を仔細に記している。

一九四四年の冬は暗く、惨めなものだった。食卓に十分な食事が上ったことはなく、栄養失調の症状が現れはじめた。傷口はなかなか治らず、手はあかぎれで腫れ、皮膚は切れ、傷口が開いた。母は指がひどく腫れあがってしまい、のこぎりで指輪を切り落とさねばならなかった。（中略）

わが家の女性三人、母、〔妹の〕キャサリン、私は生理が完全に止まってしまった。でも衛生用品といえば、わずかに残っていた日本の「手ぬぐい」を新聞紙の周りに巻いたものしかなく、それさえもぼろぼろになっていたので、かえってありがたかった。（中略）鶏は餌が足りずに卵を産まなくなっていた。ヤギもお腹をすかせていた。愛犬にあげられる餌はじゃがいもの皮だけだった。…私たちは朝にパンを一切れ食べ、それで一日もたせなければならないという日もあった。

（"SHIBARAKU" p116-117）

御代田や長野まで買い出しに出かける体力もなくなってきた。雪の中、「町」まで配給を取りに行っても、配給品は次第に量が減り、質も落ちていった。追い打ちをかけるように浅間山が噴火し、灰を降らせた。白く美しい雪も灰で黒ずんだ。

それでも、「昼食が食べられない日でも、レオ・シロタ先生のピアノのレッスンだけは欠かさず通った」とルシールさんは筆者に語った。彼女にとっては音楽が心の支えだった。

レオ・シロタのアウグスティーヌ夫人は、寒さが厳しく、薪が貴重な冬には、温かい風呂が極上のもてなしだったことを記している。

デパートの元バイヤーの家で新年会が開かれた。誰もが何週間も前から、会のサプライズはゲスト全員が温かいお風呂に入れることだと知っている。お風呂は日本式。つまり全員が同じ湯に順々に入るのだ。私は主賓として最初に入浴させてもらい、久しぶりのぜいたくを楽しんだ。

（"Last Boat to Yokohama" p39）

ルシール・アプカーは回想の中で問いかける。

飢えというものを経験したことがない人に、どうやって飢えを描写したらよいだろう。来る日も来る日も栄養のあるものは手に入らなかった。一掴《つか》みの米も、パンくずも、つばが出るよう噛めるものもなかった。私たちは空腹のまま床に入った。

（"SHIBARAKU" p 118）

だが、戦争が終わるまでには、さらにつらい数か月間が待っていた。

東京大空襲

一九四四年七月にサイパン島がアメリカ軍の手に落ちると、アメリカ軍機は日本本土まで直接飛行できるようになり、日本全土がすっぽりアメリカ軍の空爆の射程圏内に入った。十一月に入ると日本上空にアメリカ軍機が飛来するようになり、やがて空襲が始まった。空襲は当初航空機工場などが中心だった。年が明けてからは投下される爆弾が、爆発して破壊するタイプのものから、火で焼きつくす焼夷弾へと変わっていった。

アメリカは対日空襲の方針を軍需工場の破壊から、大勢の市民を殺害し、戦意を喪失させることへと方向転換させていた。木や紙でできた日本家屋を燃やすために油脂焼夷弾を開発し、搭載するＢ29爆撃機の量産を進めていた。一月、二月には試験的に小規模な焼夷弾による空襲を名古屋、神戸、東京で行った。そして強風が吹きやすい春、人々が寝静まった夜中に、集中的に投下する計画を着々と進めていた。

そして襲ってきたのが、三月十日未明の大空襲だった。東京の下町は火炎地獄と化し、一夜にして約十万の人々が焼死し、約百万人が家を失った。わずかな煙突や残骸を残し、一面焼け野原となった。

ユダヤ系ロシア人でチェロ奏者のコンスタンチン・シャピロは、横浜本牧の自宅が「外国人居住絶対禁止区域」に指定され、東京都内の六本木近くに移転していた。この夜、六本木付近も空襲された。アメリカ軍機の後発隊が、目標の下町上空に達したときには、すでに火の海だったので、他のエリアに落としていったと思われる。シャピロ家の四男アイザックは、「外に出るな！」という父の言葉に逆らって、飛び出していった。

ちょうど真夜中過ぎに飛行機がやってきた。暗い夜空を何百機ものB29爆撃機が低空飛行しているのが、ぎらぎら光るサーチライトと燃えさかる都市の中に映し出されるのが見えた。僕は隣に住む若いブルガリア海軍武官キルコフの家の地下に潜りこんだ。人々は床に伏せていた。クラウス〔・プリングスハイム二世〕は、頭を抱え込んで腹ばいになっていた。

僕は地下からよじ登り、外の表通りに出た。同級生の家が燃えているのが目に飛び込んできて、僕はぎょっとした。友人宅のピアノが炎に包まれる、あの光景を僕は一生忘れないだろう。夜通し、僕は自宅から数ヤード〔数メートル〕離れたところで、近所の日本人男性が水を汲むのを手伝った。べたべたしたゼリー状のガソリンのような炎に対抗する唯一の道具は、水と砂を詰めた袋だけだった。燃料がなくなった数台の消防車が路上に放置されていた。東京はその後数日間燃え続けた。

（"Edokko" p140）

クラウス・プリングスハイム二世は、ユダヤ人音楽家クラウス・プリングスハイムの次男

（実は実子ではないのだが）で、作家トーマス・マンの甥でもあり、ナチスを嫌い、父を頼って日本に逃れてきた。スイス公使館に雇われ、この頃シャピロ家に居候していた。若いクラウスは毎晩酒を飲んで帰ってきては大いびきをかき、同室で寝ていたシャピロ家の子どもたちを悩ませた。

だが、それよりもっと困ったことが、空襲が始まると屋根に上り、アメリカ軍機に向かって手を振りながら、「やってやれー、ヤンキー！　どんどん爆撃しろ！」と叫ぶことだった。そのたびに三人の子どもたちは、「クラウス、中に入ってよ。皆逮捕されちゃうよ。敵に同調するようなことを叫ばないで」と懇願しなければならなかった。その後、クラウスは自室に貼った地図に戦況を書き込んでいたのを見つかり、本当に逮捕されてしまう。

大空襲の夜にアイザックが家を抜け出し、危うく焼け死ぬところだったことを受け、両親は四男アイザックと五男マイケル、そして保母のワイスマンを軽井沢の知人宅に疎開させることにした。三人はクメタックという白系ロシア人の家の一室に寄せてもらう。クメタックは仕立屋だったが、軽井沢では生活のために養蜂を営んでいた。

東京に残った夫妻と三男は、四月と五月にも大きな空襲に遭い軽井沢に疎開する。クメタック宅に六人が同居するのは無理だったので、一家は近くの空き家に移った。そこは電気も電話も通っていなかった。

都市部では大規模な「防火帯づくり」が始まった。人口密集地の中に線を引き、その中にある家を引き倒して、火の広がりを防ぐのだ。主婦や高齢者を動員して、消火のためのバケツリレーの訓練も行われた。だが、火災に対抗する器具といえば、バケツ、防火用の手押しポンプ、砂袋くらいで、ポンプも指の太さ程度の弱々しい放水しかできなかった。その実情に、フランス人ジャーナリストのギランは驚愕し、疑問を持った。

超近代的な焼夷弾と闘うための主要な武器は、水につけたござ、小さな紙袋に入れて投げる砂、そして家庭に必備とされたバケツに汲んだ水だったのである。…当局は町の人びとに対して、秩序と迅速さをもってすれば、これらの武器だけで十分猛火をも防ぎ得る、と宣伝した。…新聞は絶えず、用のない市民たち全員の大量疎開に関する政府の計画案をとりあげた。しかし、学童を田園や山間部へ疎開させただけで、それ以外には何も実行に移さなかったのである。各家庭に隣組が配った通達は、空襲が激しくなっても残って、防空壕がそれぞれの自宅のすぐそばに掘られるよう監視し合うことを命じている。東京は、各家庭が踏みとどまり、自分の家屋を防衛するならば、守り抜くことができるというのである。…

政府は空襲の皮切りという事態に直面しながら、爆撃が惹き起す重大な結果をまるで考えていないように見えた。

(『日本人と戦争』二五九〜二六〇頁)

外交団の強制疎開と外務省事務所の開設

東京大空襲を受けて、日本政府は外国公館への方針を大きく転換させた。一九四四年、政府は外国公館の「任意疎開」を認め、一部の大公使館は業務の一部を箱根や軽井沢に移していた。疎開した公館員が日本側と折衝する際には、列車に乗って上京した。政府は外交官が乗車する列車の曜日と時刻を指定し、中立国を通じてアメリカに通告していた。

だが東京大空襲を機に、政府はそれまでの「任意疎開」を「強制疎開」に切り替えることを決めた。外国公館は、通信員などごく一部のスタッフを残して強制的に疎開することになった。

疎開先は日本との外交関係ごとに指定された。同盟国ドイツの疎開先は、山梨県河口湖の富士ビューホテル。富士ビューホテルはその名の通り、富士山が望める河口湖畔にあり、周囲にコテージが点在していた。その後、東京のドイツ大使館は、五月二十五日の空襲で焼失。世田谷の成城に通信班が残った。

中立国のソ連、満州、タイ、フィリピン、ローマ法王庁使節団（バチカン公使館）は箱根を指定された。ソ連大使館とローマ法王庁は強羅ホテル。満州、タイ、フィリピン、ビルマ、中華民国は宮ノ下の富士屋ホテル、ハンガリー公使館は、仙石原に移ることになった。富士屋ホテルには、ドイツのスターマー大使以下十数名のドイツ大使館員と、イタリア大使館員の一部も入っている。イタリアは一九四三年九月に降伏した後、ナチスドイツのバックアップを受けたファシスト共和国政府が樹立された。日本はこの政府を承認し、ファシスト共和国政府に忠誠を誓わなかったイタリア人外交官らは抑留所に入れられた。

残るスイス、スウェーデン、スペイン、アイルランド、ポルトガルなどの中立国が指定されたのが、長野県軽井沢町だった。

外交団が疎開先で折衝できるよう、それぞれの地に外務省の出張所が開設されることになった。これは非常に珍しいことだった。というのも外国公館の疎開は、その国の政府機能や外務省全体が疎開し、それに伴って行われるのが一般的だからだ。例えば、独ソ戦でドイツ軍が首都モスクワに迫ってきたとき、ソ連政府は首都機能をクイビシェフに疎開させ、モスクワに駐在していた各国大公使館もクイビシェフに移った。しかし太平洋戦争末期の日本のように、政府機能も外務省本体も首都に残りながら、外国公館だけを疎開させ、出張所を通して折衝するというのは、特異な形態だった。

開設される三つの出先機関の中で、軽井沢事務所だけが所長に特命全権公使が任命された。

背景の事情を、所長に任じられた大久保利隆公使本人が回想で明らかにしている。

昭和二十年三月中旬家族を疎開させる準備を終わった頃、沢田次官から呼ばれた。要件は、空襲はますます激しくなり、軽井沢に疎開させてある中立国公使連中が、外務当局と折衝するため上京するのが危険となったから、軽井沢に外務省出張事務所を設けて、その地で折衝することとするから事務所長として赴任せよ、とのことである。戦局の進展に伴い、大本営が長野県松代に移るような場合には、外務省幹部は軽井沢に移ることとなるらしく、その準備もある。（『回想―欧州の一角から見た第二次世界大戦と日本の外交』五六頁）

アメリカ軍がいよいよ本土に上陸してきたときには、大本営は長野県松代町の地下壕に退却するという計画があり、そのための地下壕を造成中だった。その場合、外務省幹部は軽井沢に移り、中立国スイスの公使を通じて講和交渉を行うという腹案があった。そのシナリオに備え、軽井沢だけは正式な外交交渉ができるよう、事務所長に特命全権公使が任命された。スイス公使は、スイスのフランス語圏の出身だった。大久保公使が選ばれたのはフランス語に堪能だったからだ。

大久保利隆は、一九四三年十一月までハンガリーの特命全権公使だった。ハンガリーは日独伊と同じ枢軸同盟国で、ハンガリー軍は独ソ戦に相当の戦力を供出していた。もともと日本が対米開戦を決断したのは、ドイツの勝利を確信したからであり、独ソ戦の戦況は日本の命運をも左右する。大久保公使はハンガリーで、三国同盟の状況と独ソ戦の戦況をウォッチしていた。数か月でソ連を屈服させると豪語していたヒトラーはソ連軍相手に苦戦し、日独でソ連を東西から挟み撃ちにしたいと考えた。一九四二年十一月にベルリンで開催された「全欧大公使会議」で、ヒトラーとドイツに心酔していた大島浩駐独大使が、「日本の対ソ開戦」を提案。この提案に正面切ってただ一人反対した大久保公使は、その後、特命全権を剥奪され、ドイツ占領下のパリ公使に降格されてしまう。悩んだ大久保公使は病気を理由に帰国を願い出て、受け入れられる。

この頃日本とヨーロッパとの往来はソ連を経由するルートしかなかった。だがソ連はビザを外交カードに使い、日本人にはなかなかビザを発行せず、ソ連のビザを待っていた日本人は、杉原千畝を含め約七十人にも上っていた。一九四三年十月、ソ連政府はヨーロッパにいる日本人七人だけにビザを発行。その一人が大久保公使だった。

独ソ戦の前線を回避して、トルコ、中央アジアをまわり、一か月半かけて一九四四年一月に帰国。帰国後はドイツ敗北必至なこと、その日に備えて日本も終戦準備をしておくことを説いて回り、天皇にもご進講した。だがその声は届かなかった。

外務省軽井沢事務所の職員は、大久保公使以下、工藤参事官、藤井書記官、間山会計官、足立通信官の五名だった。他に、タイプなどの事務スタッフとして、近隣の別荘に疎開していた外交官の子女数名が通ってきた。この中には、後に国連難民高等弁務官となる緒方貞子もいた。若い女性職員たちは、スカートをなびかせながら自転車で事務所に通ってきた。戦時中の女性の服装といえば、ズボンのような「もんぺ」が基本だったが、軽井沢では日本人女性も、買い出しのとき以外はスカートをはいていた。

旧道の浅野屋商店が外交団指定配給所となり、隣の三笠書房に平野元副領事、大倉書記官の二名が常駐して、配給業務にあたった。

事務所に充てられたのは、休業中だった三笠ホテルだった。三笠ホテルは一九〇六年（明治三十九年）に実業家の山本直良が開業した、木造二階建て、純洋式のホテルだった。瀟洒なデ

旧三笠ホテル

ザイン、貴族趣味的な調度品に、ひもを引っ張れば水が流れる水洗式トイレという最新設備も備え、戦前は上流階級の社交場になっていた。だが開戦後は休業し、ペンキは剥げ落ち、荒れていた。

その三笠ホテルのロビーが外務省の事務所となり、机が並べられた。一階のやや広い客室が所長室になり、入り口付近に海外の短波放送が受信できるラジオが設置された。夜になると、大久保公使と工藤参事官の二人がここで海外放送を聴いた。

三笠ホテルは職員の宿舎も兼ねた。職員五人とその家族、さらに管理人として、ホテルの従業員だった岩田夫妻も住み込み、六世帯約二十人の共同生活だった。食事は自炊で、調理には厨房を使用し、食堂は荷物置き場になった。戦時中は水が出なかったので、トイレは「おまる」か屋外に設置された簡易式のものを使用した。風呂は屋外の五右衛門風呂で、各世帯週一回入浴し、岩田夫妻が用意した。事務所の「足」は自転車が一台で、職員が町に行くのに使用した。

外務省軽井沢事務所の業務

大久保公使が家族を伴って軽井沢に着任したのは、昭和二十年四月二十九日。着任早々、外務省の先輩であり、日米開戦時の駐米大使だった来栖三郎元大使を訪問する。

着任後早速来栖先輩を訪問した。ところがどうも私がスイス公使と交渉――それも和平交渉の地ならし――のための軽井沢に駐在するという噂が専ららしく、来栖さんはそれを大いに期待していた。来栖さんは近衛公を訪問しろというので、その足で近衛公を訪問した。すると近衛公は、何とかスイス公使と接触の機会に交渉して、よい条件で和平の話に入れないものかと非常な熱のこもった質問である。私も一寸つられて、「それは政治家の腹一つにかかりますよ」と答えて見た。公がその意味をきくから、「今となっては無条件降伏以外には和平の途はないと思います」と答えると公は、ウー、といって考えこんでしまった。その頃の日本の為政者に共通な和平に対する未だ甘い考え方である。

（『回想』五七～五八頁）

貴族宰相と言われ、国民に人気があった近衛文麿は、軽井沢の別荘で他の政治家や外交官、富裕層と秘かに政治談議をし、講和の可能性についても話し合っていた。スイス公使を通じて少しでも有利な条件で和平交渉ができないかと期待する近衛元首相に、大久保公使は、そんな見通しは甘いと切り捨てた。

それでも大久保公使が最晩年にごく一部の人に明かしたところによれば、スイス公使を通じた終戦交渉が本当に可能かどうか、そのための環境だけは調べてみたという。当然ながら大変な機密交渉となるため、東京の本省との密接な連絡が必要であり、暗号電報が決して漏れない、間違えられない通信環境が必要となる。だがこの頃、日本の通信網は壊滅的な状態にあった。普通の電報は軽井沢から送れても、暗号電報は松本まで行かねばならなかった。これでは交渉は無理だと断念したという。

大久保公使の死後、長男が語った証言が信濃毎日新聞に掲載されている。

> 大久保氏の…長男の利宏さんは「スイス公使が父を訪ねてくると、必ず憲兵が松の木の陰に立っていた。スイスを通じての交渉方法も調べたようだが、暗号電報が松本経由になり、内容が間違えられたり、漏れる恐れがあり取り止めになった—と後で聞いた。結果的には何も行われなかった」という。当時は通信網《ママ》もズダズダ。スイス公使館が「電報に誤字、脱字が多くて困る」と抗議した記録が外交資料館に残っている。
>
> （一九八八年八月十六日）

大久保利隆公使

軽井沢事務所の当面の主な任務は、大久保公使が「自信がない」と言った、疎開外交団向けの物資の配給だった。

外務省外交史料館に『長野県疎開地外交団ニ対スル主要食糧配給方ニ関スル件』というファイルがある。軽井沢事務所から東京の本省に宛てられた、疎開外交団への配給品に関する電報を綴じたファイルだが、その多くが外交団への食糧や燃料の配給の要請だ。

軽井沢では暖房と燃料用の薪が欠かせないが、燃料も確保するのが難しい品の一つだった。電報には、物資配給の懇願、必要とする物資が入手できない現状、配給品の遅延・欠配、配給に対する外交団の不満が記され、板挟みとなった事務所の悲鳴が聞こえてくるようだ。

前述したように、外交団向けの配給は、軽井沢事務所が外務省へ要請し、それが農商省に伝えられ、農商省が手配するという手順になっており、まわりまわった手続きが配給をさらに遅らせ、外交団のいらだちや不満、抗議を招いた。「子どもが病気になったので練乳が欲しい」という要望。「鶏肉の配給が少ない」、「配給は断交国より中立国を優先させるべきだ」という不満。卵の配給が不足して行きわたらず、受け取れなかったアルゼンチン公使から憤りの抗議が寄せられたこともあった。

大久保公使は「中立国を大切にすることは、終戦後日本の立場をよくすることにつながる」と考え、なんとか外交団の要望に応えようと尽力した。だが、いくら努力しても、日本全土が食糧不足にあえぐ中、食糧をかき集めるのは無理な注文で、実際の配給量は目標に遠く及ばなかった。スイスのゴルジェ公使は毎日のように三笠ホテルの軽井沢事務所にやってきた。ある日は、どこで手に入れたのか、箱根に疎開したソ連大使館への配給リストを持ってきて、軽井沢の外交団への配給の改善を迫ったこともあった。

スイス公使館の業務

軽井沢に疎開した外交団の中で、唯一事務所が確認できるのが、スイス公使館だ。場所は、三笠ホテルの通りを隔てた「前田郷」内にある、「深山荘」という建物だ。「前田郷」は東京の実業家、前田栄次郎が開発した貸し別荘地で、コテージ式の別荘が二十軒余り点在していた。

スイス公使館は一九四四年の夏から、深山荘を借りていた。深山荘は一部三階建ての木造アパートメント形式の建物で、入り口を入ると広間があり、広間の左右に廊下が延び、六畳や八畳の広さの洋室が並んでいた。広間から下に降りる階段があり、階下には厨房や和室、浴場があった。

スイス公使館を率いていたのは、特命全権公使のカミーユ・ゴルジェ（Camille Gorgé）だった。太平洋戦争が始まると、スイスは多くの国々から利益代表を依頼され、小国に見合わない広範囲な業務を担うことになった。ゴルジェ公使が記している。

開戦と同時にスイスは日本と交戦状態に入った数カ国から利益代表の委任を受けた。特にアメリカ合衆国の委任を受け、数週間後には英帝国（大英王国、カナダ、オーストラリア、ニュージーランド、インド等）の委任を受けた。この任務は当時のスイス公使館の如き少数館員の任務としては、少なくとも当初において極めて過重であった。

（『三時代の日本』八一頁）

利益代表の任務には、日本国内におけるアメリカやイギリス資産の管理の他、捕虜収容所や民間人抑留所を訪れて捕虜や抑留者の待遇を視察し、待遇改善の要望を提出することも含まれていた。

日本は国内の労働力不足を補うため、アジアの占領地から連合軍捕虜を連れてきて、鉱山や工場などで就労させた。日本各地に捕虜収容所が設営され、三万数千人の連合軍捕虜が収容されていた。この他、日本に住み、開戦と同時に「敵国人」となってしまったアメリカやイギリス、オランダなどの国籍の民間人七百人以上が、抑留所に入れられていた。

スイス公使館、スウェーデン公使館、赤十字国際委員会は、これらの捕虜収容所や抑留所を訪問して捕虜や抑留者が置かれた状況を視察し、手紙を届け、慰問品を配布し、処遇の改善を日本側に申し入れた。『外事月報』には収容所や抑留所の視察も記録されており、スイス公使館がもっとも頻繁に訪問していることがわかる。「スイス公使館嘱託」として収容所や抑留所を訪問したのは、軽井沢の聖パウロ教会のスイス人神父ヤイゼル・ヒルデブランド師だった。

　スイス公使館はまた、抑留者に対してお金の貸し付けも行っていた。スイス公使館と捕虜問題について交渉する際には、東京の本省から担当の鈴木九萬《ただかつ》公使が軽井沢に一泊出張してきた。交渉には、事務所長の大久保公使も同席した。

　ゴルジェ公使は一八九三年生まれで、一九二四年から一九二七年まで日本の外務省の法律顧問として初来日した。このとき、すっかり日本に魅了されたゴルジェは、その十三年後、公使としてどこに赴任したいかと尋ねられたとき、迷わず日本を希望した。だが、ゴルジェ公使があれほどあこがれていた日本は、一九四〇年春に再来日したときには、排外的で、秘密主義的な軍国主義国家に変貌しており、ゴルジェ公使は日本に来たことを後悔しそうになった。

「私自身の知っていた日本は死んだのだ。…軍閥が日本の魂を別のものに練り返し造り替えてしまったのだ。日本は頑迷となり、不愛想となり、不親切となり、傲慢となり、ほとんど凶悪となっていた」とゴルジェ公使は記している。発言の自由はもはや存在せず、人々は公の場はもちろん、私的な場でも意見を言わなくなっていた。

　外国人を見ればスパイではないかと疑う空気が横行し、冗談も言えなかった。外国人は、戦意高揚の映画を見た、満開の桜の写真を撮っていたといった些細な行動でスパイ行為を疑われ、逮捕された。電話は盗聴され、ゴミ箱の中身は調べられ、外国人宅で働く女中は、いつ、誰が訪問してきたかを警察に報告しなければならなかった。公使館の業務も警察や陸軍によって制

当時のスイス公使館看板とスイス公使館が疎開した深山荘

限され、妨害や嫌がらせさえ受けた。戦争末期になると、フィリピンや蘭印（現在のインドネシア）といった日本の占領地域において、スイス人の拘束、行方不明、不当逮捕、殺害が頻発した。日本とスイスとの関係はひどく緊迫し、ゴルジェ公使は相当神経を消耗した。

軽井沢に来た東郷茂徳外務大臣に、ゴルジェ公使は、フィリピンで殺害されたスイス人の問題や、スイス商社シイベルヘグナー社（Siber Hegner & Co.）横浜支店長のトライクラーが軍機保護法違反で神奈川県警に逮捕、長期間拘留され、拷問を受けた件について訴えた。とりわけトライクラーの件についてゴルジェ公使は、「無実は明らか」として、拷問に強く抗議した。対する東郷外相の返答は、「司法には介入できない」というものだった。ゴルジェ公使はひどく失望し、日本はアメリカやイギリスの利益代表を務めるスイスに悪意を持っているのではないか、とさえ思った。面会後、困惑し、落胆したゴルジェ公使は大久保公使と話す。イギリスの国立公文書館にゴルジェ公使の電報が保管されている。

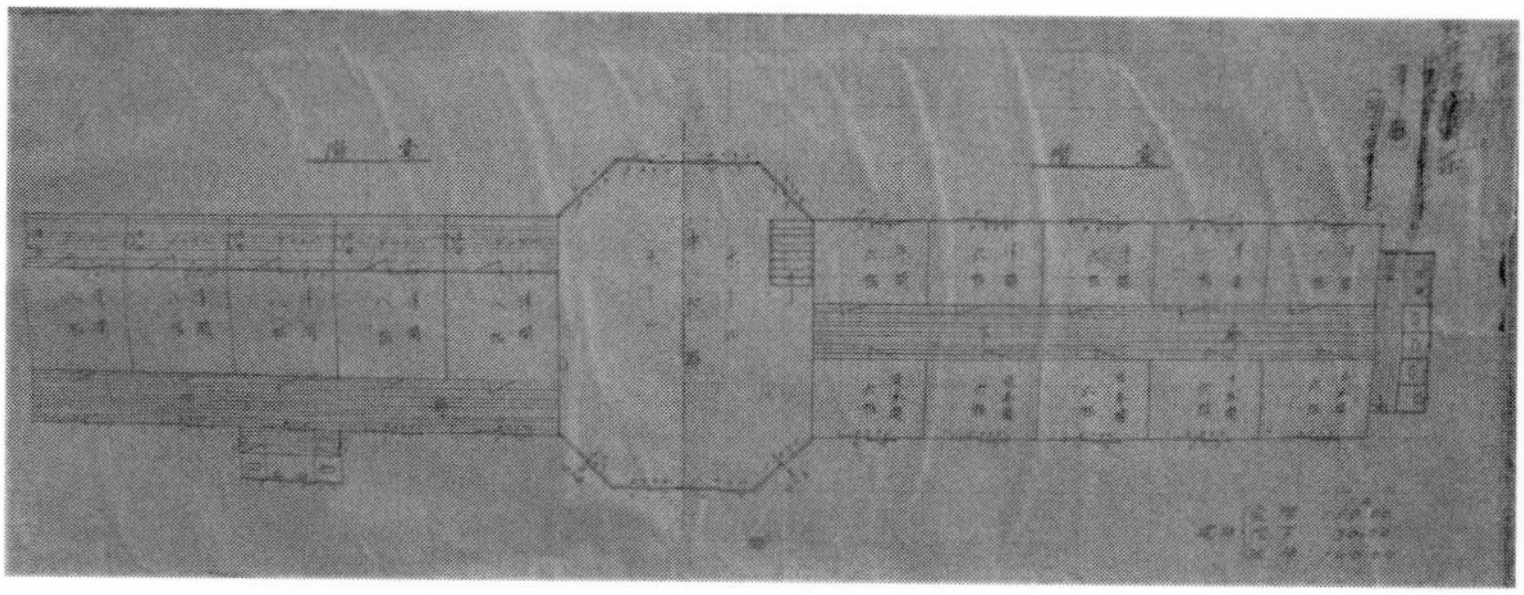

深山荘一階見取図

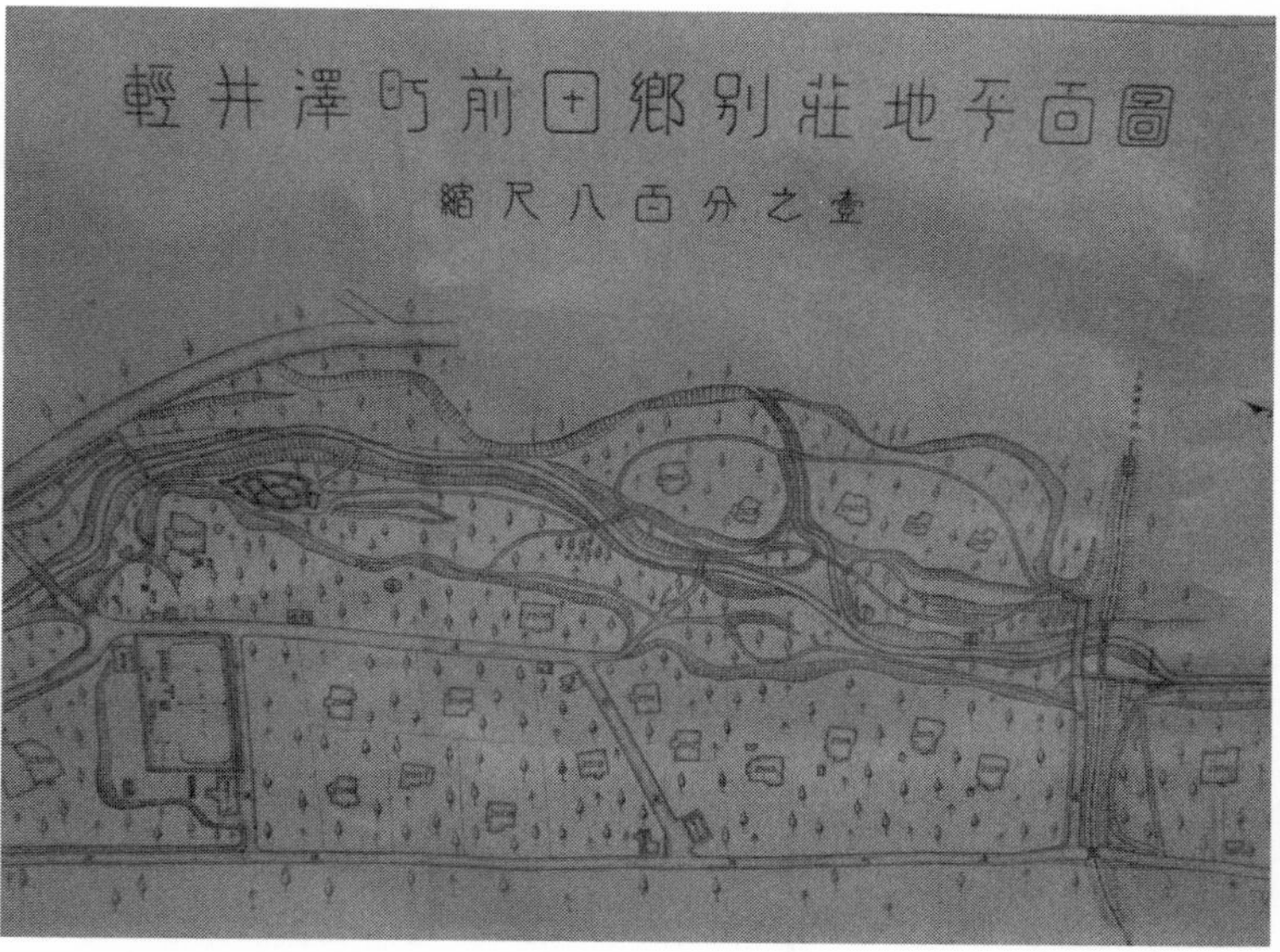

前田郷地図（一部）深山荘は左の写っていない部分にある

木曜日〔六月七日〕、東郷外相との会談の後、外務省軽井沢事務所長の大久保公使と長時間話した。外務省は明らかに状況を和らげようとしていることが見て取れた。トライクラーの件は権力分立の原則によりデリケートであり、外交措置が取られるので辛抱してほしいと言われた。大久保公使は、できるかぎりのことをするよう正式に指示されていることを明らかにした。彼の善意に疑いの余地はない。

(ULTRA/ZIP/JSR/65.Swiss-Japanese relations.B.J.145877)

ゴルジェ公使

さらに、「自国民の保護」という大公使館のもう一つの重要な任務についても、自国民から評価され、感謝されるどころか、非難される始末だった。ゴルジェ公使の回想から。

外国人の利益保護ばかりでなくスイス公使館は全力を挙げて自国民の保護に任じた。飢饉に脅かされていた日本の食糧事情の困難さから在日スイス人も日々にその悩みを増したので、この事態の改善に公使館が如何に努力したかも知らないで、神経の疲れた彼等の中には「他の総ての日本人と共に彼等が欠乏に苦しむのは公使館の責任だ」と非難するものが少なくなかった。

(『三時代の日本』八三頁)

戦時中の日本での職務について、ゴルジェ公使は回想の中で、「働き甲斐が少なく、骨折り損が多かった」と総括している。

憲兵隊と特高警察の監視

戦時中の軽井沢を知る人々は、「憲兵や特高がうようよいた」と口をそろえて言う。フランス人ジャーナリストのギランが記している。

村の周囲には、大部分が私服に姿を変えた警察官や警察のスパイがうようよしていた。彼らの主な任務は、互いに行き来することが許されずにこの地で隣合って住んでいる、さまざまな国籍の人々の隔離状態を監視することだった。

（『日本人と戦争』二九三頁）

現在旧軽井沢で骨董品カフェを営む佐藤袈裟孝さんは、「憲兵は軍人だから、軍服を着てサーベルを下げている。特高警察は背広を着ていて、とてもいやな目つきをしていた」と語る。

上海に生まれ、横浜から軽井沢に移り、旧道で中華料理店「中華第一楼」を営んだ應時華さんは、「日本語が流暢《りゅうちょう》な外国人はとりわけ疑われた」と語る。中国人の友人から、「駅前で、なんで日本語が話せるのか？　スパイか？」と言われ、憲兵に殴られた。今、駅の方に行かない方がいい」と忠告されたことがあった。應さんは、「知っている外国人が向こうからにやにやしながら歩いてきても、挨拶できないんだよ。憲兵に捕まると大変な目に遭わされるからね。だから、わざと知らん顔をした」とも語った。中国籍の應さんは戦前から戦中、大変な差別を受けた。横浜では小学校入学を二校断られ、旧制中学への進学を希望したが願書すら受け取ってもらえなかった。

ヘンリー玉置さんの家は、隣がイタリアのインデルリ大使、反対側の隣がドイツのオットー大使で、三軒並んで「三国同盟」と話題になった。オット大使の別荘にはゾルゲも出入りしていた。日本人の父、ドイツ人の母を持つヘンリーさんは、「嫌な時代だった。国民服を着ていても、『あいの子』、『外人』、『スパイ』と言われ、生きているのが嫌になった」と語る。「両親が一緒に歩いていると特高が来て、『外国人の女性と一緒に歩くな。風紀を乱すな』と言われた」。

特別高等警察、いわゆる「特高」は、共産主義活動などの政治や思想活動を取り締まるための「特別警察」で、一九一〇年に検挙された幸徳秋水ら社会主義者、無政府主義者が明治天皇の暗殺計画を立てた「大逆事件」を受けて、一九一一年に創設された。一九二五年に治安維持法が制定されると法的バックアップも得た。一九二八年に「三・一五事件」で共産党員数千名が検挙されると、全国的な組織整備が行われ、国民の思想統制に猛威を振るい始める。プロレタリア小説家の小林多喜二は、特高警察の過酷な尋問によって死亡している。取り締まりの中心は当初は共産主義者だったが、戦争が長引き、挙国一致体制が強化されると、反戦主義者や宗教家にも広がっていった。

憲兵隊は軍隊内の警察を担当する部署で、一八八一年に創設された。一九三〇年代に軍の力が増大するにつれて力を強め、国民生活全体を監視・取り締るようになっていった。通常の防諜活動に加え、捕虜収容所の監督や移動許可証の発行も行い、食糧の輸送も管轄した。陸軍省、内務省、司法省と連携していた。

特高と憲兵隊は責務が重なる部分もあり、互いに連携もした。また後段で詳述するが、どちらも駐日ドイツ大使館の警察トップのヨーゼフ・マイジンガー大佐とも連携していた。

外国人や、海外慣れした日本人富裕層が多く疎開し、その上中立国の外交団が大挙して疎開し、外務省事務所まで開設された軽井沢が、憲兵や特高警察にとって、一大マーク地点となるのは当然の帰結だった。

大久保公使が軽井沢駅に降り立ったとき、待ちかまえていたかのようにバラバラと五、六人の憲兵が現れた。大久保公使が記している。

軽井沢駅前の油屋旅館は、憲兵隊の宿舎となって憲兵二、三十名が、私の到着を待っていたかのようであった。表面上の理由は、軽井沢の外人の活動を取り締るためというのであるが、その後の彼らの行動から、私等の行動を監視するためであったことは明らかであった。

（『回想』五七頁）

外務省事務所は、昼夜をたがわず憲兵によって見張られた。日中は、松林から憲兵が双眼鏡で事務所を監視し、出入りする外国人をチェックし、記録していた。夜になると、窓の外から、ザクッ、ザクッという憲兵の足音が聞こえてきた。スイスのゴルジェ公使は毎日のように事務所にやって来て、来ると大久保公使が応対した。ポルトガル公使もよく来た。ポルトガル公使が来ると、ポルトガル語が堪能な工藤参事官が応対した。ゴルジェ公使が帰ると大久保公使は必ず憲兵に呼び出され、何を話していたのかと厳しく尋問された。そのたびに「外交団への配給の遅延・欠配の件だ」と答えた。そのため、天気のよい日には、大久保公使はゴルジェ公使を誘って、ホテル前の芝地に椅子を出して会談することもあった。

外務省事務所が開設された一九四五年の春、軽井沢では一般人への監視も一層厳しくなった。外国人と日本人との接触が厳しく禁じられるようになったと複数の人々が記している。フランス文学者の朝吹登水子の記述から。

中立国のスイス、デンマーク、スペインなど多くの外国人が疎開していたが、以前から知り合いの外国人に挨拶してさえ軽井沢駅前の憲兵隊分所に呼び出されるといういやな時

勢になっていた。憲兵たちは町の店の二階を借りて、二階の窓から外国人に挨拶する人たちの顔を写真に写していた。(中略)
私の父も町の花屋で、旧知のスウェーデン人の妻ミセス・ゲルツ(ドイツ人)に出会い、挨拶を交わしたところ、見張っていた憲兵が花屋に「あれは誰だ?」とたずねた、という情報が別荘番の耳に入って来た。
"Good morning, how are you?" だけでも、国家の機密がもれる、というわけだ。
(『私の軽井沢物語』二一〇~二一二頁)

ハンガリー人写真家のフランシス・ハールも、この頃から日本人との接触を厳しく禁じられたと記している。

東京大空襲からまもなく、私たちは警察から、もう日本人と話してはならないと命令された。道で会っても互いに挨拶してはいけないと言われた。隣に住んでいた日本人は、台所から出た生ごみをうちのヤギの餌にするために、持ってきてくれていた。新しい制約が課された翌日、彼女はうちの玄関まで持ってくる代わりに、うちの家の前の通りに容器を置いておいた。一時間後、憲兵が彼女の家にやってきて、外国人とこうした接触をやめないと刑務所に入ることになると警告した。私たちは常に監視されていたのだ。
こうした制約の背後にどんな理由があったのか、私たちは何も知らなかったが、戦況が関係しているのではないかと推測した。憲兵は、戦況についてのどんなうわさも日本人の耳に入るのを防ごうとしていた。
("Karuizawa Dreamscape" p7)

スイス公使館の近くに住んでいたアルメニア人のアプカー家は、さらにはっきりと変化を実感していた。

家の周辺で急に憲兵隊が増えた。数えていないが、かなりの数がいたようだ。背景にどのような事情があったのか、私たちには想像だにできなかったが、いずれにせよ気持ちのいいことではなかった。それまで私たちの地区を担当していたのは文民警察官だけで、私たちは何とか折り合う術を見出していた。だが、一九四五年の春には明らかに変化があった。私たちの家の周辺で常に憲兵隊がうろうろするようになった。パトロールをしているようだった。私たちが畑で作業をしていると横を通り、ときに私たちと言葉を交わすこともあった。

（"SHIBARAKU" p122）

あるとき、農作業中のマイク・アプカーは通りがかった憲兵に大胆にも、「そこの木の切り株をどけたいのですが、手を貸してもらえませんか？」と頼んだ。憲兵は頼みに応じ、手を貸そうと上着を脱いだ。その憲兵の武装ぶりに一家は凍りついた。

銃剣、不気味な拳銃二丁、刀剣、そしてナイフ数本を持っていたのだ。以来私たちは言葉を交わすのをやめ、スイス公使館に向かう外交官たちの方すら見ないようにした。

（"SHIBARAKU" p123）

憲兵が増え、監視が厳しくなったことで、外国人たちは不安を募らせた。ユダヤ人指揮者のローゼンストックが記している。

われわれの士気にもっと悪い影響を及ぼしたものは、われわれ追放者が毎日——そして毎夜——感じていた身の不安であった。戦争が刻々日本へ迫って来るにつれ、特高は増々神経を尖らせ、誰もかれもが皆容疑者になってしまった。警察の調査は日増しに厳しくなって行った。ほんのちょっと容疑がかかっても、また敵意ある隣人の底意地悪いあやふやな告げ口があっても逮捕された。……

「容疑者」はいつも朝の五時に連行された。時計の針が五時を指すまで眠れなくても不思議ではなかった。何事もなく時が過ぎると、ようやくちょっと微睡《まどろ》めるのであった。

（『音楽はわが生命』九二頁）

なかには、平静でいることが困難になった者もいた。ローゼンストックはそれを、「一種の『収容所内精神病』的奇妙な兆候」と呼び、彼らは「食べ物と一日中ぶっ通しでトランプをやるにしか興味を持たない」、自分は断固そのようなものには引きずりこまれまいとした、と記している。

そんな状況下で、ローゼンストックにとってささやかな慰めとなったのが、赤十字の事務所で働く女性からもらった、一匹の黒い子猫だった。子猫はローゼンストックがピアノの前に座ると右足の上に乗り、ペダルを踏むローゼンストックの足をぶらんこ代わりにして遊んだ。

ところで、戦時下の日本ではペットに対して厳しい目が向けられ、外国人の手記にも、ペットを安楽死させたことや、軍用犬として徴用されたことが記されている。ドイツ人のミュラー家が飼っていた愛犬は安楽死させられ、軽井沢の自宅の庭に埋められた。同じドイツ人のヤンセン家も、愛犬を屠畜場に連れて行くようにと言われ、知り合いの医師に安楽死させてもらった。横浜から長野県野尻湖畔に疎開した白系ロシア人のバラブシュキン家が飼っていたシェパード犬は、軍用犬として徴用された。

ところが、軽井沢ではペットを飼っていた外国人が少なくない。スイス公使ゴルジェはシェパード犬を飼っていた。スペイン公使夫人の愛犬はプードルだった。公使夫人は犬の散歩で毎日アルメニア人のアプカー家の前を通り、アプカー家と親しくなった。（余談だが、「スペイン公使夫人は大変な美人だった」とルシール・アプカーさんは筆者に語った。）外交官だけではない。アプカー家が飼っていたのは柴犬とのミックス。ドイツ人のエルクレンツ家は猫を三匹飼っていた。うち一匹はしばらく行方不明になった後、ひどく敵対的になって帰ってきた。やむなく安楽死させることになったが、獣医がいないので、父の手で溺死させられた。ちなみに、ローゼンストックの心を癒してくれた子猫は、ネズミを駆除するための殺鼠剤を食べて死んでしまう。ローゼンストックは悲しくて胸が張り裂けそうになったが、作曲活動や、それまでの仕事をまとめることに打ち込み、やがて山中湖から移ってきたバイオリニストのウィル・フライ夫妻と同居したことが、大きな助けになった。

空襲されなかった理由

監視や密告、逮捕におびえた軽井沢だったが、空襲はなかった。

ホロコーストを逃れて両親と来日したユダヤ人のステフィ・コーン・カプロフさんは、旧軽井沢の床屋の二階に暮らした。ステフィさんに聞き取

幼い頃のステフィさん
（Steffi Kaprov氏提供）

りする中で、彼女が筆者に何度も尋ねた質問があった。

「ずっと疑問に思ってきたのですが、軽井沢が空襲されなかったのは、中立国の外交団や避難民など大勢の外国人がいたからだったのでしょうか？　アメリカは私たちが軽井沢にいることを知っていたのでしょうか？」

日本全土が絨毯《じゅうたん》爆撃を受けていた間、軽井沢は空襲されなかった。多くの外国公館が疎開していた箱根も空襲されなかった。軽井沢や箱根が空襲されなかったのは、やはり中立国の外交官を含めた大勢の外国人がいたからなのか。

近衛文麿元首相の秘書を務めた細川護貞の八月一日の日記には、次のように記されている。


軽井沢に大宮様〔貞明皇太后〕が御出で遊ばすについても、スイスの公使が米国に軽井沢を爆撃しないようにたのんだということがわかったので、陸軍のものが三笠宮のところへ押しかけて、大宮様がお逃げになるようではおもしろくないといってきた由だ。実につまらぬことに気が回るものだが注意すべきことではある。

（『細川日記』四一五頁）


昭和天皇の母である貞明皇太后の大宮御所は五月二十五日の空襲で焼失し、それまで疎開を渋っていた皇太后も、ついに説得を受け入れて疎開することになった。疎開先に選定されたのは軽井沢の二手橋近くの近藤別荘だった。皇族を迎えるための改修工事と地下壕の造成が急ピッチで進められた。工事を請け負ったのは、地元の建設業者。県内各地から腕利きの棟梁が集められ、突貫工事が始まった。その近藤別荘の隣に住んでいたのは、他ならぬスイス公使ゴルジェだった。

ゴルジェ公使が「軽井沢を爆撃しないようアメリカに念押しして欲しい」と記した、まさにその電報が、今ではスイス外交文書のウェブサイトで公開されている。発出日時は一九四五年六月八日午後十七時。この日の午前には御前会議が開かれ、「今後採るべき戦争指導の基本大綱」が決定され、「あくまで戦争を完遂し、国体を護り、領土を保持し、征戦の目的を達成する」とし、徹底抗戦と本土決戦が宣言されていた。

ゴルジェ公使の電報は、次のようなものだ。

公使館各部が駐在し、多数のスイス人が暮らす軽井沢村が非爆撃地区に指定されるよう、わが国が働きかけるべきではないかをご検討願いたい。これは他国にも関係する問題だが、ここはアメリカの権益保護をゆだねられているわが国が動くべきではないかと考える。日本への爆撃が激しくなれば、こちらからアメリカ政府に働きかけない限り、軽井沢も爆撃を受ける可能性がある。ただし、今アメリカに近づくのは政治的タイミングが悪いと判断されるならば、無理にとは言わない。アメリカはすでに、非軍事目標やアメリカ権益の保護地域を爆撃しないことを決定したと推測する。軽井沢は、かつてここを避暑で訪れていたアメリカのグルー国務次官もよくご存知の場所である。ゴルジェ

（スイス外交文書 DoDIS-1978　原文フランス語）

このときアメリカの国務次官だったジョセフ・グルーは、十年にわたって駐日アメリカ大使を務めた、大変な親日家だった。日米開戦となり、グルー大使が軟禁状態に置かれると、ゴルジェ公使はグルー大使を頻繁に訪問し、日米間の仲介役として奔走する。交換船の実現に尽力した、ゴルジェ公使の働きぶりと有能さを、グルー大使は日記の中で高く評価している。

一九四二年一月二十九日
スイス公使今日もくる。彼はたいていの場合打ち合わせすべき問題をいくつか持ってくるのだが、何もなくてもとにかく連絡を保つために数日ごとに来訪する。我々は米国の利益代表者として彼に勝る人物を持つことはできなかったであろう。彼は状況を鋭敏に認識し、如何にもテキパキと事を計らい、力強いが、不適当あるいは正しくない手続きによって彼の有益さに累を及ぼすことがないように、極めて慎重である。（『滞日十年』三四七頁）

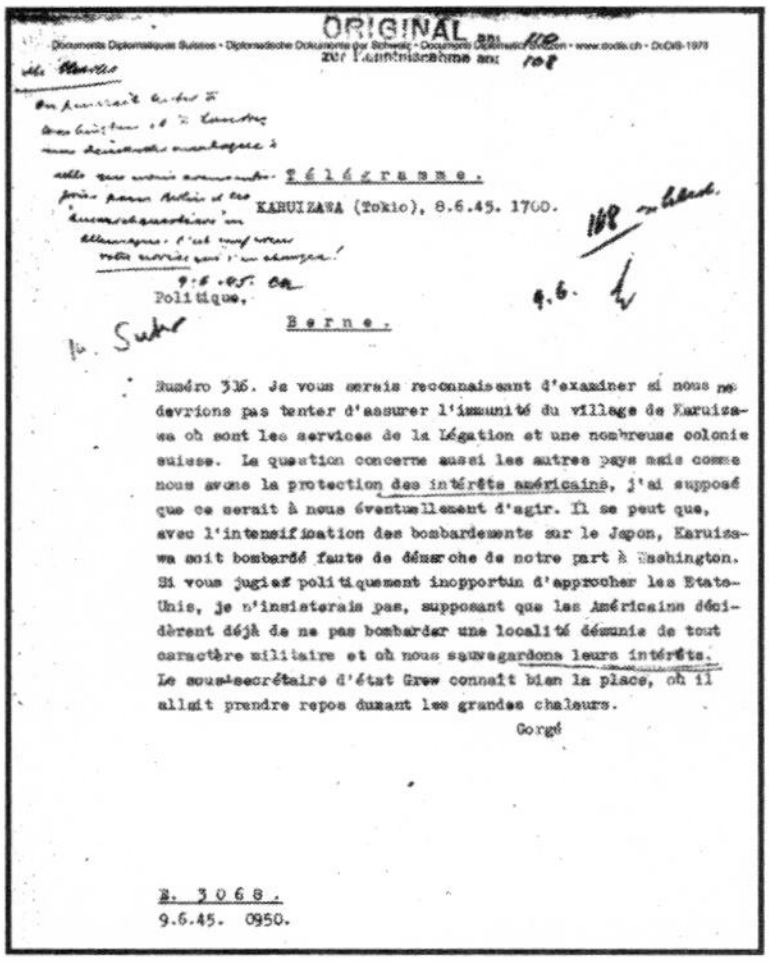
ORIGINAL
Documents Diplomatiques Suisses - Diplomatische Dokumente der Schweiz - Documenti Diplomatici Svizzeri - www.dodis.ch - DoDiS-1978
zur Kenntnisnahme an:

Télégramme.

KARUIZAWA (Tokio), 8.6.45. 1700.

Politique,

Berne.

Numéro 316. Je vous serais reconnaissant d'examiner si nous ne devrions pas tenter d'assurer l'immunité du village de Karuizawa où sont les services de la Légation et une nombreuse colonie suisse. La question concerne aussi les autres pays mais comme nous avons la protection des intérêts américains, j'ai supposé que ce serait à nous éventuellement d'agir. Il se peut que, avec l'intensification des bombardements sur le Japon, Karuizawa soit bombardé faute de démarche de notre part à Washington. Si vous jugiez politiquement inopportun d'approcher les Etats-Unis, je n'insisterais pas, supposant que les Américains décidèrent déjà de ne pas bombarder une localité démunie de tout caractère militaire et où nous sauvegardons leurs intérêts. Le sous-secrétaire d'état Grew connait bien la place, où il allait prendre repos durant les grandes chaleurs.

Gorgé

B. 3068.
9.6.45. 0950.

軽井沢を空爆しないようアメリカに念押ししてほしいという1945年6月8日付けのゴルジェ公使電
（スイス外交文書DODISより）

「軽井沢を爆撃しないよう、アメリカに念押ししてほしい」というゴルジェ公使のメッセージは、スイス外務省からワシントンとロンドンのスイス公使館へと転電され、その後アメリカ、イギリス、スイス、そして軽井沢のスイス公使館の間を計二十二回も往復していることが、筑波大学の花里俊廣教授によって確認されている。

軽井沢に中立国を中心とした外国人が大勢いたことを、アメリカが確実に知っていたと言える根拠がもう一つある。それはアメリカやイギリスが各国の暗号電報を傍受し、解読していたことだ。

一九四一年、対米開戦前、東京の外務省とワシントンの日本大使館との間の外交電をアメリカが傍受・解読し、日本側の交渉の内幕がアメリカ側に筒抜けだった話は有名だが、アメリカが東京のスイス公使館の外交電も傍受・解読していたことを、スイスのローザンヌ大学のハンス・ヨスト（Hans-Ulrich Jost）教授が研究で明らかにしている。スイスは日本においてアメリカの利益代表を務めていたので、アメリカが駐日スイス公使館の電報にとりわけ関心を寄せたのも当然だろう。

さらにイギリスも、敵国日本や中立国スイスの外交電を傍受・解読し、重要なものはアメリカと共有していた。こうした電報の末尾には、［Dept: Note: Text will be made available to U.S. War Department, Washington］（「ワシントンのアメリカ陸軍省に提供」）と記されている。国の最高機密として、当時は極めて限られたトップしか見ることができなかった、これらの傍受電報も、現在はアメリカ、イギリスの国立公文書館で公開されており、閲覧することができる。

以上から、アメリカは軽井沢にスイスをはじめとする中立国の外交団や民間人が疎開していたことを確実に知っていたと言える。

ゴルジェ公使電の「軽井沢を空爆しないよう、アメリカに念押しして欲しい」という文言は、フランス語の原文では「イミュニテ・カルイザワ（immunité Karuizawa）」。花里教授は、関連する通信が二十二報もあったこと、うち二十報がスイス外務省やワシントン、ロンドンのスイス公使との間でやり取りされたものであることに着目し、この文言には隠された別の意味があったのではないかと推測されている。とはいえ、この仮説を裏付ける文書や証言は一切見当たらない、ともしている。

この点に関して筆者は、「イミュニテ・カルイザワ」には二重の意味などはなく、素直に字面通りの意味で、やり取りの多さは、軽井沢を空爆してしまった場合の影響やダメージの甚大さを示したものだと考える。

「歴史にもしもはない」と言われるが、万が一誤って空爆していたら、どのような結果を招いただろうか。それは日本軍がフィリピンで中立国スペインとスイスの市民を殺害した事例を見れば、容易に想像できる。

中立を破棄したスペイン、利益代表を放棄しそうになったスイス

スペインは、一九四五年四月十二日、中立を破棄して日本と断交した。「断交」は外交上、「宣戦布告」に次ぐ重いものだ。その大きな一因となったのが、フィリピンにおける日本軍によるスペイン市民の殺害だった。

一九四一年十二月八日、ハワイの真珠湾攻撃からわずか十時間後、日本軍はアメリカの植民地だったフィリピンの北部ルソン島のアメリカ空軍基地を空爆した。この攻撃によって、アメリカ軍はフィリピンの制空権をほぼ失った。

その後日本軍はルソン島に上陸し、進軍。翌年一月二日には首都マニラを占領し、直ちに軍政を開始した。三月、アメリカ極東陸軍のダグラス・マッカーサー将軍は有名な、「アイ・シャル・リターン」の言葉を残してフィリピンを脱出。フィリピンのケソン大統領とオスメニア副大統領も脱出し、アメリカに亡命政権をたてた。日本はホセ・ラウレルを大統領とした共和国を「建国」させ、フィリピンに形ばかりの独立を与えた。しかしこうしたやり方にフィリピン市民は反発し、全土に抗日運動が広がっていった。

緒戦こそ快進撃だった日本軍だったが、真珠湾攻撃からわずか半年後の一九四二年六月、ミッドウェーでの海戦を機に、太平洋上の前線で劣勢に転じ始める。ついに一九四四年十月二十日、マッカーサーは前言通りアメリカ軍を率いてフィリピンのレイテ島に上陸。亡命先で客死

したケソン大統領の後を引き継ぎ、大統領に昇格したオスメニアもともに上陸した。

フィリピン各地で、激しい戦闘が繰り広げられた。一九四五年二月三日、アメリカ軍はいよいよ首都マニラの北部に到達。その日から三月三日までの一か月間、壮絶な市街戦が展開された。マニラ市街戦は「太平洋戦争における最大の市街戦」とも言われ、十万人もの市民が巻き添えとなって死亡した。あまり知られていないことだが、その中にはドイツ人やアメリカ人など欧米人数百人も含まれていた。マニラのドイツ・クラブではドイツ人を含めた多数の避難民が、ラサール大学でもドイツ人宣教師を含めた多くの市民が殺害された。

二月十二日、マニラのスペイン総領事館にスペイン人を中心とした職員と市民約五十人が避難していた。大公使館や領事館は治外法権で保護され、軍隊も手出ししてはいけない場所だ。そこへ日本兵が侵入してきた。そして避難していた人々を次々と銃剣で刺し、領事館に火を放った。瀕死の大やけどを負いながらも脱出できた者が二人いたが、事件を通報した後、二人とも絶命した。

総領事館だけでなく近隣の建物でも、日本軍の機銃掃射や日本兵が投げた手榴弾によって、多くのスペイン市民が殺害された。そんな中、総領事館の避難民のなかで、たった一人だけ助かった者がいた。銃剣で十六か所も刺されながら奇跡的に助かったのは、タバコ会社社員の娘で、このとき六歳だったアニータ・アギレリャさんだった。(目の前で両親と姉弟を殺され、ただ一人生き残ったアニータさんは、当時の記憶を一切失った。アニータさんは長く心身の不調にさいなまれ、日本人に会うこともなかったが、二〇一〇年より当時一橋大学院生だった荒沢千賀子さんの面会を受け入れ、対話を繰り返した末に、信頼関係と友情を育んだ。https://english.elpais.com/arts/2020-08-28/anna-maria-the-spaniard-who-survived-16-bayonet-wounds-during-the-battle-of-manila.html?rel=listapoyo（二〇二一年三月取得））

こうした日本軍の許されざる行為に対し、スペインでは強い反日感情がわき起こり、「対日宣戦すべし」という声もあがった。スペイン政府はマドリードに駐在する須磨弥吉郎公使を呼んで抗議すると同時に、日本に駐在するサンチャゴ・デ・ヴィゴ公使を通じて、日本軍による残虐行為について日本政府に断固抗議した。ところが日本側は、「スペイン側の主張は、アメリカによって捏造《ねつぞう》されたプロパガンダである」として、逆にスペインの非友好的な態度に不快感を示したのだった。

四月十二日、スペイン政府はついに中立を破棄して、対日断交を宣言する。しかし日本では相次ぐ空襲によって外交電の着信が遅れ、四月十二日発のスペインの対日断交の口上書が、日本のデ・ヴィゴ公使のもとに届いたのは十九日。デ・ヴィゴ公使は十三日頃の米国のラジオ放送によって対日断交を知った。マドリードの須磨公使からの四月十二日発の電報も、東京の本省に届いたのは二十二日というありさまだった。

一方スイスも、マニラ戦で、子どもや生後数か月の赤ん坊を含むスイス人市民十八人が日本軍によって殺害された。マニラに住んでいたエルンスト・スタムは、自宅に日本兵数名が侵入して発砲を始めたので、スイス市民であることを示す書類を提示しようとしたところを、銃剣で一突きされて殺害された。

大本営は開戦当初より、スイスが中立国であり、バチカンの衛兵が伝統的にスイス人であることから、スイスやローマ法王は終戦の際、仲介を依頼する要となる可能性があるとし、スイス国民とカトリック僧侶全員については特に慎重に取り扱うよう、全軍に命令したとされる。

だが、現実にはこれは順守されなかった。戦後の一九五五年に調印された補償協定によれば、戦時中日本軍が与えた中立国スイス人への人的被害は、暴行・虐待による死亡十四件、著しく健康を害したもの四十件、監禁・抑留を受けたもの四十七件、医療を受けることを妨げられて死期を早めた、または健康を害したもの十九件にも上った。

一九四五年四月二十七日のスイス連邦議会では、日本に対する激しい憤りが噴出した。マニラ市街戦だけではない。在日スイス公使館は活動を制限、妨害され、日本の占領地である台湾、マレーシア、ボルネオ、ジャワ、スマトラ、ギルバート諸島などにおいても、スイス人への不当逮捕、拷問などの不当行為が横行していた。欧米人にとって、神に仕える聖職者に対する不当行為は到底容認できないものだが、神父や牧師への拷問や殺害も発生していた。この日のスイス連邦議会の議事録は、次のような結論に至っている。

一、在留スイス国民の身体、及び財産への重大な侵害について、日本政府に対し、より激しく抗議する。
二、謝罪と存在賠償が可能なうちは、それらを求める。
三、在留スイス国民を、今後は国際的な慣習にしたがって扱い、公使館の任務遂行を妨害しないよう要求する。

日本政府から満足のゆく回答を得られない場合には、スイス政府が現在日本から委託されている権益保護を、遺憾ながら保証しかねる旨、日本政府に伝える。

（スイス外交文書　E1004.1 1/456, p1088　原文フランス語）

これら戦時中の一連の行為に対する賠償交渉は戦後に持ち越されたが、スペインとスイスに関する事例を見ても、中立国市民の殺害が両国関係にいかに甚大なダメージをもたらすかがわかる。アメリカにとってスイス公使館は、利益代表を引き受け、困難な状況下で、骨を折りながら利益代表の責務を遂行してくれている相手である。そのスイス公使館が疎開した軽井沢は、アメリカにとっては単なる「空爆しないところ」ではなく、「間違っても決して空爆してはいけないところ」という方が正確だったのではないだろうか。

ゴルジェ公使が「軽井沢を空爆しないよう、アメリカに念押ししてほしい」と電報を打ったのと奇しくも同じ六月八日、スイスのベルンで、日本の加瀬俊一公使が日本からヨーロッパに戻ってきたばかりのスウェーデンのバッゲ公使と会談している。会談についての報告の中で加瀬公使は、日本とスイスの関係が非常に悪化していること、憲兵や警察の態度によりゴルジェ公使が神経をすり減らしていることを記している。

八日、「バッゲ」駐日瑞典《スウェーデン》公使、本使を来訪。与謝野〔秀〕を交え懇談したるが、同人談話中参考となるべきもの左の通り。

一、今般瑞西《スイス》政府当局とも会談の機会ありたるが、日瑞関係が意外に悪化し居るには驚きたり。自分は当局者に対し、日本の事情等を説明し、両国関係を悪化せしむることは日瑞両国の為に何等益することなきを瑞西と略々同様の立場にあるたる瑞典公使としての経験より話し置きたり。「ゴルジェ」公使が「ナーヴァス」となり居ることは自分も承知し居る所なるが、日本も中立国を大切に取扱はるること、日本の友人として希望に堪えず。憲兵及警察官の態度の為、国交を害するがごときことは、全く惜しむべし。

（『日本外交文書　太平洋戦争第三冊』一七〇四頁）

バッゲ公使は加瀬公使に対し、「日本は中立国を大切に扱ってほしい」と懇願した。「日本の友人」を自認する中立国公使に、このようなことを言わしめてしまうほど、日本と中立国の関係は危うくなっていたことが見て取れる。

ドイツ降伏す

軽井沢に外務省事務所が開設された頃、ヨーロッパではソ連軍がいよいよドイツの首都ベルリンに迫っていた。ヒトラーをはじめとする指導部はベルリンの地下壕にこもって指揮を続けていたが、もはやこれまで。観念したヒトラーは四月三十日、愛人エバ・ブラウンと結婚した後、自殺した。

その翌日。ヒトラー自殺の知らせはまだ軽井沢に届いていない。それまでと変わらない一日が始まった。ドイツ人宣教師ブッスの次男ラインハルトも、いつものようにドイツ人学校に登校したが、校長室に呼び出された。

五月一日、学校で、うちの教室のドアをノックする音がした。クレル校長が僕に校長室に来てほしいのだという。…校長室に行くと、そこには日本人の私服警察官が二人いた。警官は校長先生に聞きたいことがあって来たのだが、先生は彼らの日本語が理解できなかった。僕は算数は苦手だったが、日本語はかなりうまかった。警官たちはクレル校長が、アドルフ・ヒトラーが自殺したことを知っているかどうか知りたがっていた。これはクレル校長にとってニュースだった。先生は、「本当かどうか、ドイツの公式発表で確認するまで何とも言えない」と答えた。〔警官の〕次の質問は、「もし本当だったら日本政府に対する校長の姿勢に何か変化はあるか?」というものだった。これに対する先生の返答は、「変わらない」というものだった。この答えを聞いた警察官は、校長に感謝の言葉を述べて帰っていった。

（"Adventures of Youth" p61-62）

数日後、軽井沢のドイツ人は一堂に会し、祖国ドイツ無条件降伏を知らされた。ズザンナ・ツァヘルトの証言から。

ドイツ人コミュニティーの人々は全員カルイザワ・ホールに集まるように言われました。そこで、ドイツは終った、と伝えられました。男たちの多くは泣きました。私たちはそれでどうなるのか分かりませんでした。…家族がどんな目に遭うのか。ドイツに帰れるのか。アメリカが私たち全員を有刺鉄線のなかに閉じ込めるのか。(『終戦前滞日ドイツ人の体験(5)』一三四頁)

軽井沢会の集会堂
「カルイザワ・ホール」

「カルイザワ・ホール」は、現在も残る軽井沢会の集会堂である。ドイツ降伏により、それまで勢いがあったドイツ人、とりわけナチス派の人々は急に勢いを失い、おとなしくなった。ドイツ人宣教師のノーテヘルファーが、ドイツ人たちの反応について記している。

一九四五年五月、私たちはドイツ降伏の報せを聞いた。私たちは驚かなかったが、ドイツ人コミュニティーの多くの人々はヒトラーに怒った。壁にかけてあったヒトラーの写真を外し、床にたたきつけて、踏みつけた人を知っている。ナチ関係者の多くは静かになった。他のドイツ人は帰国を希望した。だが、日本を出る手立てはない。日本側が何もしなかったので、彼らは失望した。一方で日本人は、降伏したドイツ人に怒っていた。日本は決して降伏しないと彼らは言った。だが私たちは、日本も終わりに近づいていることを感じていた。多くの人々が飢えていたし、誰もが戦争の終結を待ち望んでいた。

（"Remarkable Journey" p80-81）

ヨーロッパでの戦争は終わった。だが日本は戦争を続けることを宣言し、日本にとってドイツはそれまでの「同盟国」から「裏切り者」に転落した。ドイツ人は日本人から軽蔑され、冷たくあしらわれるようになった。同盟国を率いて来たヒトラー総統の死に対して、日本政府は半旗の掲揚や弔意の表明といった、慣例の外交的儀礼を一切行わなかった。五月九日、駐日ドイツ大使公邸で「ヒトラー総統を偲ぶ追悼式」が開催されたが、日本側から出席したのは、外務省の儀典課長代理だけだった。

ドイツ人たちの手記や回想には、ドイツ降伏後の肩身の狭い思いや不安が綴られている。順に、ズザンナ・ツァヘルトの証言、ヒルデガルド・エルクレンツ・マホーニーと宣教師ブッスの回想から。

日本とドイツは同盟を結んでいましたが、日本人が私たちを信用していなかったのは明らかでした。とても厳しく、すべての日本人が恐れていた秘密警察がいつもうろついていました。とくにドイツが降伏してから日本が降伏するまでの間はそうでした。日本はまだ諦めていませんでしたから。

（『終戦前滞日ドイツ人の体験（5）』一三四頁）

ドイツは日本の同盟国だったが、ドイツが降伏したとたん、私たち〔ドイツ人〕は全員投獄されるのではないかという恐怖心が広がった。私たちはとても不安になり、日本人に

「逸脱した行為をしている」と見られないよう、一層気を付けるようになった。いつ、どのような理由で拘束されるかわからないので、一挙手一投足に気をつけねばならなくなった。

（"Journey Interrupted" p118）

一九四五年四月三十日にヒトラーはベルリンの地下壕で自殺し、ドイツは五月七日に無条件降伏をした。だが戦争はこれで終わりではなかった。極東では八月十四日まで戦争は続いていた。この頃私たちは自由を奪われ、だれかれかまわずスパイと見なされるようになった。やがて日本人と一切かかわってはいけないと言われるようになった。

（"Trusting God" p103）

この頃、ドイツ人の間で、「ドイツ人は全員北海道に移送される」という噂が流れたようだ。複数のドイツ人が記している。ウッツ・ミュラーの手記から。

一九四五年五月にドイツが降伏したときも、日本は戦争を続けていて、僕たちは日本人に軽蔑された。ドイツ人は全員北海道に移されるという噂が出まわった。恐らく日本が「最終戦」に向けて準備をするためで、僕たちが邪魔にならないようにするためなのだろう。

（"Karuizawa" p5）

宣教師のノーテヘルファーも記している。

さまざまな噂が流れ、中にはかなり不吉なものもあった。軽井沢のドイツ人全員を北海道に送ってはどうかという提案もあったという。

（"Remarkable Journey"p81）

だが、噂の出所をたどっていくと、元はそれほど不吉なものではなかったようだ。ドイツ大使館員のヴォルフガング・ガリンスキーの証言から。

ドイツが降伏し日本がまだ戦っていた時期、つまり一九四五年五月と八月の間に、日本にいるドイツ人の間で、もう母国に帰れないのだとしたらどうなるのだろうかと、よく話題になりました。当時、日本とドイツの政府機関の間で話し合いが行われました。ドイツ人を気候がヨーロッパに似ている北海道に移すことができるだろう、という提案がなされました…。

（『終戦前滞日ドイツ人の体験（２）』一四五〜一四六頁）

エンゲルの自死

ドイツの降伏後、軽井沢で一人のドイツ人が命を絶った。複数の外国人がこの件について記している。ユダヤ人指揮者ローゼンストックの回想から。

われわれは、軽井沢に住んでいるドイツ人居住区の一人が特高に逮捕され、どこだか分からぬ場所に連れて行かれた末、二カ月後、自由の身になったものの、さんざん痛めつけられて帰って来たことを聞いた。次の日の夜、その人は家の外の電柱で首を吊った。

（『音楽はわが生命』九四頁）

ドイツ人宣教師ノーテヘルファーは、この男性がエンゲルという名のビジネスマンだったと記している。

軽井沢でのうちの隣人の一人がミスター・エンゲルだった。彼はビジネスマンで、来日前は中国にいた。とても孤独な人で、うちに来て、ただリビングルームに黙って座っていた。ある日彼は、自分は日本側にスパイではないかと疑われていると語った。彼は日本の憲兵に逮捕され、拷問された。私たちは出来るかぎり彼を慰めた。だがある日、うちの子どもたちが学校に行く途中、彼が電柱から首を吊っているのを見つけた。自殺したのだ。エンゲルの死の背景に何があったのか、私たちにはわからなかったが、とても悲しかった。

(“Remarkable Journey”p79-80)

アメリカからドイツに帰国する途中、独ソ開戦で日本から動けなくなってしまったエルクレンツ家のヒルデガルド夫人は、偶然にもエンゲルと旧知の仲だった。そのため、エンゲルはエルクレンツ家をよく訪れ、親しく付き合っていた。長女ヒルデガルド（母と同名）が詳細に記している。

ヘアー・エンゲル（Herr Engel、ドイツ語で「ミスター・エンゲル」の意味）は、ドイツ人ビジネスマンで、戦前ハンブルグで母の友人だった。彼は一九二〇年代終わりに仕事のために日本に来て、すっかり日本になじんでいた。私たち家族は親しみを込めて、「エンゲルさん（Engel-san)」と呼んでいた。私たち一家が軽井沢に移ったとき、彼はすでに軽井沢にいた。だが、秋になって急に姿が見えなくなり、連絡が取れなくなってしまった。

（"Journey Interrupted" p118）

ドイツ人たちの間で、エンゲルが逮捕されたという噂が流れた。だが、なぜ捕まったのか、誰にもわからない。しばらくして釈放されたエンゲルは、エルクレンツ家を訪れた。再び長女の回想から。

〔エンゲルさんは〕釈放された後わりとすぐに、うちの両親に会いにきた。その日のことははっきり覚えている。午後、学校から帰った私は、ポーチの階段を駆け上り、ドンという大きな音をたてて、ポーチに着地した。すぐに母が現れて、「そんな大きな音を立てないで。今エンゲルさんが中にいて、その大きな音に飛び上がったのよ」と言った。母はさらに、エンゲルさんは刑務所から出てきたばかりで、明らかにショック状態で、感情も心身もとても敏感になっている、と言った。そして私に、エンゲルさんに挨拶するようにと言った。目にしたエンゲルさんは、以前のエンゲルさんの影法師のような姿に変わり果てていた。顔色は青白く、やつれ、棒のようにやせ、目は顔に空いた深く暗い穴のように落ちくぼんでいた。…彼は自分の身に起きたことを両親に話していた。どのような拷問を受け、殴打されたのか。釈放された後も、また警察がやってきて、刑務所に入れられるのではないかと恐怖と不安で押しつぶされそうになっていることを語った。彼をどうやって助けたらいいのか、わからなかった。両親はできる限りのことをしたが、それでも十分とは思えなかった。

（"Journey Interrupted" p118-119）

翌日、学校に行ったヒルデガルドはクラスメートから不吉な話を聞く。

クラスメートの一人が、学校に来る途中、恐ろしい光景を見たと私に告げた。彼女はまだショックで震えていた。道路わきの木から、死体がぶら下がっていたというのだ。私は内心、もしかしたらエンゲルさんかもしれないと思った。帰宅後、そのことを話すと、両親はすでに悲しい知らせを知っていた。首を吊っていたのはたしかにエンゲルさんだったのだ。絶望し、憔悴しきったエンゲルさんは、もはや悪夢のような体験の記憶を抱えて生きていくことができなくなってしまった。エンゲルさんの自殺は、両親にとっても、私たち子どもたちにとっても、トラウマとなった。エンゲルさんは私たちのとても良き友だった。本当につらかった。

(“Journey Interrupted” p118-119)

『外事月報』(昭和十九年八月)の、「外国人居住絶対禁止区域」からの移転対象者の中に「ユラリスエルンスト・ウィルヘルム・エンゲル、油脂仲買人」(第2章表4参照)の名がある。また、ドイツ大使館員ヴィッケルトの著作『戦時下のドイツ大使館』に、「何人かのドイツ人は刑務所内で死んだ。一人は釈放後に自殺した」(一三八頁)という記述がある。

一方、調べるうちに、憲兵や特高警察による逮捕、取り調べと拷問による別の犠牲者と、その黒幕が見えてきた。

獄死したフーゴ・カール・フランク

終戦後、進駐してきたGHQは、戦時中に拘置されていた外国人に関する調査を行った。日本側の裁判や取り調べの記録はなく、終戦時にすべて処分されたものと思われる。
ＧＨＱの法務局（Legal Section）が作成した調査報告書によれば、戦時中に軍機関連違反で拘置された外国人は四十二名で、表６の通り。

表6　軍機関連違反で逮捕された外国人の概要

	逮捕された					
	人数	時期	場所	国籍・人数	人名	取調機関
1	1	44・7・28	軽井沢	フランス	ボッス	横浜憲兵隊（越境）
2	7	44・8・1〜45・5・17	箱根・横浜など	ドイツ5 スイス1 フランス1	バルク、リース トライクラー ボワクソなど	神奈川県警
3	3	43・1・29〜43・11・22	箱根 箱根	(元ドイツ)キューバ1 ハンガリー2	ドクター・グラワート コーマー夫妻	神奈川県警
4	2	45・5・16	横浜	オランダ1 日本籍ドイツ人1	ヨハンセン ローゼ	横浜憲兵隊
5	5	44・7・28〜45・4・14	箱根 横浜	ドイツ4 スイス1	フランク(獄死) リーベスキント ボイドナー ワインガルトナー他	横浜憲兵隊
6	1	45・5・24	横浜	フランス	モテ	神奈川県警

7	6	41・10〜45・5	大阪 神戸	フランス	ドゥプィール ローラン ブスケ（獄死）他	大阪府警 京都府警 神戸県警
8	2	41・12・8〜44・5・4	横浜	イギリス	ミルン夫妻	横浜憲兵隊
9	15	45・3・21〜45・5・12	大阪 神戸	ドイツ	ウォルフ夫妻 アイケマイヤー ディートリッヒ、ヤーン（釈放直後死亡）他	大阪憲兵隊 神戸憲兵隊

（『ルイス・フーゴ・フランク先生生誕百年記念誌』二四五頁より）

報告書によれば、四十二人のうち死亡した者は三人。フランス人のブスケ（Bousquet）、釈放の翌日に死亡した神戸のドイツ人ヤーン（Jahn）。そして、もう一人がユダヤ系ドイツ人のフランク（Frank）だ。

そのフーゴ・カール・フランク（Hugo Carl Frank）の墓は、軽井沢の外国人墓地にある。フーゴは、第3章で紹介した、軽井沢で「ドイツ人学園」を開校するも、火災により焼失してしまったルートヴィヒ・（ルディ）・フランクの兄だった。

二人の父ルイス・フーゴ・フランクは、日本の文部省の招聘によって、一九一三年にベルリンから来日。北海道の小樽高等商業学校（現在の小樽商科大）、その後山梨に開校された高等専門学校（現在の山梨大学工学部）で商品学、商品実験学、電気工学、ドイツ語などを教えた。教え子は両校合わせて二千五百人以上にも上る。一九三六年には日本の教育に多大な貢献した功績により、勲五等瑞宝章を授与されている。だが、ユダヤ人であるがゆえに、一九四三年に職を追われ、その後ドイツ国籍も剥奪されてしまう。

ルイス教授には小樽で生まれた二人の息子――長男フーゴと次男ルディ――がいた。横浜のセント・ジョセフ学院を卒業した二人は、それぞれ家庭を持つ。だが、横浜の自宅が「外国人居住絶対禁止区域」に指定され、一九四四年三月、ルイス夫妻と次男ルディ一家は軽井沢に、長男フーゴ一家は箱根の強羅に移る。だが、それからわずか四か月後、フーゴはスパイ容疑で逮捕され、裁判により禁固五年の有罪判決を受け、服役中の一九四五年六月三十日に獄死する。

フーゴの死に関しては、ルイス・フランク教授の教え子の一人だった保延誠が綿密な調査を行い、報告書をまとめている。また、ワシントン州立大学のパック・ブレッヒャー（W. Puck Brecher）准教授も、遺族から資料の提供を受け、著書 "*Honored and Dishonored Guests*（称えられ、名誉を汚された客人たち）" に詳細に記している。

フーゴは箱根で、アルヴィッド・バルク（Arvid Balk）というドイツ人フリージャーナリストのために働いていた。バルクはケルン新聞などドイツ語新聞十六紙のために記事を執筆していた。バルクが記事を執筆するための情報を集めるのがフーゴの仕事だった。そのためにフーゴはラジオ放送を聴き、日本語のニュースを翻訳していた。バルクの次女イレーヌは、フーゴの弟ルディと結婚したので、バルクとフーゴは姻戚関係でもあった。

一九四四年七月二十八日、箱根のフーゴの自宅に突然憲兵が踏み込んできた。憲兵はフーゴに手錠をかけ、何も告げずに連行していった。相前後して箱根でバルクとハンス・リース（Hans Ries）、横浜でマーガレット・リーベスキント（Margaret Liebeskind）の三人も、共犯者として逮捕された。四人の容疑はスパイ活動だった。

戦前の裁判では自白書が証拠として偏重され、物証がなくても自白書で有罪にすることができた。当時の取調官の一人は、保延の聞き取りに対し、「拷問してでも自白書に署名させなけ

1942年4月11日、ルディ・フランクとイレーヌ・バルクの結婚式（左から、アリス、エイミー、フーゴ、LeBeau神父（SJC教師）、イレーヌ、ルディ、ルイス、マリー・エリーゼ（イレーヌ姉）、マックス・ペスタロッチ（赤十字国際委員でマリー・エリーゼの婚約者）、エステル・バルク、アルヴィッド・バルク（Patrick Frank氏提供）

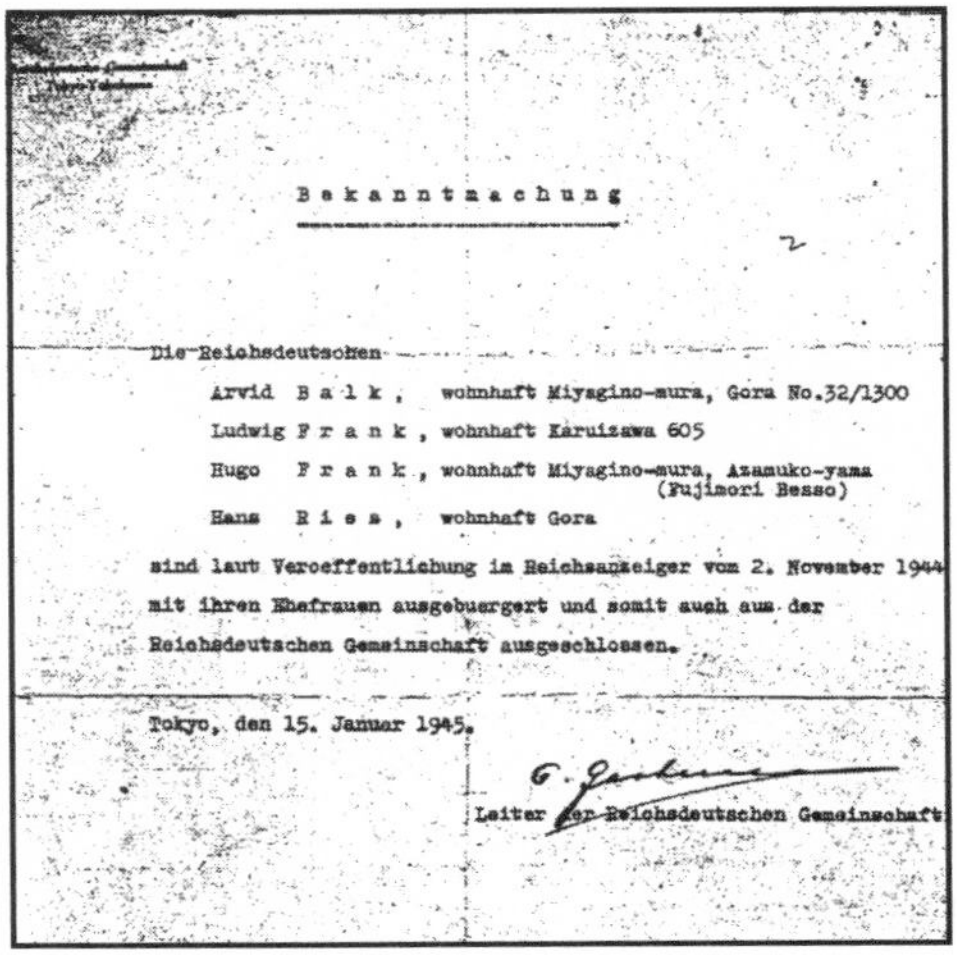

Bekanntmachung

Die Reichsdeutschen

Arvid Balk, wohnhaft Miyagino-mura, Gora No.32/1300
Ludwig Frank, wohnhaft Karuizawa 605
Hugo Frank, wohnhaft Miyagino-mura, Azamuko-yama (Fujimori Besso)
Hans Ries, wohnhaft Gora

sind laut Veroeffentlichung im Reichsanzeiger vom 2. November 1944 mit ihren Ehefrauen ausgebuergert und somit auch aus der Reichsdeutschen Gemeinschaft ausgeschlossen.

Tokyo, den 15. Januar 1945.

Leiter der Reichsdeutschen Gemeinschaft

1945年1月15日付けドイツ人協会布告。「アルヴィッド・バルク、ルートヴィヒ・フランク、フーゴ・フランク、ハンス・リースは、1944年11月2日、夫人とともにドイツ国籍を剥奪された」と記されている。（『ルイス・フーゴ・フランク先生生誕百年記念誌』より）

れば、取調官自身が悪者にされる雰囲気があった」と証言している。被疑者は虚偽の自白書に署名するよう迫られ、拒否すると激しい拷問を受けた。竹刀や角材による連打、煙草の火を押し付けられる、陰毛を焼かれる、正座をして両手を上げ、少しでも手が下がると殴られる、さかさまにしたスツールの脚の上に正座させられる、さらに現在では非人道的すぎるとして国際的に禁じられているウォーターボーディング（鼻と口に水を注ぐ水責め）など、筆舌に尽くしがたいものだった。しかもこれらは寒い取調室で、ほとんど裸同然の状態で行われた。拷問は、自白書に署名するまで週六日間続いた。

三か月半後、フーゴはついに屈し、自白書に署名する。署名後は拘置所に移され、拷問はなかったようだが、すでに体は重篤な状態に陥っていた。他の者たちはもっと早く屈していたので、その差が生死を分けたのかもしれない。

一九四四年十一月二十七日、フーゴは横浜地方裁判所で起訴される。面会が許され、訪れたアリス夫人は、変わり果てた夫の姿にショックを受け、心を病んでしまう。

一九四五年一月、弟ルディは兄フーゴに面会するため、移動許可を得て、軽井沢から横浜刑務所を訪れた。面会室で待っていると、藁でできた三角形の帽子をかぶった、やせた男性が連れて来られた。

ガラスの向こうに、背の高い、体を捻じ曲げた男性が立っていた。顔は円錐形の藁の帽子で覆われていた。看守が囚人に帽子を取るようにと言った。看守に深く恭しくおじぎをした後、囚人は帽子をとった。兄だった。髪は短く刈られ、肩は落ち、頬はこけ、目はひどくおびえていた。大きな目は、狩られる動物のおびえた目だった。彼は看守に、私と話してもいいか尋ねた。看守はうなずいた。

会話は日本語でしなければならなかった。「ルディ、遠くまで会いに来てくれてありがとう。僕はとても元気だ。体はどこも悪くない。元気だ。薬ももらえている。どんな薬でもだ。腹が空いた。食べ物を送ってほしい。すごく腹が減っているんだ。僕の体は元気だ。薬を差し入れてくれ！」話しながら兄は頭を下げ、懇願し、会話に聞き耳を立てている看守の方をちらちら見ていた。僕は最初言葉が出てこなかった。胸がはりさけそうだった。

("Honored and Dishonored Guests" p1)


横浜地裁での裁判前日の二月十四日、ルディは二度目の面会に訪れ、大胆にも容疑は本当なのかとフーゴに尋ねた。看守は怒ったが、ルディはかまわず同じ質問を繰り返した。

「違う。そうだ、そうだ、すべて本当だよ！」

フーゴが叫ぶと、面会は打ち切られ、ルディは規則違反で二百円の罰金を払う羽目になった。

翌日法廷で下されたのは、国防保安法違反で禁固五年の有罪判決だった。裁判では弁護側の証拠は全く採用されず、被告の弁明の機会も与えられなかった。

アリス夫人の記憶によれば、有罪理由は次のようなものだった。①小笠原諸島に関する情報を保有していた、②港の船の数を数えた、③バルク氏のためにラジオニュースを聴いた、④バルク氏のためにスパイ活動をしていた、⑤ミス・リーベスキントとともにスパイ活動をした、⑥ポルトガル公使館のためにデータを集めた、⑦短波ラジオを聴き、横浜の高射砲スタンドを数え、船の出航情報を与えた、⑧日本人に「東条英機についてどう思うか」と尋ねた。

上告することもできたが、フーゴは上告せず、地裁の判決が確定する。フーゴと前後して有罪判決を受けたバルクとフランス人ボッセは上告したが、棄却されている。

六月半ば、フーゴの体調がよくないとの知らせを受けた父ルイスは、赤十字国際委員会のマックス・ペスタロッチを通じて様子を問い合わせた。だが、連絡を受けたのは、七月一日。フーゴは前日に亡くなっていた。ルイスは遺体を引き取りにいくための移動許可を申請したが断られ、ルディが行くことになった。

七月三日、ルディとアリス未亡人は横浜刑務所に遺体を引き取りに行った。暑い中放置されていた遺体はひどい状態で、ルディはアリスの精神状態を気遣い、遺体を見せなかった。遺骸は横浜の久保山で荼毘に付された。遺灰はいったん箱根に立ち寄った後、軽井沢の両親のもとに帰ってきた。

軽井沢外国人墓地のフーゴ・フランクの墓

フーゴの遺灰は、家族の手によって軽井沢の外国人墓地に葬られた。観光地「雲場池」の近くにある外国人墓地は、離山《はなれやま》を望む小さな墓苑で、訪れる人も少ない。その第九区画に、非業の死を遂げたフーゴの苔むした墓石がある。それから四十四年後、元憲兵隊の有志はフーゴの墓前で陳謝するのだが、その経緯は第６章の「フランク家」の項に記す。

マイジンガーの教唆

フーゴが有罪とされた容疑のほとんどは、「情報を持っていた」、「数えた」、「尋ねた」という、物証のないものだった。

前出のブレッヒャー准教授は、一九四一年十二月八日の対米英開戦時に外諜容疑で逮捕された者たちと、一九四四〜四五年に外諜容疑で逮捕された者たちとでは、いくつか異なる点があるとしている。

対米英開戦時には、日本全国で警察・憲兵関係合わせて一〇九人の外国人が外諜容疑で逮捕され、厳しい取り調べや拷問を受けた。アルメニア人マイク・アプカーのような無国籍の商人もいたとはいえ、ほとんどは敵国となったアメリカ人やイギリス人であり、職業もジャーナリスト、教師、宣教師が多かった。そして、彼らのほとんどは最終的に交換船で帰国するか、釈放された。これに対して、一九四四年から四五年にかけて外諜容疑で逮捕された外国人は、バルクのようなドイツ人、フーゴやリーベスキント、リースのようなユダヤ人、フランス人や中立国のスイス人などで、拷問もはるかに過酷だったと指摘する。

ブレッヒャー准教授は著作の中で、ドイツ人ハンス・シュヴァイツァー（Hans Schweizer）の証言を挙げ、フーゴが反ナチス活動に関わっていた可能性もあるとしている。シュヴァイツァーは、「獄中でフーゴと秘かな友情を育んだ。フーゴは反ナチス活動に活発に携わっていたことを自分に明かした」と証言したという。一方、保延の調査によれば、ハンス・シュヴァイツァーは終戦後、アメリカ軍によって巣鴨拘置所に収監されている（第5章表8参照）。戦中は日本によって、戦後はアメリカによって収監されるというのは、一体どのような理由によるのだろうか。ルディ・フランクの次男パトリック氏にこの質問を尋ねてみたところ、「両親はハンス・シュヴァイツァーをよく知っていた。母から「シュヴァイツァーはアメリカ軍とトラブルになった」と聞いた」と語った。さらに、「シュヴァイツァーは、「獄中でフーゴの足の状態がひどかったので石鹸をあげた」と両親に言った。だが両親は、困難な状況下でフーゴによくしてくれたとして感謝するどころか、全く相手にしなかった」とも語った。そして逮捕容疑についてては、「伯父フーゴはバルクが記事を書くための情報収集をして、バルクから給料をもらっていた。家族を支えるためにも、バルクの役に立つことが必要だった。そのために必死に情報収集をしただけだったのではないか」とも言われた。

端的に言えば、この頃逮捕された外国人の真の容疑は、日本に対する外諜容疑というより、ユダヤ人であるとか、ナチスに非協力的であるといった、「反ナチス」の傾向の方が強かった。彼らの逮捕は、駐日ドイツ大使館のある人物が、日本の憲兵や警察に働きかけた結果だった。

その人物とは、ドイツ大使館のヨーゼフ・マイジンガー（Josef Meisinger）大佐だ。マイジンガーは、ポーランドのワルシャワで十万人単位のユダヤ人や知識人を情け容赦なく虐殺し、「ワルシャワの殺戮者（Butcher of Warsaw）」と呼ばれ、恐れられていた。一九四一年春に駐日ドイツ大使館に「飛ばされ」、その後日本におけるドイツ秘密警察ゲシュタポのトップとなった。マイジンガーは日本の寛大なユダヤ人政策に業を煮やし、日本政府に対して上海のユダヤ人を虐殺するよう提案したが、日本側はこれを拒否している。

日本に着任したマイジンガーは、リヒャルト・ゾルゲの監視を命じられた。だが、オット大使同様、すっかりゾルゲを信用してしまい、大失態を演じた。それでもオット大使が目を光らせていた間はマイジンガーもおとなしかったが、ゾルゲ事件によってオット大使が更迭され、スターマーが大使に就任すると跋扈《ばっこ》し始める。

マイジンガーは頻繁にパーティーを開き、在日ドイツ人の言動をチェックした。パーティーにいつも来ないドイツ人や、ドイツ国籍取得を勧めたのに断ったスイス人などは、「反ナチス」ブラックリストに載せられた。ドイツ大使館員だったエルヴィン・ヴィッケルトの著作には、スターマー大使の無能さとマイジンガーの横暴ぶりが書かれ

1946年頃のパトリックさん
（Patrick Frank氏提供）

ている。

マイジンガーは……悪名高い日本の司法当局から日本在住のドイツ人を保護しようという気などまったくなかった。それどころか、マイジンガーは憲兵隊に対して、ドイツ降伏の数週間前に、自分の目から見て国家社会主義に反対していると思われる者や信用のおけない身持ちのよくないドイツ人の名をすべてリストアップして渡してしまった。まもなくこのリストのうち多くの人たちが逮捕された。

逮捕の理由は本人には明かされなかった。彼らは逮捕後、自白を強要され、拷問を受けた。何人かの者たちは日本の役人が彼らの食料や貴重品を手に入れたいという、それだけの理由で逮捕された。戦後マッカーサー将軍はすべての逮捕者の釈放を命じた。

(『戦時下のドイツ大使館』一三六〜一三七頁)

マイジンガーは日本の憲兵隊や警察に働きかけて反ナチス的人物を摘発させた。日本の憲兵や特高警察も、疑わしい外国人を摘発する上でマイジンガーやゲシュタポの協力を得た。ドイツ大使館員フランツ・クラプフも証言している。

合法的あるいは半合法的にゲシュタポ(ナチスの秘密国家警察)の代表、ヨーゼフ・マイジンガー大佐が仕事を続けていました。日本の憲兵隊が、日本に残っているドイツ人を取り締まるため彼に協力を要請していたのです。彼に協力させて、憲兵隊は疑わしい人物をピックアップし、疑われた人はすぐに監獄に消えました。そのうち何人かの命はマイジンガーのために失われたのです。…外務省はその後、マイジンガーの活動を禁止しようとしました。しかし、またしても憲兵隊が介入してきたのは明らかでした。

（『終戦前滞日ドイツ人の体験（２）』二八八頁）

ナチ党政権を嫌って祖国ドイツを離れ、日本で真珠の貿易商をしていたルドルフ・フォルは、カール・キンダーマンの密告によって逮捕される。キンダーマンはフォルらのグループに定期的にやってきたが、彼がユダヤ人だったので皆安心して自由に意見を述べていた。だが、キンダーマンはゲシュタポの手下だった。

私は四五年五月十九日に逮捕された。特高の地位の高い三名の紳士がわが家を訪れ、「申し訳ないのですが、あなたを連行しなければなりません」と告げた。これは、特高ではなく、ナチスからの要請だという。…私は目隠しされ、目隠しを外されたのは小石川にあるカナダ尼僧院の門前だった〔現在の「東京カテドラル」のことらしい〕。

ドイツ大使館には警察の役割を果たす部門があった。彼らは日本に住むドイツ国民にたいして直接には何もできなかったが、日本の警察を通じてある程度のことが可能だった。

（『戦時下日本のドイツ人たち』一五六頁）

戦時中の外国人抑留について研究されている小宮まゆみさんによれば、フォルが拘留された場所は、実際には文京区関口の東京カテドラル大聖堂付属小神小学校だという。ここには女性宣教師と修道女約六十人が抑留されていた。そのうち二十人ほどは高齢であることや、中立国アイルランド国籍が確認されたことにより、一九四五年初めまでに抑留を解除されている。恐らくはその空いた部屋に、フォルら反ナチス的ドイツ人やユダヤ人が入れられたのではないか、そして彼らは「拘留」ではなく「抑留」だったのではないか、という。

フォルの逮捕から数日後の五月二十五日、小神小学校は空襲によって焼失する。幸い、修道女やドイツ人は全員無事だったが、ナチスの目的は、空襲で自分たちを死なすことだったとフォルは言う。

ナチスがわれわれを都心に閉じ込めたのは、これが目的だったのだ。こうすればわれわれに直接手を下すこと必要もなく、死体を始末しないで済む。アメリカ人に任せた方が安上がりだと思ったのだろう。

(『戦時下日本のドイツ人たち』一五六〜一五七頁)

そこにはユダヤ人音楽家クラウス・プリングスハイムと長男のハンスもいた。

一方、次男のクラウス・プリングスハイム二世は、軽率にも自室に勤め先のスイス公使館からもらった地図を貼り、地図上にピンを止め、戦況を書き込んでいた。それを警察に見られ、一九四五年三月に逮捕され、目黒警察署で取り調べを受けた。プリングスハイムが、うっかりゾルゲに会ったことがあると口をすべらすと、取調官の表情が一変した。拷問はなかったが、しつこく尋問され、風呂には全く入れず、シラミがわき、下着はボロボロになってなくなり、食事は一日に握り飯一個。体重はどんどん減り、あまりに空腹なので、伸びた自分の髪の毛や爪、タコを食べた。「お前を有罪に持っていって、この件を片付けないと一生昇進できない。助けてくれ」と検事補の泣き落としにも遭った。だが幸か不幸か、プリングスハイムには白状することが何もなかった。拘留中、何度か空襲警報が鳴った。その都度囚人たちは独房から出されたが、スパイの嫌疑がかかっていた自分だけは例外だったという。

〔空襲警報の〕サイレンが鳴り始めると、看守は私の手と足に鎖と錠をかけて独房の鉄格子に繋ぎ、自分達は防空壕に逃げる。空襲が終わるまで私は鉄格子に繋がれたままで一人立ち続ける。空襲警報が解除されると鉄格子から離されてまた正座に戻る。この時は拘置所が火事になった。火の手が私に勢いよく迫って来る。看守はすべて防空壕の中だ。煙を吸って灰をやられる。足下が燻り始めて、私は意識を失った。

（『ヒトラー、ゾルゲ、トーマス・マン』九四頁）

意識を取り戻したとき、プリングスハイムの独房があった部分だけが焼けずに残っていた。手錠の鍵を持って避難した看守は、防空壕が爆弾の直撃を受け、死んでしまった。プリングスハイムは別の看守に頼んだ、「手錠を切ってください」。返ってきた返事は、「手錠は天皇陛下から支給されたものだ。お前を楽にさせるために国家の財産を壊すわけにはいかん」というものだった。看守の死体を掘り出し、手錠の鍵を見つけるまで、プリングスハイムは二日間ドアの鉄格子に繋がれたままだった。

ドイツが五月八日に降伏すると、駐日ドイツ大使館は日本政府によって活動を停止させられた。だが、マイジンガーの跋扈は続いたと、前出のドイツ大使館員ヴッケルトが記している。

ドイツ降伏後、日本外務省は〔ドイツ〕大使館のすべての活動を禁じた。…大使館は党の指導者たちが目立った行動をとるのを防止しなければならない立場にあったが、シュターマー〔大使〕が何もしないので、党は勝手に行動していた。マイジンガーと憲兵隊の協力体制も、外務省の指令を無視する形で続けられた。（『戦時下のドイツ大使館』一六二頁）

ナチの秘密警察ゲシュタポは軽井沢でも活動していた。軽井沢でドイツ人たちに目を光らせていたのは、アラリッヒ・モザナー（Alarich Mosaner）だった。エルクレンツ家の父エノは、横浜でマイジンガーからナチ党入党を迫られたが拒否したため、反ナチス的として監視されるようになった。長女が記している。

日曜には聖パウロ教会に通った。ある日ミサが終わった後、父はそっと「ゲシュタポが来ている」と言って指さした。アラリッヒ・モザナーはミサが終わる頃教会に来て、どのドイツ人が来ているか、チェックしていた。ナチスは教会に行くことを快く思っていなかったからだ。モザナーはカトリック教会に誰が来ていたか報告書を作成していた。これは気がかりなことだった。モザナー氏は日本のヒトラー・ユーゲントのトップであり、ヨーゼフ・マイジンガーの右腕だったからだ。

（"Journey Interrupted" p109）

それでも、軽井沢のドイツ人コミュニティーは河口湖や箱根に比べると、ナチス色はかなり薄かった。フーゴ・フランクは、雇用主であるバルクに付いていく形で箱根を選択したのだが、アリス未亡人は、「もし軽井沢を選択していれば、夫の命は助かっていたでしょう」と、箱根に移ったことを生涯後悔したという。

三笠地区の白系ロシア人

六月五日に出された政府の通達「外国人居住地域ニ関スル件」にしたがって、東京や横浜からは続々と外国人が軽井沢に送られてきていたが、そのうちの白系ロシア人が収容されたのが、

「三笠ホテル別館」だった。この別館は、外務省軽井沢事務所が入る三笠ホテルの裏、丘の中腹にあった。ここでの様子については、セルゲ・ペトロフが回想に詳細に記している。

白系ロシア人は、町の中心から一マイル〔一・六キロ〕ほど離れた、落葉松林の中にある第一次世界大戦前に建てられたような、古びたホテルに入った。（"Life Journey" p120）

セルゲの父パーヴェル・ペトロフは元帝政ロシア軍の少将で、ロシア革命後の内戦のさなか、ロマノフ王朝が保有していた大量の金の一部を、満州付近で日本陸軍の井染《いそめ》禄郎大佐に預け、その返還を求めるために上海から来日した。そして上海より日本の方が住みやすく、子どもの教育環境も整っていることを知り、家族を呼び寄せた。パーヴェル・ペトロフは人望があったようで、来日後は在日亡命ロシア人協会の代表を務め、東京に初のロシア人学校が開校されると初代校長に就任している。

一九四五年四月十五日、大森に住んでいたペトロフ家は、警察から突然「荷物をまとめて明日軽井沢に行くように」と言われ、軽井沢に移る。ただ、長男セルゲは、警察に拘束されたドイツ人の元上司ウィリー・フォスターから頼まれていた事案を処理した後、遅れて軽井沢入りする。焼け焦げた匂いが充満する東京とは対照的に、軽井沢ではリンゴの花の甘い匂いと、落葉松の新芽の匂いがした。三笠ホテル別館の様子について、セルゲは次のように記している。

わが家に割り当てられた部屋は十二フィート×十五フィート〔三・六六メートル×四・五〇メートル〕ほどの広さで、落葉松林と浅間山が見える小さなバルコニーがついていた。ベッドはなく、床に布団を敷いて寝た。木のテーブル、壊れかけた椅子が三脚、火鉢が一つ。家財道具はこれですべてだった。この後、〔弟の〕ニックが町で拾ってきた木から、もう二脚椅子を作った。暖かくなってくると、ニックと私はバルコニーで寝た。ホテルにはタイル張りの和式の大浴場があって、週に一回湯が張られた。水道管は頻繁に壊れ、六月には父の指示の下、建物の使われていないエリアからこっそり古い金属やパイプを持って来て、それで巨大な配管システムを作った。

（"Life Journey" p120-121）

ペトロフ家は両親と息子三人の五人家族だった。食糧については、やはりタバコを物々交換に使ったことを記している。

毎週、二オンス〔五七グラム〕の米、安い「ゴールデンバット」のタバコが一人一日四本、料理用の油が一家に半リットル、そして母が調理に使用した火鉢用の炭が一袋、配給された。父と〔弟〕ニックはタバコを吸わなかったし、僕はタバコを吸うのをやめ、〔末弟の〕マイクは〔タバコの〕配給をもらう年齢ではなかった。母は第一次世界大戦中からタバコを吸い始めていた。家族の配給の半分のタバコは、周辺の農家で小麦粉、さつまいも、野菜にかえてもらった。僕は大森の自宅からサントリーのウィスキー二本、コーンビーフ缶六個、リプトンの紅茶一ポンド〔四五〇グラム〕、そして〔ドイツ人の元上司の〕フォスターのキッチンから砂糖二ポンド〔九〇〇グラム〕を持って来ていた。…それから〔終戦まで〕の四カ月間、紅茶と砂糖がわが家の唯一の贅沢となった。ウィスキーとコーンビーフ缶は果物とタンパク源のものと交換した。軽井沢での食事は、生きるのに最低限必要なレベルだった。

（"Life Journey" p120-121）

この頃すでに、外国人への監視は一段と厳しくなっていたが、ここでのロシア人の監視は驚くほど緩い。点呼の様子をセルゲが記している。

監視はとても緩かった。ロシア人を管轄する責任者は、五十代初めの憲兵で、ロシア語が少しできた。私たちは捕虜でも抑留者でもなかったので、軽井沢町の範囲にとどまってさえいれば、好きなことができた。責任者が心配したことは、逃亡者が出ないことだけだった。軽井沢は山に囲まれており、西洋人は目立つから、逃げてもうまくいくとは思えなった。…週一回、まるでＢ級映画のような「点呼」が行われた。毎週月曜の午前十時、男女子どもでいっぱいになったホテルのロビーに所長が入って来る。所長は小さなテーブルの前に座り、横にはアシスタントの憲兵人二人が気を付けの姿勢で立つ。後ろの壁には天皇の写真がかかっている。…そして拳銃をテーブルの上に置き、クリップボードに挟んだリストに書かれた名前を、しわがれた声で読み上げる。三十分ほどでこのセレモニーが終わると、立ち上がり、もっとしわがれた声で「スパシーボ（ロシア語で「ありがとう」）」と言って、おごそかにロビーから立ち去るのだった。

（"Life Journey" p121）

ある月曜、点呼の最中にもめごとが起きた。所長が、スカーフをかぶっていた女性に「天皇のご真影の前では、帽子や被り物は取るように」と指示したのだが、女性は、「ロシア人女性は、教会でもスカーフは取らない」と言って、取ろうとしなかった。激怒した所長は暴言を吐くと、力づくで彼女のスカーフを取るようにと部下に指示した。この女性が美人で評判だったこともあり、ロシア人の一部の若者たちが女性に加勢した。場は一気に緊迫し、一触即発の空気が漂った。

そこへ一人の年配の男性が割って入った。男性は流暢な日本語で所長に謝罪した後、「彼女は若すぎて、ことの重大さがわかっていないのです。私が話せば彼女もスカーフを取るでしょう」と言った。男性の穏やかな言葉に、女性も素直にスカーフを取り、ことなきを得た。

同様のことは他でも起きている。警察署の署長が、カトリックのシスターにベールを取るよう命令したときのことを、アルメニア人のルシール・アプカーが記している。

病院のシスター長が、包帯や消毒薬などの許可を求めて警察署に行った。たまたま父が別の用事で、その場に居合わせた。署長はシスター長に対し、国旗や国歌演奏のときは頭を覆っているものを取るものだとして、ベールを取るようにと命令した。そこで父が介入し、「彼女は宗教上の理由でベールをとることはできないのです」と説明した。さらに父は、「もしどうしても取れと言うなら、彼女の神様の怒りを買いますよ」と言った。この言葉を聞いて署長は急に不安になり、泣いているシスターはベールを取ることなく、備品の許可を受け取ることができた。

（"SHIBARAKU" p110-111）

先のロシア人の場合、ロシア人たちの報復を恐れたのか、メンツを失ったからか、この一件以来、所長は週一回の点呼以外全く姿を見せなくなってしまった。二人の部下も頼りにならないので、ロシア人たちは自治組織を立ち上げた。衛生、清掃、メンテナンス、入浴スケジュール、もめごとの解決などはこの自治会に任されることになり、会長にはパーヴェルが選出された。

自治組織ができたことで、生活は全体としてはまわるようになった。しかし衛生上の問題や、消灯後の飲酒しての大騒ぎ、隣人同士のいさかいが頻発し、殴り合いのけんかに発展したこともあり、自治会長のパーヴェルは調停に忙殺された。最大の問題は入浴だった。誰もが最初に、お湯がなくなり、タイルが冷たくなる前に入りたがった。女性は丸一日使いたいと言い、男性は夜しか入りたくないと言った。最終的には、誰もが二週間に一回は入浴できるよう、複雑な入浴スケジュールが組まれた。

集団生活は、恵まれた状況下でも気を遣い、疲れるものだ。人々は短気になり、後で後悔するようなことを言ってしまう。人によって倫理観も違うし、プレッシャーに対する反応も違うので、いさかいが起きる。軽井沢の季節が春から夏へと移る中、日々の厳しい暮らしの中で人々の不安は高まり、怒りの沸点は下がっていった。…軽井沢のロシア人コミュニティーは、ひと振りのマッチで燃え上がってしまう藁の山のようになっていた。

（"Life Journey" p122-123）

強制労働だったのか？

戦後、テレビ司会者として、流暢な日本語でお茶の間を沸かせたロイ・ジェームスは、一九四五年、軽井沢で重労働に従事させられたという。作業は、木の伐採と駅での荷物の荷下ろしだった。ロイ亡き後、妻の湯浅あつ子がロイから聞いた話として記している。

ロイ一家は軽井沢に強制収容された。そして一家から一名㊢の人夫としてまた木こりとしてかり出された。当然その役はまたしても、やせてヒョロヒョロのロイだった。…㊢の作業中、極度の栄養失調で倒れ、両手両足をつかまれて、近くの空地に投げ捨てられた。哀れに思った日本人の監督が日当のパン一斤をロイの頭上においてくれた。死ぬ前に、日頃滅多に口に入れたことがないパンを一口たべようと、ちょっとつまんで口にいれたが飲みこむことは不可能だった。極度の栄養失調者のノドに固形物が通らぬことをロイは知らなかったのだ。再度試みるべく手をのばした時、野良犬がサッと持って行ってしまった。ロイは絶望した。

（『ロイと鏡子』七〇、七二頁）

プロ野球選手で白系ロシア人ヴィクトル・スタルヒンの評伝にも、軽井沢で重労働に従事させられたことが記されている。スタルヒンは外交官たちの家の塀や機械類の修理を行い、妻は外交官夫人の髪を結い、夫婦で日銭を稼いだ。この頃、スタルヒンは体調を崩していたが、体を推して伐採労働に従事した。

一軒から男性一人は強制労働に従事させられた。決して強制という言葉を遣ってはいなかったが、逆らえば、どのような目に遭っても不思議ではなかったのだ。

軽井沢では生活するうえでマキは必需品であった。このマキは一応配給ということになっていたが、実際には、「マキをもらいたかったら山奥へ行って木を切りなさい」ということであった。

労働時間は午前九時から午後二時まで、特高や憲兵の監視付で、大人三人が輪になっても届かないような大木を切るという労働は、健康な男性にとっても辛いものであった。結局この労働の報酬がマキであり、この労働をすれば帰りには自分が持てるだけのマキを持って帰っていいという取り決めであった。

具合が悪くて、何日かこの労働を休んでいると、特高が必ず見回りに来て、さんざん文句をいい、いやみをいって帰っていく。とにかく特高の連中に目をつけられたり、へそを曲げられたら何をされるかわからない。なるべく目立たないよう、特高の感情を逆なでしないよう振る舞わなければならない。スタルヒンは体にむちを打ち、この労働に耐えるしかなかった。

（『ロシアから来たエース』一五七〜一五八頁）


一家から一人が労働に従事させられたという点が共通している。

現在軽井沢ナショナルトラストの副会長を務める佐藤袈裟孝さんは、戦争末期、軽井沢駅で荷役労働に従事する男性たちを目撃している。佐藤さんは、「外国人だけでなく、日本人も働いていた」と言う。そして、「強制労働という感じではなかった」と言われる。当時住んでいた他の方々にも尋ねたが、全員が同じ回答だった。

一九四四年（昭和十九年）三月の『外事月報』に、「舊《きゅう》露国人其の他無国籍人生活困窮状況」という項目がある。そこには、「大東亜戦争勃発以来統制経済に伴う企業整備に依り転廃業し、又は原料資材入手困難等に依り営業不振に陥りたる者」が多数いること、旧ロシア人を含めた無国籍者約千四百名のうち、「世帯数にして百世帯、之に従属せる家族及び同居人…百八十人」が生活に窮していること、そして転業斡旋措置の一環として、旧ロシア人十六名を東京のわかもと株式会社砧工場に、三十一名を大森の東西機器製作所に斡旋したことが記されている。

さらに一九四五年六月五日に閣議決定された「外国人居住ニ関スル件」の「備考」の五には、「無国籍人等にして生計に窮する者に対しては、適当なる業務に就かしむ如く補導す」と記されている。スタルヒンもロイ・ジェームスも旧ロシア出身の無国籍者だった。

二人の評伝には、その労働が厳しく、断ることは難しく、報酬は重労働に見合わないわずかなものだったが、労働の対価として薪やパン一斤が支給されたことが記されている。以上から、彼らが従事させられた労働は、一応は「生活困窮者に対する支援策の一環」だったのではないだろうか。

なお、この件で当時国策企業だった㊟こと日本通運に問い合わせ、戦時中の軽井沢での記録がないか調べていただいたが、「見当たらない」との回答だった。

末路は餓死か、虐殺か

夏になった。戦争はまだ終わる気配がない。軽井沢からも、近隣の都市が空襲される音が聞こえたり、火災の光が見えるようになった。このまま戦争が続けば、いずれ軽井沢も空襲されるのではないかという不安が広がった。アルメニア人のルシール・アプカーと、ドイツ人のヒルデガルド・エルクレンツ・マホーニーが記している。

軽井沢は海岸線から百マイル〔百六十キロ〕近くも内陸だったが、夏が近づくにつれ、昼夜を問わず空襲の音が聞こえるようになった。…夜空が不気味に明るくなった。明らかに大きな火災のせいだった。横浜や東京から逃げてきた人々は、空から落ちてくる油でべとべとした破片や、逃げようのない恐怖について語った。

（"SHIBARAKU" p123）

一九四五年七月の終りが近づいても、太平洋での戦争は終わる気配がなかった。それどころか、私たちがいる軽井沢の小さな町に近づいてきているようだった。ときどき南西方向の遠い水平線の空が、明るいオレンジと黄色になっているのが見えた。

（"Journey Interrupted" p123）

さまざまな噂が流れ、心穏やかでいるのが難しくなっていった。ハンガリー人のイレーヌ・ハールの記述。

昼も夜も近くで爆弾の音がした。地面は揺れ、皆怖がっていた。夜には、光が外に漏れないよう窓に黒い紙を貼った。誰も何が起きているのか、わからないようだった。アメリカ軍が日本を侵略し、皆が何であれ手にできるもので戦うのだとか、山に逃げるのだかという噂が流れた。私たちはリュックサックに数個の缶詰を詰め、毛布を丸め、着られるだけの服を着て待った。でも一体何を待っているのか、わからなかった。

（"Karuizawa Dreamscape" p8）

食糧事情もますますひっ迫してきた。アウグスティーヌ・シロタ夫人は、食糧を持っている者たちはため込み、以前は分け合っていた者たちも、わずかな食糧をめぐって争うようになったことを記している。

外交官たちは自分たちの配給が減らされることを恐れて、物資をため込み、他の外国人に与えない。（中略）

三ポンド〔約一・五キロ〕の肉と二ポンド〔九〇〇グラム〕の米をめぐるいさかいが原因で、友情が壊れた。外交官の子どものピアノが上達すると、バター一ポンド〔四五〇グラム〕かタバコをもらった。概してどの国の人も同じ国ごとのグループでなるべく固まろうとする。誰もが自分たちが生き延びることしか頭にない。

食糧が底をつき始め、餓死が現実のものとして迫ってきた。アルメニア人のルシール・アプカーは絶望感に襲われたことを記している。

五月、六月になると、うちの家族だけでなく、隣近所の人々も絶望の淵に立たされ始めた。「室《むろ》」は空なり、畑の野菜はわずかに芽を出した程度だった。臭いサメの肉や虫の入ったオートミールの代わりに、キャベツが配給された。私たちは朝にキャベツを食べ、昼にキャベツを食べ、夕にキャベツを食べた。三食分の食事がないときには、朝と夕しか食べない日もあった。…うちの家族だけでなく、知人たちも皆、明らかに胃腸の調子が悪くなっていた。…

（"Last Boat to Yokohama" p40, 41）

絶望した母は、野菜畑に生えていたジャガイモの葉を摘んできて、ゆでてみた。だが、それは有毒なベラドンナだった。私たちは死ぬほど具合が悪くなった。全員回復したものの、健康状態は着実に悪くなっていった。私たちはまるでかかしのようだった。ぼろぼろになった衣服が体からぶら下がり、髪は乾いてぱさぱさで、傷口は治らなかった。

（"SHIBARAKU" p121-122）

ハンガリー人写真家のフランシス・ハールは、ついに栄養失調で動けなくなってしまう。

食糧不足の影響が出始めた。軽井沢に来て三年ほどが経ったとき、私は全身が赤く腫れあがった。明らかに栄養失調の症状だった。コミュニティーの医師は助けにならず、体力はどんどん低下し、ついに数か月間ベッドから起き上がれなかった。東京は空襲を受けていた。ベッドで横になりながら、私は東京のスタジオに残してきたネガのことを考えていた。

（"Karuizawa Dreamscape" p7）

外国人をさらに不安に陥れたのが、「外国人は全員殺される」という噂だった。理由は、「口減らしのため」、「上陸してきたアメリカ人と間違えて」、「外国人が憎くて」とさまざまだ。ドイツ人のズザンナ・ツァヘルトの評伝とアルメニア人ルシール・アプカーの回想から。

いつのころからか、東京で空襲が始まったら外国人は皆殺しにされるという噂が流され［た］。…日本人には外国人の見分けがつかない。米軍が上陸したら、同盟国のドイツ人とはいえ、アメリカ人と間違えられて殺される可能性はじゅうぶんあった。

（『ズザンナさんの架けた橋』一三六頁）

軽井沢だけでなく、すべての外国人コミュニティーがキリング・フィールドと化す可能性があった。計画は立案され、日本の行く末が暗くなった時には、白人全員を虐殺する準備ができていた。

（"SHIBARAKU" p123）

指揮者のローゼンストックは、噂の出所は使用人たちの他愛ないお喋りだったとしている。

土地の女中たち皆の気儘なお喋りだが、連合軍が日本に上陸した場合、外国人は国籍に関係なく全員殺される、ということも聞いた。

（『音楽はわが生命』九四頁）

フランス人ジャーナリストのギランは、噂ではなく、実際に警察が検討したことだったという。

日本降伏後に私が確証をつかんだ情報によると、軽井沢警察の幹部たちが、戦争継続の場合にわれわれをどうするか、という問題をめぐって会議を開いたことが明らかにされた。そこで提案され討議されたひとつの解決策は、われわれを殺害するというものであった。だが、この解決策は斥けられた。しかし、それに代わって実施される見込みの強かった案も、油断のならぬものだったのである。つまりそれは、われわれを徒歩で行列を組んで北方に退去させるというものだった。

(『日本人と戦争』三八五頁)

空襲か、餓死か、虐殺か。戦争の終わりが近づくにつれ、外国人たちの不安は日ごとに高まっていった。ドイツ人宣教師のベルンハルト・ブッスの回想から。

日本は〔アメリカ軍が〕上陸してきたときのために、最終抗戦の計画を立てていた。うちの近くには塹壕が掘られ、銃剣を持った日本兵を見かけるようになった。戦争がひたひたと暴力的な終結に向かっていることが感じられ、怖かった。

("Trusting God" p103)

ドイツ人のヒルデガルド・エルクレンツ・マホーニーは、父がうつ状態に陥ったことを記している。

あまりの無力さから、父は時折ひどいうつ状態に陥っていた。父はピアノを弾くこともやめ、ただ、ぼんやりと不安げに椅子に座っていた。

（"Journey Interrupted" p120）

一足早く終戦を知った外国人たち

アメリカ、イギリス、ソ連の三カ国の首脳は、ドイツ、ベルリン郊外のポツダムで会談し、日本の敗戦後の処理について話し合い、七月二十六日、日本に降伏を求める最後通告、「ポツダム宣言」をアメリカ、イギリス、中国の名で発出した。これに対して日本政府は、「黙殺し、断固戦争完遂に邁進する」との姿勢を示した。

八月一日、深山荘のスイス公使館にスイス人たちが集まった。ゴルジェ公使が記している。

八月一日はスイス国の国祭日である。在日スイス人一同は軽井沢に集合した。一同は静まり返っていた。私が祖国を想う演説の草稿を書いている間、窓のガラスは揺れていた。これは高崎市が爆撃を受けているのであろうと私は想像していた。

（『三時代の日本』八四頁）

その数日後、広島に人類初の原子爆弾が投下された。たった一発の爆弾で町が壊滅したらしい、といううわさが外国人たちの間にさざ波のように広がっていった。アルメニア人のルシール・アプカーが記している。

小声でニュースが伝えられていった。大きな爆弾で都市がまるごと破壊されたと。たっ

た一発の爆弾でだ。父は広島の町を知っていた。どこにあるかも知っていた。（中略）
二発目の爆弾が落とされた。今度は長崎に。それから数日後、天皇がラジオで話すという。国民は全員手を止めて、天皇のメッセージに耳を傾けなければいけない。

（"SHIBARAKU" p124）


軽井沢住民の間で語り継がれている目撃証言がある。それは、「一足早く終戦を知った外国人たちがパーティーをしていた」というものだ。

その理由については、「軽井沢の外国人がスパイ行為をしていた」という説や、「スイスのゴルジェ公使と、外務省事務所長の大久保公使が極秘交渉を行って、日本のポツダム宣言受諾を決めた。大久保公使がゴルジェ公使に頼んで、八月十日にスイス公使館が入る深山荘から、日本のポツダム宣言受諾の第一報がスイスのベルンに向けて打電された」という説がある。後者は、一九八八年に発行された『軽井沢町誌　歴史編（近・現代）』にも記載されている。

ポツダム宣言の受諾は、天皇の二度にわたるご聖断によってようやく決まったことだった。日本と、スイス、スウェーデンの日本公使館とのやり取りは外交史料館に記録が残っており、そこに軽井沢の介在を示す文言はない。

厳しい監視下に置かれていた外国人たちは、本当に終戦という重大な情報を一足先に知ったのだろうか？　そうであれば、どのようにして知りえたのだろうか？

八月九日、ソ連が対日参戦を決めた日、赤十字国際委員会の新たな代表に就任したマルセル・ジュノー博士は、満州国の首都新京から飛行機で来日した。赤十字国際委員会の日本代表の席は、パラヴィチーニ医師が死去した後、空席になっていた。横浜生まれのスイス人、マルガリータ・ストレーラ女史も通訳として同行し来日した。ストレーラ女史はジュネーブでアメリカ人捕虜の対策部長を四年間務め、極東の赤十字問題に精通していた。

無事東京に到着した二人は軽井沢に向かう。軽井沢では、二人のために日本家屋と、日本人と中国人の女中も用意されていた。

翌朝、ジュノー博士が静かな森の中で目覚めると、日本人の女中が恭しく手紙を持って来た。ジュノー博士の回想から。

それは派遣員の秘書の一人カムラーからの電文であった。私は繰り返し読んだ。言葉の一つ一つが私の心を喜びで満たした。
「親愛なるジュノー博士、
ＢＢＣは今夜、日本のポツダム宣言受諾を報じました。遂に平和が来ました。人々はトラファルガー広場で踊っています。」（中略）
私はすぐ［スイスの］ゴルジェ公使を訪れた。彼は日本で四年間、スイス公使館にまかせられた連合国の利益代表を勇敢に弁護して来た人である。彼も喜びを隠さなかったが、慎重に事態を見守るよう忠告した。
「日本はまだ公式発表を行っていません…」
（『ドクター・ジュノーの戦い』二五一～二五二頁）

イギリスの公共放送ＢＢＣが日本の公式発表がなされる前に、日本のポツダム宣言受諾を報じていた。そしてその情報が軽井沢に到着したばかりのジュノー博士のもとにも知らされた。スイスのゴルジェ公使もすでに知っていた。

軽井沢の外国人が一足早く終戦を知った理由。それは短波ラジオだった可能性が非常に高い。

海外の放送が聴ける短波ラジオは、戦時中の日本では所持が厳しく禁じられ、所持しているだけで逮捕された。ただ、例外的に所持が認められていた人々がいた。それは大公使と一部の公館員だった。

一九四五年四月二十七日のスイス連邦議会記事録には次のように記されている。

軽井沢のスイス人に対しては、公使館とのつながりを今後一切立つようにとの警告さえなされた。「公使館はラジオを通じて戦況についての情報を得ており、危険」と考えられているためである。

（スイス外交文書 E1004.1 1/456, p1087 原文フランス語）

ドイツ大使館武官補のベルシュテテットの自宅には短波ラジオがあった。息子のノルベルトが記している。

前線で起きていることを明確に知ることは難しかった。それは時間が経つにつれ、ますます難しくなっていった。英字新聞の「ジャパンタイムズ」も、ドイツ大使館が毎週発行するニュース速報も、厳しい検閲下にあったからだ。…父は外交官として、短波ラジオの受信機を使用することが認められていて、オーストラリアやドイツからのニュース放送を聴くことができた。

（"Karuizawa 1943-1947" p5）

ドイツ大使館員のフランツ・クラプフは、極秘に短波ラジオを持っていたドイツ人が自分を含めて複数いたと証言している。

軽井沢では私のほか数人のドイツ人が非合法に短波ラジオをもっていました。戦争中の受信状態は現在よりよいときがあるほど良好でした。…どの国も自国のプロパガンダを強い電波をもつ放送局から流していたからです。ドイツの終戦後、私はアメリカのニュースを聴いていました。サンフランシスコ放送が一番よく受信できました。

（『終戦前滞日ドイツ人の体験（２）』一五七頁）

フランス人ジャーナリストのギランも、数人でサンフランシスコ放送を聞いていたことを明かしている。

八月七日から十四日にかけてのあの決定的な一週間の外交、および政治の急激な変化を、われわれはアメリカのラジオを秘かに聴いて知っていたのだ。フランスの元領事であるガロア老人（極東で五十年暮らした）は、大胆にも、戦時下の日本で厳禁されていた短波受信機を東京から持ってきていた。われわれを監視する憲兵に不意を襲われる危険を冒して、われわれ数人は、サンフランシスコ放送に秘かに聴きいっていたのである。サンフランシスコ放送は、東京とワシントンの間で行われる交渉の一進一退を明らかにしてくれた。

（『日本人と戦争』三八四〜三八五頁）

プロ野球選手のスタルヒンら白系ロシア人たちには、スイス公使宅で働く友人が情報を流してくれた。

新聞、あるいはラジオのニュースは決して真実を伝えていなかった。しかしスタルヒン、ミネンコのところには、ちゃんと真実が伝わってきていた。それは、スイス公使のところへ掃除夫として務めていた彼らの仲間、ウォーワが情報を提供してくれていたからだった。一般の人たちは短波受信機の所持は禁じられていたが、大使館や公使館の連中のところにはこれがあった。ウォーワは部屋に誰もいないところを見計らって短波のスウィッチを入れ、掃除をしながらなにくわぬ顔で、短波で伝えるニュースを聞いては、ミネンコやスタルヒンに伝えていた。

(『ロシアから来たエース』一六三頁)

対照的に、アルメニア人のアプカー家は、「情報のブラックアウト状態」に置かれていた。ある日、いつものようにラジオで日本のニュースを聴いていたとき、突然英語が聞こえてきた。次女ルシールが記している。

この頃奇妙なことがあった。一日数時間しかこない電気の時間に合わせて、私たちはラジオで日本語のニュース放送を聞いていた。内容は、大抵信用できないプロパガンダや空襲に遭ったときにとるべき行動についてだった。日本語の放送は戦況についてわずかな情報しか伝えていなかった。ある晩突然オーストラリア訛りの英語が飛び込んできて、放送が中断された。座っていた私はびっくりして言った、「今のは何?」 父が叫んだ、「英語の放送だ!」 私たちは息を殺すようにして放送に聞き入った。明らかにニュース放送だった。だが、聞きなれないアクセントは聴き取るのに苦労した。

("SHIBARAKU" p119-120)

それから一家は毎晩ラジオの周りに集まり、聞き耳を立てた。英語放送はわずか数分。だが、二か月ほど経った後、放送はまた突然聞こえなくなった。一家は、恐らく近くで誰かが秘かに短波ラジオを聴いているのだろうと推測した。

前述したように、短波ラジオは持っているだけで逮捕された。神戸で雑貨店を営んでいたユダヤ系ロシア人シドリンの家に、ある日憲兵がラジオの捜査にやってきた。母の機転のおかげで、間一髪難を逃れたエピソードを、次男ジョージが記している。

一九四四年夏のある日、ドアベルが鳴った。父が出た。グリーンの憲兵隊の制服を着て、黒いブーツをはいた憲兵隊が立っていた。…父は不安になりながら、家の中に入れた。背の高い方が上司のようだった。

「ラジオがあるか、すべての部屋を捜索する！」背が低い方の憲兵が吠えた。

「どこにあるか、見せろ！」

父はリビングルームを指さした。大きなラジオがテーブルの上に置いてあった。

「短波ラジオが禁止されているのは知っているだろう！」と若い方が言った。「この家にあるラジオはすべて持って行って、調べる」

「もちろん、わかりました」父は肩をすくめ、弱々しく微笑んだ。「うちには短波ラジオはありませんよ。二階に小さなラジオが二台あります。一台は息子たちのものです」

「すべて持って行く。家じゅうを捜査する。ラジオを調べ、問題がなければ、後で返す」

（"Somehow We'll Survive" p99）

実は二階のラジオ二台のうち、夫妻の寝室にあった一台は短波放送が聴けるものだった。そのラジオはベッドの横、椅子の下に置かれていた。その位置がもっとも電波の受信状況がよかったからだ。

ラジオ三台を抱えて帰ろうとする憲兵に、母ファニアが声をかけた。

「お茶とお菓子はいかがですか？」

二人の憲兵は互いに顔を見合わせると、椅子に座った。そして出されたお茶をすすり、ペストリーをむさぼるように食べた。食べ終わるとお礼の言葉を述べ、申し訳ないがラジオは持っていく、と言って立ち去った。

以後、憲兵は月一のペースでやってきて、お茶とペストリーを食べていくようになった。それから三か月後——。


突然、ラジオはほこりをかぶって戻ってきた。調べたのかどうかも怪しかった。その後も憲兵は毎月の訪問を続けた。幸いなことに、彼らはうちがどこで食べ物を調達してくるのかも尋ねなかった。…ごちそうにありつける楽しみを失いたくなかったのだ。

（"Somehow We'll Survive" p100-101）

終戦前のパーティー

広島と長崎に強力な新型爆弾が投下され、日ソ不可侵条約を反故にしてソ連が対日参戦した。いよいよ戦争が終わるのではないか。外国人たちは、いまかいまかと報せを待っていた。そのときの心境を白系ロシア人のセルゲ・ペトロフが記している。

私たちにとって八月の最初の十四日間は、爪をかむような苛立ちと、もうすぐ戦争が終わるのではないかという期待が入り混じった、宙ぶらりんの状態だった。

（"Life Journey" p124）

アルメニア人のマイク・アプカーが一人で畑作業をしていると、スイス人の知り合いが通りかかった。

ある日、父が畑で一人で作業をしていた（周囲に憲兵はいなかった）。そこへスイス人の知り合いが通りかかった。彼はとても小さな声で「マイク、そんなに必死に働くな」と言った。翌日も同じことを言ったが、その後に「もうすぐ戦争が終わる」と付け加えた。私たちはその意味がわからなかったので、あまり期待しないようにした。空襲がやむ気配はなかったからだ。

（"SHIBARAKU" p124）

戦争が終わるという噂が広がり始めた。特高警察や憲兵はますます神経をとがらせた。

そんな頃、自宅に特高警察の刑事がやってきたエピソードを指揮者ローゼンストックが記している。ローゼンストックはユダヤ人であり、マイジンガーが作成した「スパイが疑われる人物リスト」のトップに名が掲載されていた。やってきた刑事はローゼンストックに尋ねた。

「終戦についての話を何か？」。
「何も知りませんな」。
「じゃ、皆さん何をお話しで」。
「どこでどうしたら食べ物が手に入るか話し合っているんですよ」。

「夜は何をおやりで」。その刑事は、われわれが夜な夜な何かよからぬことをしているのではないかと思って居るらしく、こう尋ねた。

私の返事は簡単そのもの。「音楽を演奏しています」。

この答は彼を全く当惑させた。不意に物腰が柔らかく、大人しくなった刑事はもうもう恥ずかしそうにこう聞いた。「今晩私も聴かせて頂いてよろしいでしょうか」

(『音楽はわが生命』九四〜九五頁)


その晩の八時、刑事がプレゼントのリンゴ二個を持ってローゼンストック宅に現れたときには、ローゼンストックの方が驚いてしまった。ローゼンストックは刑事に椅子を勧め、同居していたバイオリストのウィル・フライとともに、ブラームスのソナタを演奏した。

曲が終わると彼は深く頭を下げ、「夢を見ているようでした」、と言って立ち去った。彼を目にしたのはそれっ切りであった。

翌朝、町への道すがら、スペイン大使〔ママ〕夫人に会ったが、話のついでに、彼女は小声で「もう何もかも終わりますよ」と言った。

(『音楽はわが生命』九五頁)


以上紹介した数々の証言から、軽井沢では外交官を中心に短波ラジオを持っていた者がかなりいたこと、彼らが海外ニュースによって終戦が近いと知ったこと、そしてその知らせが外国人の間に口伝えでひそかに伝わっていったことがわかる。

だが、日本人は何も知らなかった。

八月十二日日曜日。ゴルジェ公使邸の隣では、疎開して来る貞明皇太后の地下壕の造成作業が続けられていた。ゴルジェ公使の電報から。

　日曜の時点で、国民はまだ日本が無条件降伏を求められていることを知らなかった。当方の庭先に皇族用の大きな防空壕を掘っている兵隊たちも、まるで何事も起きていないかのように作業を続けていた。

（スイス外交文書 DoDIS-35、原文フランス語）

八月十四日になっても、遠くから空襲の音が聞こえ、戦争が終わる気配はなかった。フランス人ジャーナリストのギランが記している。

　八月十四日の朝、東京の平野の方から激しい爆撃の地鳴りが伝わってきた。戦争はまだ続いているのだ！だが十四日夜、サンフランシスコのラジオ放送は、われわれに解放を知らせた。戦争は終ったのだ！

　しかしながら、厳しく秘密が守られたため、日本人はまだ何も知らなかった。

（『日本人と戦争』三八五頁）

同じ日。スタルヒンらのところに、仲間のウォーワが待ち望んでいた知らせをもってきた。

ゴルジェ公使の自宅と皇太后の地下壕があったと思われる場所の現在の様子

八月十四日、午後四時、短波は戦争が終結したことを伝えていた。真っ先にそれを耳に入れたウォーワは、例によって、ピーターのところへ駆け付けた。

「ヤッピー、今夜はうちで大パーティーだ。声をかけられる連中、みんな呼んでこいよ。持ち込みでだよ。でも、特高の奴等に感づかれるなよ。彼らのところには、終戦のこと、まだ伝わっていないから」

(『ロシアから来たエース』一六四頁)


その後、スタルヒンらロシア人たちは窓を閉め切り、外に光が漏れないよう黒いカーテンをひき、終戦を祝って、朝の三時までこっそりパーティーを楽しんだ。

八月十五日午前

一九四五年八月十五日の朝は、よく晴れた静かな朝だった。ハンガリー人のイレーヌ・ハールのところに、スイス人の友人が涙を流しながらやってきた。


八月十五日の朝、全くの静けさの中で目が覚めた。よく晴れた美しい日だった。あまりに静かで怖いほどだった。午前十時ごろ、スイス公使館の友人がうちの庭に駆け込んできた。彼女の頬は紅潮し、涙が頬を伝っていた。彼女は私を抱きしめて、耳元にささやいた。

「戦争が終わった。終わったのよ。マッカーサーがフィリピンにいる!」

私が何か言う前に、彼女はこのよい知らせを他の友人たちに伝えるために走り去っていった。

("Karuizawa Dreamscape" p8)

神戸で焼け出され、知人を頼って軽井沢に疎開してきたユダヤ系ロシア人のシドリン家では、長男アレックスと次男ジョージがいつものように、自転車で近くの農家に買い出しに出かけようとしていた。訪ねる農家もだんだん遠くになり、物々交換に出せる物もなくなってきていた。準備をしながら次男ジョージは、今日は一体どれくらいの成果があるだろうかと思っていた。ふと母を見ると、母は笑いながら涙を流していた。


「どうしたの?」僕はもう一度尋ねた。

母は震える指で、開いたドアの先にある青空を指さした。〔神戸で〕爆弾が落ちてきた空だ。

母は静かに言った。

「終わったのよ。戦争が。終わったの」

「なぜわかるの?」

「天皇がラジオで話すそうよ!」


（"Somehow We'll Survive" p170）

未明まで仲間とひそかにパーティーをしていたスタルヒンは、すがすがしい気持ちで目覚めると、ラジオのスイッチを入れた。

するとどうだろう、ラジオからは盛んに東京方面の空襲を伝えているではないか。…「戦争は終わっているのに――」と思わせる行動は関東空襲のことばかりではなかった。スタルヒンの住んでいるところの一軒手前にはトレノフというロシア人が住んでいた。一五日の朝十一時三〇分頃、荒々しく彼の家の戸を叩くものがいる。大声で、「トレノフ、

トレノフ、おい、まだ寝てんのか、起きて出てこい」と叫んでいる。…トレノフは、ねぼけまなこで、髪の毛をかきあげながら、寝巻のままの姿で、しかたなしにドアを開けた。ドアのまえにいかつい顔をして立っているのは特高の一人であった。

「これから、取り調べがあるからすぐこい！」

「取り調べといっても、もう…」

と、そこまでいいかけて彼は口をつぐんだ。"もう戦争は終わっているのに――"といいたかったが、そんなことは彼が知っていてはいけないことなのだ。

（『ロシアから来たエース』一六九頁）

わざとゆっくり身支度をしたトレノフは、特高刑事の後ろを、のろのろと歩き始めた。だが警察署まで半分ほどのところまできたとき、別の特高刑事が手を振りながら走ってきた。

「なにいってんだ…」

「帰せ、帰せ、もうその男を帰しちゃえ！」…

「終わりだ、終わりだ、戦争は終わっちまったんだ！今天皇陛下がラジオで…」

「えっ！えらいこっちゃ…こうしてはおれん。おい、お前、帰ってもいいぞ！」

といい残すやいなや、二人の特高は走り去っていった。

（『ロシアから来たエース』一七一頁）

正午の玉音放送

正午が近づいた。前出のハンガリー人のハール家にはラジオがなかった。

> 警察が各世帯をまわって、十二時正午に天皇が国民に向けて語るので、ラジオを聴くようにと知らせてまわった。時刻になり、うちの女中さんはラジオを聴きに隣の家に行った。帰ってきた彼女は泣いていた。「広島と長崎は爆撃され、壊滅しました。日本は降伏しました！　戦争はついに終わったのです！」
>
> （"Karuizawa Dreamscape" p8）

ユダヤ系ロシア人の少年アイザック・シャピロは、自宅で放送を聞いた。

> 一九四五年八月十五日、僕は天皇が戦争の終結を発表するのを期待しながら、軽井沢でラジオにかじりついた。正午少し前、不気味な静けさが広がり、屋内外を含めてすべての活動が完全に止まったことが感じられた。両親は不安そうな顔をしていた。僕ら息子たちは期待を込めてラジオの周りに座った。古時計が十二時正午を告げ、ラジオのアナウンサーは、日本の国歌「君が代」が演奏される間、聴取者は全員立ち上がるようにと言った。僕はこの国歌を学校で何百回も歌って、歌詞をそらんじていたので、おごそかなメロディーにあわせて口ずさんだ。
>
> 君が代は　千代に八千代に
> さざれ石の　巌となりて　苔のむすまで
>
> 短い間《ま》の後、ほとんど聞き取れないような天皇の声が聞こえた。「非常ノ措置ヲ以テ時局ヲ収拾セント欲シ、茲ニ忠良ナル汝臣民に告グ…。」天皇が使った言葉は、一般の日本人が使わない言葉だった。…天皇は決して降伏という言葉は使わなかった。それでも、使

われている言葉はわからなくても、聞いていた人々は皆、ついに戦争が終わったことを知ったのだ。

（"Edokko" p151）

アルメニア人のルシール・アプカーは、父マイクとともに町にいた。

父と私は放送が始まったとき、町にいた。時刻を覚えている。きっかり正午だった。私たちはじっと立って聴いた。天皇が高い声で、昔の言葉で話す間、すべての活動が止まっていた。私は一言もわからなかったが、父は趣旨を理解した。国民をさらなる苦悩と流血から守るために、日本は降伏することを決めたのだ。すべての人は冷静に、天皇の決断を受け入れるように。日本人たちは頭を垂れ、全くの沈黙の中、立ちすくんでいた。

（"SHIBARAKU" p124）

指揮者のローゼンストックは、人々の様子を見たくて外へ出た。

正午に全員ラジオで天皇の放送を聞くよう、町中の住民へ通達があった。私はラジオを持っていなかったが（ラジオを持っているだけで、そのまま「スパイ」にされてしまう恐れがあったのである）、どんなことが起こるのか知りたくて、近所の日本人の家へ行った。ラジオの前には何人かが黙りこくって居並んでいたが、その中に、白ネクタイと使い古しの礼服を着用に及んだ老元大学教授の胸打たれる姿も見えた。正十二時、有史以来初めて、電波に乗った天皇の声が流れだした。日本人は頭を垂れて聴き入っていた…。

（『音楽はわが生命』九五～九六頁）

歴史的な瞬間だった。放送が終わると、人々は沈黙の中、家に戻り、静かに涙した。フランス人ジャーナリストのギランが記している。

あちこちで啜り泣きが起こり、隊列が乱れた。途方もなく大きな何ものかが壊れたのだ。…彼らは逃げ、自分たちの木造の家で泣くために身を隠した。村は、絶対的な沈黙《しじま》に支配されたのである。

（『日本人と戦争』三八七頁）

警察は外国人たちに不測の事態に備え、「放送後は自宅から出ないように」と警告した。指揮者ローゼンストックが記している。

警察から、外交官も含め、全外国人はその夜外出せず、家の出入り口全部に施錠して置くよう注意があった。日本人の中には、戦争の不本意な終り方に激昂し、狼藉に走って手のつけられぬひどい騒ぎを起こす者がいるかも知れないからだった。われわれは家に障害物を置き、灯りも全部消したが、何も起こらなかった。（『音楽はわが生命』九五～九六頁）

アルメニア人のアプカー家も、家族でひっそりと終戦を祝った。

自宅に帰った後も、私たちは静かにしていた。でも私たち家族は鶏を一羽締めて、夕食に食べた。戦争は終わったのだ。

（“SHIBARAKU” p124）

東京大空襲の夜に外に飛び出していったユダヤ系ロシア人の少年アイザック・シャピロは、このときも、放送が終わると自転車に乗って通りへと飛び出していった。

軽井沢の地元警察は僕らすべての外国人に対し、天皇の放送の後は、外に出ないようにと警告していた。例によって僕はこの警告にしたがわなかった。自転車にまたがり、木戸から外へ、舗装されていない道へと飛び出していった。アリ一匹いなかった。

ペダルをこいで、ちょうどメインストリートに出たとき、突然背後で足音が聞こえた。振り返ると、制服を着た、あの恐ろしい憲兵が、僕に切りつけようというのか、刀を抜いていた。僕は必死でペダルをこいだ。「ばかやろー！　ちきしょー！」後ろで口汚くののしる声と、刀を振り下ろす音が聞こえた。だが、…その動きは突然止まった。僕はちらっと後ろを振り向き、大急ぎでペダルをこいだ。足を必死に動かし、心臓は激しく鼓動していた。

（"Edokko"p151-152）

一方、町から離れていた三笠ホテル別館のロシア人たちは喜びに沸き立った。セルゲ・ペトロフが記している。

建物中が喜びに包まれ、それが一日中続いた。アルコール中毒の二人は、ヘアトニックを飲んで酔っ払い、腹を押されて救命された。司令官とアシスタントの二人は姿を消し、二度と見ることはなかった。…多くの人の希望で、通常のスケジュールより三日早く風呂を沸かすことになった。薪が月末までもつかどうか、もう心配する必要がないからだ。誰もがリラックスし、ケンカしていた者同士も再び会話するようになっていた。だれかがポータブル式のグラモフォンを持って来て、私たちは夜遅くまで戦争の終結を祝って踊った。
（"Life Journey" p124）

長く、つらい戦争がようやく終わり、日本人も外国人も等しく安堵した。日本人にとっては「敗戦」、「無条件降伏」という重い意味合いを持った終戦も、外国人にとっては「解放」、「希望」という意味合いの方がはるかに強かった。

このときの晴れやかな気持ちを、セルゲ・ペトロフは次のように記している。

一九四五年八月十五日の日を僕は決して忘れない。長く続いた嵐と荒天の後、空が突然晴れわたったような気分だった。明日どうなるのか、これからの数か月間どうなるのかも、見当がつかなかった。だが、…突如解放され、鎖を解かれ、好きなことが自由にできるようになったのだ。日本を離れ、ついにアメリカに行くことができる。僕は未来に胸を躍らせた。
（"Life Journey" p124-125）

第5章　終戦後

消えた特高

八月十五日が過ぎ、十六日になった。軽井沢の生活はそれまでと同じように続いた。ただ一つ、大きく変わったことがあった。それは外国人たちの言動に目を光らせ、恐怖に陥れていた特高警察が、姿を消したことだった。

軽井沢警察署の前に、白系ロシア人の男性たちが三十人ほども集ってきていた。それまで中立を保っていたソ連が八月九日に対日参戦すると、ソ連とは関係のない白系ロシア人にも疑いの目が向けられるようになった。ロシア人たちは順に警察に呼び出され、取り調べを受け、留置所に入れられた。十五日の夜までには全員釈放されたが、正当な理由もなく留置所に入れられたことに、怒りが収まらない。

プロ野球選手のスタルヒンは、友人とともに、警察署に移動許可をもらいに来ていて、たまたまその場に居合わせた。警察署前に集ったロシア人たちは怒りを煮えたぎらせ、「特高の連中、ぶっ殺してやる！」、「吊し上げだ！」などと口々に叫んでいた。スタルヒンの評伝から。

三〇人ばかりの男たちがひとかたまりになって警察署になだれ込んだ。

「あれーっ！」

「なんだ、これは！」

入口からはいった途端、みんなただ唖然として、その場に立ち尽くした。なんと、建物のなかには人っ子一人いないではないか。もぬけの殻。実際、警察署はからっぽになっていた。

「いったいこれはどういうことなんだ！」

「連中、我々にやつざきにされるのが恐ろしくて、逃げちまったんじゃないか？」

何人か奥まで見にいったが、結局誰もいない。

しばらく沈黙の時が流れたが、誰からともなく、

「ハハハーー」

と笑い声が漏れたかと思うと、みんな、おたがいの顔をみて、

「こりゃいい、さんざんおれたちをいじめぬいてきたから、あいつら、しかえしを恐れて、逃げちまったんだ、ハハハハハッ」

（『ロシアから来たエース』一七二〜一七三頁）

自分たちの生殺与奪権を握り、脅していた特高がしっぽを巻いて姿を消した。日本の敗戦を実感したロシア人の集団は、意気揚々と警察署から駅へと向かった。駅長は、「警察の許可がなければ切符は売りません」と言い張ったが、駅にいた憲兵は腑抜け状態。ロシア人たちは浮

かれた足取りでホームに入っていった。到着した列車は、相変わらず窓から人があふれるほど超満員だった。ちょうど近くに空の貨車があったので、ロシア人たちはそれを列車に連結させ、外国人専用車両にして買い出しに出かけた。そのときの解放的な気分がスタルヒンの評伝に記されている。

それこそ死ぬ思いで乗っている日本人客のうらやましそうな眼を背後に感じながらも、日本で初めて経験する快適な買い出し旅行であった。長い間、迫害され続けた生活からの素晴らしい解放であった。

（『ロシアから来たエース』一七五頁）

二週間後の八月三十日、アメリカのマッカーサー元帥が神奈川県の厚木飛行場に降り立った。先遣隊のアイケルバーガー中将らに出迎えられたマッカーサーは、横浜のホテルニューグランドに向かった。ホテルニューグランドは、一九二三年の関東大震災からの復興のシンボルとして一九二七年に開業した西洋式ホテルで、横浜港が一望できる立地にあった。戦勝国による、敗戦国の占領が始まった。

移動始まる

九月二日、東京湾に停泊したアメリカ海軍のミズーリ号の艦船上で、降伏文書の調印式が行われた。ここに日本は正式に降伏し、第二次世界大戦が終結した。

横浜港には、アメリカ第八軍の主力部隊が続々と上陸してきた。第八軍は、終戦までフィリピンで日本軍の掃討作戦にあたっていたが、日本降伏により占領任務にあたることとなった。

司令官はロバート・アイケルバーガー中将。司令部は横浜税関の本庁舎に置かれた。

九月五日、スイスのゴルジェ公使は愛犬を伴い、軽井沢から車で東京に戻った。外務省事務所の大久保公使は、道中敗戦に逆上した暴徒に襲われるのではないかとひどく心配し、護衛をつけるよう強く勧めたが、ゴルジェ公使はこれを断った。無事帰京したゴルジェ公使は、帝国ホテルで重光葵《まもる》外相と松本俊一次官と会談した。ゴルジェ公使は、その会談と日本の様子について、次のように本国に報告している。

日本は極めて落ち着いている。軽井沢と東京の間で見かけた群衆は戦争が終わってほっとした様子だった。空襲を受けた故郷の村を目指す大勢の復員兵は、スイスの小旗を掲げた私の車を見ると敬礼した。東京は米兵であふれているが、いざこざは起きていない。

〔九月十三日〕木曜には重光外相と会った。重光は（彼に言わせれば）ドイツから持ち込まれた軍国主義の廃絶を手放しで喜んでいた。…重光は…外務省が警察の前でいかに無力であったかを示唆した。米国を苛立たせている戦争捕虜の問題（全国三万超の捕虜のうち一万千二百人しか訪問できなかった）については、私を助けるため個人的にあらゆる手を尽くしたが、その努力はあまり報われなかったと述べた。（中略）

〔松本〕外務次官とも長時間話し合った。彼によると、日本人はまず外国人を敬うことから学ぶべきだと言う。彼は、スイスのような中立国に大変な苦労をかけたことを心から申し訳なく思うと言い、一部の警官は異常だったという私の言葉に全面的に同意した。…私が離日の話をすると次官は、「これからの我々にはあなたのような人が必要です」と今しばらくの留任を求めた。…だがこの言葉も私の気持ちを変えることはなかった。雄々しくあるべき時に、あまりに醜かったこの国を、私はどうしても離れたいのだ。

（スイス外交文書 DODIS — E.5021 原文フランス語）

かつてゴルジェ公使を魅了した日本は軍国主義の前に姿を消してしまった。ゴルジェ公使は激しく失望し、早く去りたいという気持ちになっていた。この二か月後の十一月、ゴルジェ公使は帰国の途につく。

軽井沢にいた他の外国人たちも動き始めた。まず東京や横浜の様子を見に行った者が多い。アルメニア人のアプカー家では、父マイクが友人とともに見に行った。三世代が暮らした横浜山手の自宅も、先代からの事務所も空襲で焼けてしまっていた。ドイツ人のエルクレンツ家では、十四歳の長男エノが見に行った。エノは、空襲を免れたホテルニューグランドに一泊し、横浜は見分けがつかないほど空襲で焼失したが、山手は一部地域を除いて大部分が無傷だという知らせをもって軽井沢に戻ってきた。

玉音放送の直後自転車で飛び出していき、憲兵に切りつけられそうになった、ユダヤ系ロシア人少年のアイザック・シャピロは、アメリカ軍が上陸してくると聞くと、いてもたってもいられなくなった。どうしてもこの目で見たい。だが両親に言えば、絶対に許してくれない。そう思ったアイザックは誰にも告げず、一人で軽井沢駅から列車に乗った。もう移動許可はいらなくなっていた。列車の切符は、軽井沢でフランス人に英語を教えて稼いだこずかいで買うことができた。東京に着くと、住んでいた家に向かった。運よく自宅は焼け残っていて、近所の日本人に挨拶をした後、がらんとした家で一夜を明かした。翌日列車に乗って桜木町駅で降り、ホテルニューグランドを目指した。

ホテル前に到着すると、アメリカ軍がまさに続々とボートで上陸してくるところだった。近づいてくるアメリカ軍のモーターボートをアイザックが見つめていると、ボート上のアメリカ兵たちもアイザックを見つめていた。そのとき背後で大きな声がした。

「Hi, there!（やぁ、そこの君！）」

振り返ると、背の高い、二十代後半くらいのアメリカ軍将校が立っていた。

「私はキャプテン・ケリー」

男性はにっこり笑って、手を差し出した。僕はその手を握り、次の言葉を待った。

「君、日本語は話せる？」彼は尋ねた。

「イエス、サー」僕は答えた。

「よろしい！　では助けてほしい。スクールバスの運転手とコミュニケーションが取れないんだ。一緒に来て、彼に行き先を伝えてくれ」

キャプテン・ケリーは停まっているスクールバスを指し示した。バスの中には日本人の運転手が待っていた。バスに乗り込むと、キャプテン・ケリーは僕にクリップボードを示した。そこにはタイプ打ちされた住所がいくつか書かれていた。

（"Edokko" p156）

ケリー大尉は、アイケルバーガー中将のための住宅を探していた。アイザックが見せられた住所は、戦前はスタンダード石油の支配人マイヤーの邸宅だった。マイヤーはアメリカ人だったので、日米開戦時には外諜容疑で逮捕され、その後交換船で帰国した。アイザックは、マイヤーの息子と友人だった。「その家はよく知っています。広いし、きっと気に入りますよ」アイザックはそう言うと、運転手に日本語で指示した。「山手へ連れて行って下さい」

これがきっかけで、アイザックはアメリカ軍に通訳として雇われることになった。翌日のミズーリ艦上での降伏文書調印式を、アイザックは近くに停泊した別の艦船上から「見学」する。

自宅が焼失し、兄が獄死したルディ・フランクも、上陸するアメリカ軍を見に横浜に出かけた。アメリカ軍将校二人に会い、その場で通訳として雇われた。アメリカ軍の制服を与えられ、それを着て先導するトラックに同乗し、一緒に東京に「進駐」した。

白系ロシア人のセルゲ・ペトロフは、早稲田大学の学生だった弟のニックとともに、仕事を求めて東京に向かった。心配そうな両親と末弟に見送られ、軽井沢駅から乗った列車で、収容所から解放されたばかりのオーストラリア人捕虜と乗り合わせた。解放に沸く捕虜たちの様子をセルゲが記している。

> 九月二日、ニックと僕は東京に向かう朝の列車に乗った。アメリカ軍は八月二十七《〔ママ〕》日に上陸を開始し、僕たちが軽井沢を離れた日には、降伏文書の調印式が予定されていた。長野駅から来た列車には、車両が三両連結されていて、オーストラリア人の戦争捕虜が乗っていた。彼らは祖国に帰る手続きのため東京へ向かうところだった。彼らはシンガポール陥落以来、長野の鉱山で戦争捕虜として働かされていた。解放された彼らは、もはや規律を守ろうという気などさらさらなかった。疲労困憊し、栄養失調状態に見えたが、そんな体の状態をはるかにしのぐ連帯感と生き生きした空気を醸し出していた。彼らは途中駅に停まるたびに客車から飛び出し、「マーチング・マチルダ」を歌いながら、ホームにあるものを何であれ、たたき壊していた。捕虜だった期間があまりに長かったのだ。僕が驚いたのは、日本人の駅長や駅職員の態度だった。見て見ぬふりで、全く何も言わなかったのだ。
>
> （"Life Journey" p126）

「マーチング〔ワルチング〕・マチルダ（Waltzing Matilda）」は、オーストラリア国民の間で深く愛唱されている、いわば「第二の国歌」だ。

セルゲのこの記述について、戦争捕虜について研究している市民団体「ＰＯＷ研究会」に照会したところ、会員の皆さんが当時の公式記録と突き合わせ、三か所ほど齟齬があることが判明した。

まず、オーストラリア人捕虜が大勢収容されていたのは、「長野」ではなく新潟県直江津の収容所だということ。二点目は、働かされたのは「鉱山」ではなく、信越化学や日本ステンレスの工場だということ。そして、三点目が、日付が九月二日ではなく、五日か六日だったということだ。なぜなら、「九月二日」には直江津収容所のオーストラリア人捕虜二百三十一人はまだ直江津にいたという記録が残っている。彼らが解放され、東京に移送され、アメリカ軍に引き渡されたのは、九月五日か六日とのこと。直江津から東京上野に到る信越本線は、軽井沢を経由している。

当時十一歳だったポルトガル人のジュリオ・ランゲルさんも、このとき軽井沢駅に居合わせて、解放されたオーストラリア人捕虜たちを目撃した。歓喜するオーストラリア人の一人は、悪ノリして駅職員の帽子をひょいとかすめ取っていったという。

軽井沢に来た最初のアメリカ人

降伏文書の調印式からまもなく、ついに軽井沢に最初のアメリカ人がやって来た。軍関係者ではなく、ジャーナリストだった。ドイツ人のエノ・エルクレンツが記している。

九月初めの戦艦ミズーリ号上での降伏セレモニーの後、軽井沢に最初のアメリカ人がジ

ープに乗ってやって来た。彼らは新聞記者で、軽井沢に外国人住民のコロニーがあると聞き、急ぎやって来たのだ。東京から六時間車を走らせてきて、住民たちにインタビューをしてまわった。

（“Karuizawa　Interlude”）

「アメリカ人が来た！テニスコートのところにいる！」

近所の友人がそう叫ぶのを聞いた、ユダヤ系ロシア人のジョージ・シドリンは、大人用の自転車に飛び乗って、テニスコートへと走った。自転車は、ユダヤ人のディナ・ワットのものだった。一家はディナ・ワットを頼って軽井沢に疎開し、彼女の家に間借りしていた。

テニスコートの近くに駆けつけると、階級章のついていない軍服のような服を着た男性二人が、ジープの横に立ち、外国人の子どもたちに囲まれていた。

会話が聞こえるくらいの距離に近づくと、二人の男性は、英語を話す子どもたちが大勢いることに驚いていた。そして質問をしながら、忙しそうに紙にメモをしていた。

「どうして皆、英語を話すんだい？どこの学校に行ったんだい？」彼らが尋ねた。

僕たちは、キリスト教の宣教師団が運営する英語の学校に通っていたことを説明した。

「それじゃあ、君たちは戦争の間もずっと英語で勉強していたというのかい？」

一人の男性が信じられないという表情で尋ね、もう一人の方を見ながら、「それはすごい！」と言った。

「英語圏の国と戦争をしている国が、英語学校の運営を許可していたなんて！」

「君たち、国籍は？」

全員がいっせいに答えた。ポルトガル、ドイツ、ベルギー、ロシア、イタリア、フランス…。

「どこに住んでいるの?」

僕たちはいっせいにそれぞれ、自分たちが住んでいる家の方向を指さした。どの家も、この小さな山あいのリゾートの中の、比較的近い距離にあった。

「君たち、日本語は話すの?」

僕たち全員がうなずいた。

(“Somehow We'll Survive” p175-176)

二人の男性はアメリカ軍が発行する新聞『スターズ・アンド・ストラプス(Stars and Stripes)』と週刊誌『ヤンク(Yank)』の記者だった。記者たちは次々と子どもたちに質問し、子どもたちは次々と質問に答えていった。

僕たちが一つの質問に答えると、さらに次の質問がわいてくるようだった。僕たちは、軽井沢には大勢の外国人が住んでいること、ほとんどの者たちがアメリカ軍の本土上陸に備えて、日本政府によってここに集められたことを説明した。また、東京の混乱と破壊から逃れて大勢の外交官もここにいること、ドイツ人が一番多く、町の中心部でヒトラー・ユーゲントのパレードをして存在を誇示してきたことも話した。パレードは四か月前のドイツ降伏によって、突然終了していた。

(“Somehow We'll Survive” p176)

記者たちは一通り質問を終えると、近くにある二階建ての建物を指さした。それは、戦前はアイスクリームが人気だった、「ブレット・ファーマシー(Brett Pharmacy)」という名の薬局だった。戦時中は、ドイツ海軍がドイツ人専用の物資を保管する倉庫として使用していた。

「あの建物は何？」

彼は、周囲の小さな家の中にそびえたつ、くすんだ色の、窓のない建物を指さした。

「あれはドイツ人の倉庫だよ」一人が答えた。

「中には何が入っているんだい？」〔記者の一人〕ヒギンスが尋ねた。

「物資さ。ドイツ人のための食糧や非常用品だよ」

僕たちは倉庫の中に入っていそうな物を挙げた。食糧、衣服、何であれ知っていると思っていることを言った。ヒギンスは忙しそうに書きとっていた。

しばらくしてニ人の記者は僕たちに感謝の言葉を述べ、ジープに乗ると走り去っていった。僕は家に帰り、アメリカ人に会ったことを興奮しながら両親に話した。


（"Somehow We'll Survive" p176-177）

ドイツ人倉庫の顚末

二人のアメリカ人ジャーナリストが、「ブレット・ファーマシー」のドイツ人倉庫のことを子どもたちから聞き出してからまもなく、このドイツ人倉庫の件で外務省軽井沢事務所長の大久保公使が動いている。大久保公使は九月九日、本省の儀典課長宛てに、「元独逸海軍ノ留保スル食糧品ニ関スル件」と題した電報を打っている。「至急」の印が押された電報には次のように書かれている。

元独逸海軍は当地元「ブレット」薬店に食糧品（主として缶詰、及び缶ミルク）を保管し居る処、右に関し、「ヴェネカー」海軍大将に対し、平野〔元副領事〕より右食糧品を外交団用譲渡方交渉せるに、同大将は右は箱根にある独逸船員の軽井沢移住（果たして実現し得るや）に対する食糧品として保管し居り。右は帝国海軍の協力の下に入手せるものなるが故、帝国海軍省に於て異存なきに於ては考慮すべしとのことに付、右海軍側に至急御交渉相煩度。

右薬店に保管中のものは五百名約六カ月間の量なる處、右は独軍の食糧品なれば、発見次第米国側に徴発せらるるは当然のことと思料するに付、本件特に早めに御手配願度。

（外交史料館『昭和二十年』軽普通第一三七号）

大久保公使は、「ドイツ軍の保有する備蓄品は、日本海軍の協力もあってこそ手に入れられた戦利品である」ことを根拠に、ドイツ海軍のパウル・ヴェネカー大将に対し、倉庫内の備蓄品を外交団に譲渡するよう求めた。これに対してヴェネカー大将は、「箱根にいるドイツ人船員の軽井沢移住に対する食糧品だ」と回答した。箱根には、一九四二年十一月末の横浜港での日独艦船爆発事故により帰国できなくなったドイツ人船員ら約二百人も滞在していた。ヴェネカー大将は彼らの軽井沢移送に言及したのだが、大久保公使はその実現の可能性は限りなく低いと見た。実際、箱根のドイツ人船員たちは一九四七年に本国に送還されるまで、箱根に留め置かれた。いずれにせよ、ドイツ軍の物はアメリカ軍が来たら徴発されてしまう。その前に至急海軍省の意見を聞いてほしい、と大久保公使は本省に依頼した。大久保公使は「中立国を大切にすることは、後々日本に返ってくる」という考えの人物だったので、恐らく戦争が終った今、ドイツ人向けの備蓄品を外交団に配布して中立国に誠意を示したい、と思ったのだろう。倉庫内の備蓄品は、「五百名、約六カ月間の量」にも上ったというから、かなりの量だ。

四日後の十三日、重光大臣からの返答が届く。海軍省の意見は、「備蓄品はヴェネカー大将の管理下にあるので、処分について旧海軍省は特に異存はない。ただし、一部は軽井沢に在住するドイツ人のために留保するのが適当だろう」というものだった。重光大臣は、「食糧品の処分については、追って協議決定致したし」と大久保公使に指示している。

だが、そうこうしているうちに、アメリカ軍が来てしまう。大久保公使が懸念した通り、倉庫はアメリカ軍におさえられてしまう。ジョージ・シドリンが記している。

軽井沢占領の一環として、第一騎兵隊がドイツ軍倉庫を管理することになった。テニスコート近くの二階建ての建物の前に、小さな見張り小屋を建てた。

（"Somehow We'll Survive" p193）

ジョージ・シドリンは倉庫を警備していたアメリカ兵にまとわりついて親しくなり、そのアメリカ兵とのエピソードを記している。

ある日、見張りの兵士が僕に言った。

「ジョージ、お願いがある。僕はもっと楽しいことをしに行くから、しばらくの間警備を代わってほしい」

アメリカ兵は肩にかけていた　M1カルビン銃を僕に渡した。

「やることはわかるだろ。妙なやつが来たら、こいつをぶっ放して思い知らせてやれ。撃ち方は知っているだろ?」

僕はうなずいた。GIが弾の入っていないM1銃を渡してくれて、それで遊んだことはあった。クリップを外し、どうやって弾をつめて、シングルショットや半自動小銃の切り替え方や狙いの定め方などを教えてくれた。ただ、実際に撃ったことはなかった。僕は十一歳だったが、十分資格があると感じた。僕はライフル銃を受け取り、肩にかけ、兵士のヘルメットをかぶった。

(“Somehow We'll Survive” p194)

アメリカ兵はヘルメットをかぶったジョージの頭をぽんぽんと叩き、親指を立てると、いそいそとどこかへ行ってしまった。やがて家族ぐるみの友人が通りかかり、ジョージの姿に驚いて声をかけた。

「ジョージ！　一体何をしているんだ？」彼は不思議そうに尋ね、いるはずのアメリカ兵を探した。

「ドイツ人倉庫の警備をしているんだ。トラブルを起こそうというやつがいたら、これをぶっ放して思い知らせてやるんだ」僕は誇らしげに銃を叩きながら、答えた。

「兵士はどこへ行ったんだ？」

「もっと楽しいことをしに行ったよ。それで僕が代わりを任されたんだ」

知人はさんざん大笑いした後、「気を付けて」と言い残し、僕の両親に話しに行った。

しばらくして、アメリカ兵が戻ってきて、けろりとした顔で聞いた。

「トラブルを起こそうというやつはいなかったかい？」

僕はヘルメットとライフル銃を返しながら言った。

「いなかったよ。でも帰ったら僕がトラブルに巻き込まれそうだ」

(“Somehow We'll Survive” p194-195)

倉庫内の備蓄品の一部は外国人の手にも渡ったが、最終的にはアメリカ軍が回収し、運び去っていった。目撃したドイツ人のジークフリート・ブッスが記している。

備蓄品はドイツ人学校向かいの建物に保管されていた。アメリカ軍がトラックいっぱいの品物を回収する様は、コミカルでさえあった。

（"Karuizawa's German community during WWII"）

アメリカ軍の軽井沢進駐

九月十五日、午後七時頃、カーキ色のジープ五台が群馬県との県境にある碓氷峠を越えて、軽井沢に到着した。日本の道路事情が思ったより悪く、予定より数時間遅れての到着だった。アメリカ軍は日本各地への進駐を進めており、ベンデゾム中佐以下十六名は新潟県に進駐する途中だった。一行は旧道の老舗旅館、つるや旅館に一泊し、翌朝出発。北国街道を上田市、さらに長野市へと向かっていった。

それから一週間ほどして、いよいよ本格的な部隊が軽井沢の万平ホテルにやってきた。アメリカ人ジャーナリストが来た時に駆けつけたジョージ・シドリンは万平ホテルの近くに住んでおり、このときもいち早く駆けつけた。アメリカ軍のジープは続々と万平ホテルに到着し、ホテル前の駐車スペースは、あっという間にジープでいっぱいになった。周りには、他にも西洋人の少年たちが大勢集まってきていた。

カーキ色のユニフォームを着て、ヘルメットをかぶり、武器を抱えた兵士たちがすばやく車から下りてきた。彼らは注意深そうに周りを見渡した。占領軍の到着だ。

「ハロー、ボーイズ」僕たちを見つけたGIの一人が言った。「英語は話せるかい?」

「イエス」と僕らは答えた。

「チョコレート、欲しいかい?」

「もちろん!」

兵士はジープの中の箱に手をのばすと、ハーシーズのチョコレートバー、砂糖が入った小さなパッケージ、それにオルビットのチューインガムをくれた。

「お父さんはタバコを吸うかい?」

僕らはうなずいた。

「それじゃあ、お父さんにあげるタバコだ」

兵士はそう言うと、しゃれた字体で「チェスターフィールド」と書かれた、セロファンに包まれた、小さな白いパッケージをくれた。僕の父さんは葉巻かパイプしか吸わなかった。でも父さんはもうずっと本物の煙草を吸っていなかったので、パイプに使うかもしれないと思い、もらっておいた。父さんは最近では、道路わきに生えている雑草の葉っぱを乾燥させて吸っていた。その草を、日本人はお茶を入れたり、餅に入れていた。いい匂いがしたが、煙草ではなかった。

僕たちはGIにお礼を言い、チューインガムを見つめた。

「こ、これは何?」チューインガムを手にしながら、僕はおずおずと尋ねた。

彼は笑った。「なんだ、これはチューインガムだよ。見たことないの?」

僕たちは首を振った。

(“Somehow We'll Survive” p179-180)

やってきたアメリカ軍の装備に日本人も外国人も仰天した。アメリカ兵たちの様子にも驚いた。ドイツ人宣教師のベルンハルト・ブッスが記している。

戦争末期、日本はあまりに物資がなくなり、田舎では動いている車を見かけただけで、その日の一大イベントになるくらいだった。…そのため、アメリカ軍が何台もの車を連ねてやってきたとき、人々は驚嘆した。日本では馬がひくカートを使っていたというのに。日本軍の指導者は、これでアメリカ軍に勝てると思っていたのだろうか！　さらに日本人が驚いたのは、アメリカ兵のリラックスした様子だった。日本兵のように厳しくも、規律にうるさくもなかった。

（"Trusting God" p105）

ユダヤ人指揮者ローゼンストックは日課の散歩の途中、テニスコート近くで突然ジープに乗ったアメリカ兵を見かけて、困惑した。さらに驚いたことに、そのジープはローゼンストックの家の前に停まった。

ジープが家の前に停った。プロテスタントの従軍牧師、ユダヤ教の司祭、アメリカ赤十字の代表の三人で、彼らは私が軽井沢にいることを知っており、私を探していたのだった。その人たちは「亡命者」全員の一覧表を持っていて、一時間以内に皆集まって下さいと言った。チョコレートや、歯ブラシや、剃刀の刃や、その他長い間欲しかった貴重な品々を持って来てくれたのである。しかし、一番肝心なのは、海外に住む親類縁者の名前と住所を控え、われわれが無事に生きていると、家族に電報で知らせてくれようとしたことであった。これは何とも嬉しかった。
（『音楽はわが生命』九七頁）

アメリカ軍が持っていた「亡命者」の一覧表とは、ロシア人ではなく、ユダヤ人のリストだろう。ハンガリー人写真家フランシス・ハールの息子トムさんが提供して下った資料の中に、世界ユダヤ人会議の「軽井沢で解放されたユダヤ人」というリストがあった。リストに記載された人数は六十七人で、名前は表7の通りだ。

表7　軽井沢で解放されたユダヤ人（アルファベット順）　（一九四五年九月時点）

	名前	国籍	世帯人数	職業	出身国
1	バウフェルド	無国籍	3	商人	オーストリア
2	コーン	無国籍	4	主婦	ドイツ
3	ディナブルグ	ロシア	4	商人	ロシア
4	エヴァンス	日本	3	商人	ロシア
5	フランク	無国籍	2	化学教授	ドイツ
6	フライ	ポーランド	2	バイオリニスト	ポーランド
7	フリードランダー	無国籍	2	商人	ドイツ
8	グロスマン	ポーランド	2	商人	ロシア
9	クレシュタット	無国籍	1	事務員	ドイツ
10	レーヴェ	無国籍	2	歯科医	ドイツ
11	マイベルゲン	無国籍	3	商人	ドイツ

12	ミズラヒ	イラン	3	商人	イラン
13	モイシェフ	ベルギー	4	商人	ロシア
14	ネトケ	無国籍	1	主婦	ドイツ
15	プレスナー	無国籍	1	内科医	ドイツ
16	ローゼンベルグ	無国籍	1	エンジニア	ドイツ
17	ローゼンストック	無国籍	1	指揮者	オーストリア
18	シャピロ	ロシア	5	音楽家	ロシア
19	シュワセンス	無国籍	1	無職	ドイツ
20	シドリン	ロシア	4	商人	ロシア
21	シルバーシュタイン	ポーランド	2	商人	ポーランド
22	シモンズ	無国籍	2	商人	ドイツ
23	シロタ	無国籍	2	ピアニスト	オーストリア
24	シュテルン	無国籍	3	商人	ドイツ
25	トリグドフ	ロシア	2	商人	ロシア
26	ワイナマン	ロシア	1	商人	ロシア
27	ディナ・ワット	ロシア	1	洋服メーカー	ロシア
28	ヴェルトハイム	無国籍	1	主婦	ドイツ
29	ヴィッテンベルグ	無国籍	4	内科医	ドイツ

(World Jewish Congress "Jews Liberated from Karuizawa, Japan" より作成)

ローゼンストックは続けて記している。

アメリカの人々は、初めおずおずしてどうしたらよいか分からなかった日本の子供たちに、（人数が多くてびっくりしながら）菓子を配ったりもした。（『音楽はわが生命』九七頁）

おずおずした日本人の子どもたちとは対照的に、西洋人の子どもたち、とくに少年たちはアメリカ兵に、文字通り群がった。アメリカ兵からお菓子や軍食「Kレーション」や「Cレーション」をもらい、すぐにアメリカ軍の階級章を覚え、アメリカ兵一人一人の顔も覚えた。ホテルの前でアメリカ兵が出て来るのを待ち構え、せがんでジープに乗せてもらい、銃に触らせてもらった。アメリカ兵側も、占領軍として緊張してやってきたところへ、英語を話し、自分たちと同じ肌や髪の色をした子どもたちに会い、親近感を覚え、緊張も解けた。ジョージ・シドリンが記している。

僕たち子どもは［アメリカ兵］の動きを注視し、GI一人一人の顔を覚え、ジープに乗せてくれとせがみ、うるさくつきまとった。兵士たちはこうしたことすべてを受け入れ、僕たちによくしてくれた。アメリカンアクセントではないとはいえ、完璧な英語を話す大勢の子どもたち。これは彼らが予想していた占領とはかなりかけ離れていた。彼らの多くはヨーロッパ戦線で戦った後、太平洋に移送される途中で終戦を迎えた。そんな彼らにとって、ヘルメットをかぶらず、銃を持たずに歩ける今の環境は心地よいものだった。

（“Somehow We'll Survive” p181）

ドイツ人宣教師ブッスの長男ジークフリートは、ドイツ人学校から町はずれの自宅に歩いて帰る途中、アメリカ軍の隊列に遭遇したときのことを記している。

学校から帰る途中、アメリカ軍の車列が止まった。遠くから僕の姿を見つけた兵士たちは、こんな内陸でブロンド髪の少年を見つけて、かなり興奮していた。彼らは僕に、こっちに来るようにと叫んだ。僕はあまり英語が話せなかった。兵士の中に一人、ペンシルバニア・ダッチを話す兵士がいて、僕は不思議な言葉だと思った。何人かの兵士は僕の髪をなでながら、目に涙を浮かべていた。僕を見て「故郷」にいる子どもたちを思い出したに違いない。やがてトラックの車列は長野市方面に向かって動き始めた。僕の前を通るとき、彼らはチョコレートやキャンディー、チューインガムを雨あられのように投げて行った。

（"Karuizawa's German community during WWII"）

ジークフリートの姿に涙を浮かべたアメリカ兵は、故郷の子どもを思い出したのかもしれないが、あるいはジークフリートを戦争中抑留されていた少年と勘違いしたのかもしれない。そのドイツ人学校では、アメリカ軍がやってくる直前、大急ぎで教科書からナチ思想に染まった箇所を消す作業に追われた。ウッツ・ミュラーが記している。

アメリカ軍はいつ軽井沢にもやってきてもおかしくなかった。学校では先生から、教科書のナチ組織と関係ある文言の上に、糊で紙を貼り付けるようにと指示された。…これは結構な作業だった。なぜならどの教科書の文言もどっぷりナチに染まっていたからだ。おかげで僕たちは、紙と糊とハサミを手に、指示された作業を何時間も行う羽目になった。

（"Karuizawa" p5）

終戦直後、日本の学校では学校教科書から軍国主義の箇所を墨で黒塗りにしたが、ドイツ人学校でも、同じことが行われていたのだ。

アメリカ軍が来たことで、軽井沢の外国人たちは終戦を実感し、「解放された」と感じた。ドイツ人でさえも、そう感じた。ヒルデガルド・エルクレンツ・マホーニーが記している。

アメリカ兵が来てから、私たちの一挙手一投足を見張っていた日本兵は姿を消し、私たちは安堵した。常に監視されているという緊張から逃れることができた。アメリカ軍は、私たちを軟禁状態から解放しにきたのだ。

（"Journey Interrupted" p128）

アメリカ色に染まる

長野県全域に、千三十人の連合軍兵士が進駐した。九月が終わる頃、軽井沢の町にはアメリカ軍のジープが走りまわり、一部のホテルや別荘はアメリカ軍に接収された。町には、一九四二年一月に一斉に撤去された英語の看板や広告が再び立ち始めた。万平ホテルはアメリカ軍関係者専用のホテルになり、滞在していた外国人は、周辺の別荘に移転させられた。ドイツ人たちが母国の敗戦を知らされたカルイザワ・ホール（「軽井沢会」集会堂）も、アメリカ兵向けのダンスホールになった。

万平ホテルの宴会場では、アメリカ軍によって映画の上映会が開催された。上映会は外国人住民にも開放されたので、大勢の外国人がやってきた。ホテル前は外国人が乗ってきた自転車でいっぱいになった。ところが、上映会に来たかなりの人数がドイツ語を話していることに気づいたアメリカ軍は、ホテル前にこんな看板を掲げた――「犬とドイツ人はお断り（No Dogs or Germans Allowed)」。ナチ政権下のドイツ各地に掲げられた看板、「犬とユダヤ人はお断り

(No Dogs or Jews Allowed)」をもじった意趣返しだった。この看板が掲げられると、上映会に来る外国人の数は半減した。

その一方で、万平ホテルではドイツ人アンサンブルによる演奏会も開かれたと、ヘルムート・ヤンセンが証言している。ヤンセンはキューバで商売をしていたものの、立ち行かなくなったため一九四一年、ドイツに帰国することになり、その途中に来日。独ソ開戦により日本から動けなくなってしまった。日本で、中国生まれのドイツ人女性と結婚している。

> 音楽をするドイツ人が集まって小さなアンサンブルを作ったということもありました。武官参謀部からは一人の少佐が参加し、レッスンとコンサートを取り仕切りました。コンサートはアメリカ軍が営舎にしていた万平ホテルで開かれました。彼らは感激し、「このドイツ人たちは戦争には負けたけれども、今でも生きるすべを心得ている」と言っていました。
>
> （『終戦前滞日ドイツ人の体験（４）』一〇七頁）

気さくでフレンドリーなアメリカ兵は、外国人たちの心をわしづかみにした。当時十九歳だったアルメニア人のルシール・アプカーが記している。

> 気楽でイージーゴーイング、フレンドリーなアメリカ人たちに、私たちは皆魅了された。…一年以上前線で戦闘に参加してい

復活した英字看板とキャサリン・アプカー
(Leonard Apcar氏提供)

たはずの彼らは、陽気で、私たちにアメリカ的なものをたくさん教えてくれた。（中略）

まだ未成年だった（今の言葉で言えば「ティーンエージャー」だ）私たち姉弟《きょうだい》は、当時若者の間で流行していたフランク・シナトラというアイドル・シンガーの音楽を聴いたら、叫び声をあげて卒倒しなければいけないと教えられた。戦闘服を着て、重いブーツを履いたアメリカ兵が、古いホテルのぎしぎしいう床の上でジルバを踊る姿を、私たちは目を丸くしながら眺めた。

（"SHIBARAKU" p2）

アメリカ国旗が掲げられた万平ホテルと思われる写真（Leonard Apcar氏提供）

彼らは前線で実際に戦闘に参加してきた部隊だった。にもかかわらず、驚くほど気さくで、紳士的だった。それでも事件がなかったわけではない。このとき十二歳だったドイツ人のヒルデガルド・エルクレンツ・マホーニーが記している。

秋学期が始まって数週間経ったある朝、学校に着くとかなり騒々しかった。クラスメートの白系ロシア人の少女の母が学校に来て、自分の娘はもう学校に来ない、と言った。その前の日の午後遅く、学校帰りの彼女は若いアメリカ兵と仲良くなった。アメリカ兵は彼女に、家まで送って行ってあげようかと言った。彼女はこの申し出を受け入れ、ためらうことなくジープに乗り込んだ。だがアメリカ兵は彼女を自宅に送り届けるかわりに、森の奥深くに車を走らせ、乱暴にレイプしたのだった。

（"Journey Interrupted" p130）

帰宅したヒルデガルドがこの件を母に話すと、母は父や兄弟に聞こえないよう小声で、だがしっかりとした口調で、初めて性について娘に説明する。そして、「決して一人で出かけないように。出かけるときには兄か弟と一緒に出かけなさい」と言い渡す。ヒルデガルドは母の忠告を深刻に受け止めて守ったが、気軽に外出し、アメリカ兵と親しく付き合える兄や弟をうらやましく思った。

近衛元首相の秘書だった細川護貞は、九月三日の日記に記している。

米兵暴行事件、二三あり、我兵が支那にて為せる暴行に較ぶれば、真に九牛の一毛なる

（『細川日記』四三七頁）

逆転した立場——無国籍者とドイツ人

アメリカ軍が進駐してくると、英語ができる外国人たちは通訳や道案内として、アメリカ軍に次々と雇われていった。とりわけ無国籍者は多く雇われた。アメリカ兵は日本兵よりずっと肩の力が抜けていたが、アメリカ軍の人の雇い方も驚くほどカジュアルだった。ルディ・フランクやユダヤ系ロシア人の少年アイザック・シャピロが、上陸するアメリカ軍を眺めていて声をかけられ、雇われたことは先述したが、同じようにして雇われた者は少なくない。アイザックのような十代の少年たちも少なくなく、その場合はもちろん、両親の了解を得た上で雇用している。

職を求めて東京に向かう列車で、解放直後のオーストラリア人捕虜と乗り合わせた、セルゲとニックのペトロフ兄弟は、横浜のセント・ジョセフ学院を卒業していたので、英語が堪能だった。

横浜に着いた二人は、交通整理をしていたアメリカ兵に、抑留されていたアメリカ人だと思われ、赤十字に行くよう勧められた。赤十字の倉庫に行くと、ここでも二人はアメリカ人だと思われる。白系ロシア人だと告げると、「日本語が話せるか？」と聞かれ、「イエス」と答えると、雇われることになった。船の積み荷を下ろす作業をする日本人労働者を集めるために、日本語ができる者が必要だったのだ。ちょうど食事時だったので、二人はたっぷり食事を与えられた。

アメリカ兵とピクニックをするハール家
（1946年8月）（Tom Haar氏提供）

このとき初めて食したアメリカの食事についてセルゲは、「僕たちの戦時中の基準からしたら、困惑するほど豊富だった」と表している。二人は寝床、毛布、タオル、制服、靴を支給され、翌朝八時に来るようにと言われる。弟ニックがセルゲに言った。

「こんなラッキーなこと、あるかな。ほんの数時間で目標以上のことを達成できるなんて」

同じく白系ロシア人でプロ野球選手のスタルヒンは、横浜で進駐軍の通訳を始めた親友から、「進駐軍の中だったら、いくらでも仕事がある。出てこいよ」と誘われた。だが、英語で教育を受けていた親友に対し、英語で教育を受けていなかったスタルヒンはためらった。とはいえ、いつまでも軽井沢にいるわけにもいかないので、東京の様子を見に出かけた。屋台が並ぶ銀座通りを歩いていたら、いきなりジープが止まり、「ヘイ、ユー」と声をかけられ、「お前は捕虜だったのか？」と聞かれた。食事を与えられた後、「地理に明るいなら、うちの部隊の通訳兼案内をやってもらいたい」と言われ、働くことになった。給与は出なかったが、持ちきれないほどの食糧品や衣料品をもらった。やがて、進駐軍の将校と顔見知りになると、スタルヒンは得意の機械いじりの技量を活かして電化製品の修理を請け負った。

スタルヒンのような形で通訳兼案内をして働いていた者は、進駐軍の各部隊に必ず三〜四人はいた。彼らは誰も給与という形で軍から金を貰っていなかった。しかし、軍側としても、これらの連中をいつまでもただ働きさせるわけにもいかない、ということになった。一二月に入ると、これらの通訳兼案内に給与を支払うということがＧＨＱで決定した。五〇ドルから一〇〇ドルの給与はすべて銀行振り込み、月一回、東京銀行口座に振り込まれるようになった。（『ロシアから来たエース』一八二〜一八三頁）

外国人だけではない。日本人も同じようにして雇われている。日本郵船のコックだった宮田金男は召集されて学童疎開船の対馬丸に乗ったが、一九四四年八月、アメリカ軍の攻撃により船が沈没。その後乗船した船も台湾近くで魚雷攻撃を受けて撃沈。その直前、船底にいた宮田は「ここにいたら危ない」というひどく嫌な予感がし

進駐軍将校を囲む日本人スタッフ
後列左端が宮田金男（横山恭子氏提供）

て、急ぎ甲板に向かった。周囲にも上に上るよう言ったが、誰も取り合わない。そこへ魚雷が来た。宮田は助かったが、大やけどを負った。その後、四月十四日の空襲で横浜の自宅が焼失。引越先で、五月二十九日に再び空襲に遭った。

進駐してくるアメリカ軍を、宮田は横浜港でじっと眺めていた。するとアメリカ軍将校に、「お前は何をしているのか?」と聞かれた。「何もしていない。お前たちに家も焼かれ、仕事も失った」と答えると、「なんと、かわいそうな。何ができる?」と聞かれ、「料理ができる」と答えると、その場で採用され、アメリカ軍キャンプのコックになった。最初は給料が出なかったが、かわりにどっさり食料をもらった。また、キャンプの食堂のテーブルに空き缶が置かれ、宮田のために小銭が入れられた。やがて給料が出るようになり、宮田は、「進駐軍で一番偉い人、横浜のマッカーサー」のお抱えコックになった。アイケルバーガー中将と思われる。宮田はまた、進駐軍の食べ残しをもらってきて、知り合いに分け与えた。闇市で売れば法外な金が手に入っただろうが、無償で与えた。

スパイ容疑で取り調べを受け、空襲で九死に一生を得たクラウス・プリングスハイム二世は、釈放される際に、検察官から「逮捕、拘禁中、正当、かつ合法的に扱われた」という書類に署名するよう求められた。署名後、看守や憲兵、他の囚人と「釈放祝」の席が設けられ、食事と酒をふるまわれた。

さらに、日本語と英語ができるので憲兵隊の通訳をしてほしいと頼まれた。あてもないので、承諾すると大日本帝国陸軍の制服を支給された。制服は身長百八十センチのプリングスハイムには、袖も丈も短かった。痩せこけ、髪は伸び、つんつるてんの日本軍の軍服を着た西洋人の通訳は、アメリカ軍将校の目をひき、アメリカ側で働かないかと誘われた。アメリカ側には、日本語の読み書きがきちんと出来る人間が少なかった。

「やりましょう」と私は二つ返事で引き受ける。米軍の豊かな兵員食料や戦闘食が目の前にちらつく。米軍には肉もじゃが芋もある。コカ・コーラ、チョコレート、ビスケット等と考えるだけで涎《よだれ》が出てくる。米軍には何でもある。そして私はまだ飢えていた。

（『ヒトラー、ゾルゲ、トーマス・マン』一一二頁）

プリングスハイムは検閲の仕事をすることになった。占領軍に敵意を示すような出版物が出回らないよう、日本語の新聞、雑誌、書籍をチェックするのだ。職場はかつての日本放送協会のビルの十一階だった。同じ職場で兄ハンスと再会し、互いの無事を喜び合った。

赤十字国際員会も、戦時中は思うように活動ができなかったが、本格的に救援活動を再開することになった。だが、圧倒的に人手が足りない。まだ軽井沢にいたアルメニア人のアプカー家の次女ルシールに、声がかかった。

ドクター・パラヴィチーニの死後、赤十字国際委員会の代表代行を務めていたマックス・ペスタロッチがうちに来て、救援作業を手伝う人手が全く足りないので、私に横浜で働かないかと尋ねた。マックスの提案で、父はブラフ病院の貸し部屋を押さえた。すでにシスターたちは横浜に戻り、罹災した労働者に部屋を貸し出していた。これで、少なくとも当面の間、住む場所が確保できた。

（"SHIBARAKU" p125）

ルシールは、東京に戻るアメリカ軍の先遣隊のトラックに同乗させてもらって横浜に戻った。軽井沢が遠ざかり、東京が近づくにつれ、空襲による破壊の度合いはひどくなり、かつて絵画のように美しかった町々は焼けただれ、灰色の廃墟と化していた。次第に言葉を失っていくルシールを気遣い、アメリカ兵たちは座りやすいようバッグを整えてくれたり、軍食「Kレーションン」を分けてくれたり、冗談を飛ばしたりした。その気遣いにルシールは感謝し、道中の通訳を務めることで応えた。

数時間後、トラックはコンクリートのがれきの山の前で停まった。

トラックが停止し、中尉が有楽町駅に着いたと言った。私は驚いて、がれきの山をじっと見つめていた。がれきの山しか見えなかったからだ。このとき列車のホームは道路より高い位置にあった。兵士たちはトラックから飛び降り、がれきの山の上に上ると、私がホームに上るまで順に手をかしてくれた。驚いたことに、そこにホームと線路があった。

（"SHIBARAKU" p127）

横浜の赤十字でルシールは二つの仕事に従事する。救援物資の配布とタイプ打ちだ。赤十字の倉庫には、戦時中、連合軍捕虜に届けられるはずだった缶詰や衣料品などの物資が山と積まれていた。長期間放置されていた缶詰は発酵し、破裂し、ひどい悪臭を放っていた。作業の一つは、配布されずに山積みになっていた衣類を、必要とする人々に配ることだった。やってきた罹災者の希望を聞き、大量の衣料の中から希望に近い物を探し出し、渡すのだ。もう一つのタイプ打ちの仕事は、捕虜収容所で死亡した連合軍捕虜の氏名や死因のリストをタイプで打つ作業だった。死因は、頭蓋骨骨折、複数の打撲など、おぞましいものが多かった。ルシールはスペルミスをしないよう、慎重に確認しながらキーを叩いた。

その後、ルシールは赤十字をやめ、アメリカ第八軍のボーウェン准将の秘書となる。アメリ

赤十字の女性寮となったベーリック・ホールの前で　最前列中央ルース・コーンととステフィ母娘（Steffi Kaprov氏提供）

カ軍に雇われたことで、アメリカ軍の酒保、ＰＸストアが利用できるようになり、ルシールは数年ぶりに下着を新調する。ＰＸストアの外に出ると、出てきた人からおこぼれをもらおうと大勢の戦災孤児が待ち構えていた。

「子どもたちは、ボロボロの服を着ていて、本当にかわいそうだった。ときどき給金の中からドーナッツを買ってあげた。でも、そんなにたくさんは買ってあげられなかった」とルシールさんは筆者に語った。

アプカー家では、父マイクと長男ミッキーもアメリカ軍に雇われ、一家はアメリカ軍の手配により横浜山手に住居を与えられた。そこは戦前はシェル石油の社員寮だった、コンクリート製の二階建ての建物は、配管も外れ、ひどい状態だったが、住み慣れた山手に戻ってこられたことは、一家にとって大きな喜びだった。

ナチスのホロコーストを逃れてドイツ

から来日した後、夫が病死してしまったルース・コーンも、横浜で赤十字関係の職を得る。横浜山手にあるベーリック・ホールがアメリカ赤十字の女性寮となり、そこで働く日本人女性職員を統括する仕事だった。住まいはガレージ門の上。ベーリック・ホールの門は現在のものとは異なり、車数台が入るガレージになっていて、その上が居住スペースになっていた。

横浜港に上陸するアメリカ兵を眺めていてアメリカ軍に雇われたユダヤ系ロシア人のアイザック・シャピロは、その後、三兄ヤコブもアメリカ軍に雇われる。十月二十八日、アイザックはアメリカ海軍の広島視察に同行する。広島で目にした衝撃的な光景とアメリカ人たちの反応について、アイザックは詳細に記している。

僕たちはすでに八月六日の朝、広島の上空、高度一八五〇フィートで原子爆弾が爆発し、その朝広島にいた四十万人の市民のうち、七万五千人が一瞬にして殺され、市の大部分が破壊されたことを知っていた。だが、一行の誰も、広島の空軍基地に降り立った機内から一歩外に出た時に目に飛び込んでいた光景は予想していなかった。

かつてにぎやかだった町は、文字通りの荒れ地、がれきの海になっていた。一望できる市の中で、わずかに残った建物は二棟しかなかった（そのうちの一つは、爆心地に建つ、世界初の原子爆弾攻撃のシンボルとなった、あのドームだった。）

二時間の視察の間、誰もが無言だった。僕たちはがれきの山を歩きまわった。僕は従来の空襲に遭ったガラス片は見慣れていたが、ここではそうしたガラス片は全く見当たらなかった。ガラスの固まりは溶け、何だかわからない形になっていた…。

市の中心部では、水平線の向こうで一台の市電が走っているのが見えた。何百ヤード〔メートル〕も先に歩行者が見えた。かつて道路だったところを、あてもなく歩いていた。

ほとんどの人が一人で歩いていて、子どもの姿は見えなかった。…ぞっとするような恐ろしい光景だった。この光景を僕は片時も忘れたことはない。横須賀に向けて飛行する間、全員がその日目にした光景にショックを受け、全くの無言だった。（"Edokko" p171-172）

軽井沢にいた多くの無国籍者がアメリカ軍や赤十字に雇用され、職と衣食住を得た。彼らは一転して、日本人よりもずっと恵まれた生活ができるようになった。

英語が話せなかったハンガリー人写真家のフランシス・ハールは、アメリカ軍の週刊誌『ヤンク』にカメラマンとして雇われた。食糧と栄養剤を与えられ、体力も回復した。一九四五年十二月で『ヤンク』誌が廃刊になると、進駐軍のカメラマンとして日本の様子を撮影。その後、日本人に公衆衛生や民主主義を教える映画の製作に関わった。だが、国籍上の理由から給料が少なく、家族を養うには足りない。子どもも三人に増えていた。そこで軽井沢から鎌倉に移った後は、許可を得て三菱商事ビルに写真スタジオを開き、妻イレーヌとともに切り盛りした。イレーヌは写真技術だけでなく料理もうまかったので、一九五〇年代には銀座にハンガリー料理店を開いた。外国料理店がまだ少なかったこともあり、店はにぎわった。イレーヌの味は、現在自由が丘にあるハンガリー料理店「キッチン・カントリー」に受け継がれている。

一九四六年四月、アイケルバーガー中将の一声で、軽井沢はアメリカ軍の「レストセンター（保養地）」に指定される。別荘四十六軒がアメリカ軍将校用の別荘として接収された。外務省事務所があった三笠ホテルも、雲場池畔のニューグランドロッジも接収され、こちらは一般兵士向けの宿舎となった。

神戸で焼け出され、軽井沢に疎開してきたユダヤ系ロシア人のボリス・シドリンは、神戸で長年商店を経営していた。ボリスは軽井沢で、進駐軍相手の土産物店「ユニバーサル・ストア」をオープンする。東京でうるし塗りの箱を仕入れ、そこに進駐軍の部隊章を入れた。商才のあるボリスの読みはあたり、店は繁盛した。一家は間借りしていたディナ・ワットの家を出て、小さな住居を借りた。

軽井沢には外国人の画家も何人かいた。作品が進駐軍将校に人気を博し、大きく人生が変わった画家が二人いる。一人はドイツ人のウィリー・ザイラー（Willy Seiler）。もう一人はフランス人のポール・ジャクレー（Paul Jacoulet）だ。ここではジャクレーについて紹介する。

ポールの父フレデリックはフランス語教師として来日し、東京商業高等学校（現在の一橋大学）、東京外国語学校（現在の東京外国語大学）、陸軍砲工学校で教えた。三歳のときに母とともに来日したポールは、東京で地元の公立学校に通ったため、日本人と同じように日本語を解した。父は日本政府から勲四等瑞宝章を授与されるが、第一次世界大戦が始まるとフランス軍に従軍。毒ガスにより負傷し、それがもとで死去してしまう。

ポールはフランス大使館で翻訳の職を得るが、次第に絵画に才能を発揮し、浮世絵師になった。そして静養のため滞在したミクロネシアや、再婚した母が暮らす朝鮮半島の人々を、色鮮やかで妖艶な浮世絵に描いた。軽井沢には、一九四五年二月頃に疎開。外国人として監視され、取り調べも受けた。

終戦後は、ＧＨＱ将校として進駐してきた旧友ヘンリー・ハットンが、食糧や版画の材料を提供してくれた。ハットンはまた、ジャクレーの浮世絵をマッカーサーら進駐軍将校に紹介した。作品はＧＨＱ関係者の間で人気を博し、高値で取引されるようになり、軽井沢の工房の前には列ができた。その後、グアムやアメリカ、フィンランド、オーストラリアなどでジャクレーの個展が開かれ、ポール・ジャクレーの名は一躍知られるようになった。

義太夫が趣味だったジャクレーはまた、三味線を弾き、顔を白く塗り、義太夫の衣装を着て軽井沢の町を歩いた。そんなジャクレーを、地元の子どもたちは「女男！　女男！」とはやしたてながら、後をついてまわったと、土屋写真店の町田夏子さんは語る。敬虔なカトリック教徒だったジャクレーは、作品の売上金の多くを聖パウロ教会に寄付した。軽井沢のジャクレー工房の跡地には、「若禮」と刻んだ石柱が今も残る。

アメリカ軍がやってきたことで無国籍者たちは安定した生活を得た。対照的だったのが、それまで恵まれていたドイツ人だった。ドイツ降伏後は大使館からの援助もなくなり、ドイツ人限定の特別配給もなくなった。日独文化協会主事だったヘルベルト・ツァヘルトは、東京でアメリカ兵に日本語を教える仕事に就いたが、「ドイツ人を雇うとは何ごとだ」というユダヤ人の抗議により、解雇された。

帝国大学のドイツ語教師ロベルト・シンチンゲルの長女バーバラも、アメリカ軍のＰＸストアの店員、その後東京裁判用の資料の翻訳の職を得たが、ヒトラーユーゲントの日本版であるＤＪＪに入っていたことが知れると、いずれの職も解雇された。

それでもアメリカ兵は、ドイツ人には日本人よりずっと親近感を持った。ヘルムート・ヤンセンが証言している。

> ついにアメリカ軍がやってきました。彼らにとって私たちは公式には敵国の人間でしたが、第一に、多少とも同じ素性の人間でした。日本人、彼らの言う「ジャップ」は違いました。私たちはなんとなく知り合うところとなり、間もなく何人かのアメリカの知人ができました。
>
> （『終戦前滞日ドイツ人の体験（４）』一〇六頁）

二種類の日本人

焼け野原となった東京の様子を見に行ったスタルヒンは、屋台がならぶ銀座に出かけた。カーキ色の制服を着たアメリカ兵が闊歩し、かつて英語が禁止されていた町では、薄っぺらな英会話本が飛ぶように売れていた。そして日本人の変わりぶりを目の当たりにする。

「ハロー、ハロー」を誰にでも無邪気に連発する若者達。兵隊と見るや、そばによっていき、「シガレット」と煙草をせがむ中年男性…。ああ、これが敗戦国の姿なのか、そう思うと情けないような、腹立たしいような、どうにもやりきれない複雑な気持ちになっていた。

(『ロシアから来たエース』一八〇頁)

いばりちらしていた警官や役人たちは態度を一変させた。フランス人ジャーナリストのギランが記している。

われわれの運命の主人たちだった警官たちが微笑を見せた。長い間、われわれに対する憎悪をむき出しにし、下劣な迫害を行ってきた黒い制服のあの人物たちが、三日もたたぬうちに、一人一人外人を訪れ、ぺこぺこお辞儀をして、金歯をむき出しにして大きな笑いを浮べ、"What can we do for you, sir?"(何かお役に立つことがありましたら?)といいながら、愛想よくサービスを申し出たのである。

(『日本人と戦争』三九〇頁)

外務省の役人はスイス公使館に、それまで秘匿していた連合軍の捕虜収容所の存在を知らせてきた。

外務省は、軍部に協力して、それまでずっと国際赤十字による連合軍捕虜収容所の査察を受けることを拒否してきた。だが、その外務省が、その愛想のよい外交官を通じてスイス大使〔ママ〕カミーユ・ゴルジェに次のような電話をしてきたのだ。「大使閣下、なぜ捕虜の米国飛行士たちのキャンプを訪問なさらないのですか？……」ところが、それこそ秘密にされ、どこにあるのか分らなかったキャンプなのだ。

（『日本人と戦争』三九一頁）

ゴルジェ公使自身も、終戦とともにそれまで隠されていた捕虜収容所が明らかにされたことを記している。

戦争末期に至って、陸軍が漸くその所在地を通知してくれたので、三十六ケ所の捕虜収容所を私の代理に訪問せしめたが、全部で百二カ所もあったことが判った。つまり最後まで私に対して六十六カ所の収容所が秘密にされていたわけだ。従って他はすべて推して知るべしと思われた。

（『三時代の日本』八二頁）

なお、捕虜収容所の数について、ＰＯＷ研究会共同代表の笹本妙子さんと、民間人抑留について研究されている小宮まゆみさんに確認した。戦時中、国内の連合軍捕虜収容所は統廃合が激しく、終戦時点での収容所数は「九十一」。ゴルジェ公使の記す「百二か所」は、これに「赤十字が把握していた民間人抑留所十一か所」を加えた数ではないかとのことだった。

だが、外国人たちは口をそろえて、戦争中一般の日本人から嫌がらせをされたことはなかったと記している。指揮者ローゼンストックの回想と、画家のブブノワの評伝から。

軽井沢の住民は概していつでも友好的であるか、少なくとも外国人に対しては無関心であったことを強調しておきたい。

（『音楽はわが生命』九二頁）

この困難な年にも友人たちや弟子たちはブブノワを忘れることなく、それぞれが出来るだけの手助けをした。ブブノワに親切にしてくれたのは、家主の奥さんも同じだった。「日本の人たちはいい人たちです。意地悪ではありません。私たち外国人に対して悪意を抱いていませんし、大変な時にもあたしたちを悲しませないように努めてくれました」──とブブノワはいつも言っていた。

（『ブブノワさんというひと』一三五頁）

レオ・シロタのアウグスティーヌ夫人は、日本人の友人や弟子が助けてくれたことを記している。

ときに夜、日本人の友人がこっそり玄関先に食糧が入った籠を置いていってくれた。食べ物の匂いに猫が鳴くので、それを合図に私たちは玄関に飛んでいった。（中略）浅間山の噴火という災難もあり（最初私たちは空襲かと思った）、窓ガラスが全部割れてしまった。ガラスの替えはない。ついに、かつての生徒が東京からガラスを背負って持って来てくれた。列車に乗って、百二十マイル〔百九十二キロ〕もの旅だ。

（“Last Boat to Yokohama” p40）

アルメニア人のルシール・アプカーは超満員の列車に乗り込んで、何度も農家へ買い出しに出かけたが、怖い思いをしたことや、身の危険を感じたことは一度もなかったと記している。

ここで記しておく必要があると思うことは、日本の一般の人々…が私たちに対して、歓迎されていないとか、敵意を示したことはただの一度もなかったということだ。私たちはただそこにいて、彼らと同じくらい必要な物を探す権利を有していた。私たちの誰も公共の場や列車の中で不安な思いをさせられたことはなかった。

（"SHIBARAKU" p102）

とはいえ、日本人の子どもたちにからまれることはあった。ドイツ人宣教師ブッスの家は町からかなり離れており、近くに国民学校があった。ドイツ人学校からの帰り道、日本人の悪ガキたちにからまれ、石を投げられた。ある冬の日、六歳の長女ドロシーが一人で学校から帰宅する途中、悪ガキたちに追い立てられ、道路わきの雪の中に埋まってしまった。帰宅しないのを心配した家族がほうぼうを探したところ、近くの農家の人に助け出され保護されていた。「うちの近所には悪ガキよりも、はるかに心優しい人々がいたのだ」と次男ラインハルトは記している。

ドイツ大使館員のヴィッケルトは、五月二十五日の東京山の手の空襲の夜、パラシュートで脱出したアメリカ兵に間違われて、ドイツ人が袋叩きに遭ったことを記している。

対照的に、ユダヤ系ロシア人のシドリン家は、空襲の際も、日本人に襲われることはなく、逆に親切にされた。シドリン家は六月五日の神戸空襲で焼け出され、有馬温泉に避難した。だが有馬温泉の旅館はすし詰めの状態で、七月上旬、一家は友人を頼って軽井沢へ向かう。通常なら東京を経由するが、空襲によって線路が破壊されていたため、大阪、京都、岐阜を経由するルートをとった。

乗り換えの大阪駅で、空襲警報が鳴った。駅は空襲の標的にされる。大急ぎで駅から離れ、畑の中に身を伏せた。幸い、空襲はそれ、一家は列車に乗り込む。だが岐阜駅の手前で、再び空襲警報が鳴り、列車が止まった。B29のエンジン音が近づいてきた。列車内の乗客は全員無言で固まった。次の瞬間には列車もろとも皆、吹き飛ばされるか、焼け死ぬものと思われた。長い時間に思えた緊張の後、列車は再びゆっくりと動き出した。岐阜駅を通過したとき、駅は受けたばかりの空襲で炎上していた。次男ジョージが記している。


両親は日本人乗客がどんな反応をするか再び不安になった。僕たちは列車の中で唯一の白人だった。仲間の白人がやったことに対し、怒りに燃えた復讐をされるかもしれない。「頭を下げて。窓の外を見ないで」母が僕たちに小声で言った。

でも僕は見ずにはいられなかった。屋根の梁、石炭の山、カート、すべてが燃えていた。

…駅を通過すると、列車は再び速度をあげた。

両親はまだ不安そうだったが、少しリラックスした。向かいに座っていた年配の男性が、親切にも兄と僕に果物をくれた。

（"Somehow We'll Survive" p159）


一日に二度も空襲の難を逃れた一家は、丸一日かかって無事軽井沢駅に到着する。

前出のルシール・アプカーの父マイクは、日本で生まれ育ち、長年日本人と商売をしていたので、日本人の特質をよく知っていた。ルシールが父の言葉を記している。


日本人の大きな心理的パラドックスは、日本人は生来とても礼儀正しい人々だが、権力

を握ったとたん温和さを失ってしまうということだ。父はよく、「暴君を生み出したければ、胸に金ボタンがたくさんついた服を着せてやればよい」と言っていた。その言葉は誰にでも、地元の一番下の監視人にも当てはまるように思えた。

（"SHIBARAKU" p114）

会社員の夫とともに一九四三年一月に中国から来日し、その後軽井沢に疎開したドイツ人カローラ・ティーデマンも同じことを語っている。

権力を持つ人間と一般の日本人を区別しなければなりませんでした。花屋、骨董屋、八百屋、肉屋、こういう人々はいつも親切でした。私たちをうんざりさせたのは役人たちでした。

（『終戦前滞日ドイツ人の体験（３）』一一二頁）

日本人は権力を握ると変わってしまう。戦時中外国人たちを悩ませ、終戦と同時に態度を豹変させたのは、権力を持っていた日本人だった。

ナチス派とマイジンガーの逮捕

一九四五年十月から翌年一月にかけて、ドイツ人がアメリカ軍に拘束されている。ドイツ大使館員のフランンフ・クラプフが証言している。

米軍はまず約50名のドイツ人を拘束しました。ナチの要職についていた人々や、アメリカにとってあとで経済上の競争相手として厄介になりそうな人々でした。しかし経済上の理由で拘束された人々はまもなく解放されました。

（『終戦前滞日ドイツ人の体験（2）』一五八頁）

十月末、軽井沢で三十一名のドイツ人が逮捕された。オーストラリアの新聞アーガスの記事から。

日本のナチ・エージェント逮捕

手紙、暗号、交信が押収される

ドイツ人コミュニティーのメンバーの記録を数週間にわたって調べた末、日本本土の本州各地でこの四日間、ナチスのスパイやナチ党員、ゲシュタポのならず者の逮捕劇が繰り広げられている。

逮捕は、東京から西へ《ママ》一二〇マイル〔一九二キロ〕の、理想的な山間リゾート地の軽井沢で始まった。ここには枢軸側のスパイや傀儡外交官、中立国人が、恐怖と密告の中で暮らしていた。ゲシュタポはドイツ人の食糧配給を管理し、太平洋上で拿捕して日本に曳航してきたオーストラリア船の缶詰の配給を通して、ドイツ人コミュニティーを掌握していた。（以下略）

（"Argus" 一九四五年十一月一日）

NAZI AGENTS IN JAPAN ROUNDED UP

Letters, Codes, and Despatches Seized

From JOHN LOUGHLIN

TOKYO

A DRAMATIC roundup of Nazi spies and agents and Gestapo thugs has been going on for four days throughout the Japanese home island of Honshu following weeks of secret investigations into the records of members of the German colony.

The raids began in the idyllic mountain resort of Karuizawa, 120 miles west of Tokyo, where Axis spies and puppet diplomats, as well as neutrals, lived in a fantastic atmosphere of terror and intrigue, with the Gestapo holding the Germans in an iron grip by controlling food rations and doling out Australian tinned food captured by Pacific raiders and brought to Japan.

Newsmen were first to discover the extent of Gestapo terrorism in this strange Far Eastern Nazi hotbed shortly after the arrival of the Allies in Japan. Since then intelligence officers have been quietly infiltrating into the colony under various guises, including that of public relations officers. They talked with neutrals, who detested the Nazis for their arrogance and intolerance during the war. They sat in at interviews given to the Press by various prominent Germans.

ナチス逮捕を伝えるArgusの記事（1945年11月1日）

軽井沢で逮捕されたドイツ人のなかには、「マイジンガーの右腕」で、聖パウロ教会でドイツ人をチェックしていたアラリッヒ・モザナー、ユダヤ人ながらゲシュタポに協力し、ドイツ人真珠貿易商のルドルフ・フォルを密告し、軽井沢では自宅で子どもたちを教えていたカール・キンダーマンもいた。キンダーマンは連行されるとき、「ロシア人は残酷だ。ロシアにだけは引き渡さないでくれ」と懇願したという。軽井沢のゲシュタポのトップだったフランツ・シュパーンは河口湖畔に逃亡したが、後に逮捕される。

動画投稿サイトに、軽井沢で米軍の取り調べを受けるシュパーンの映像がある（https://www.youtube.com/watch?v=xfdqlbGOBrQ）（二〇二一年三月取得）。「軽井沢のゲシュタポは誰か？」との問いに、「自分は英語が得意ではない」などとのらりくらりと答えた後、「モザナー」の名を答えている。日付が一九四五年九月十六日になっているが、実際にはもう少し後ではないかと思われる。

アメリカ軍に逮捕されたナチ党関係者のうち十六人は、巣鴨拘置所に収監された。十六人のドイツ人を表８に示す。

表８　戦後、巣鴨拘置所に拘置されたドイツ人（アルファベット順）

	氏名	職業	年齢	終戦時所在地
1	カールフィールド・ドゥルクハイム	日独文化協会	49	（不明）
2	カール・ガストマイヤー	東京横浜ドイツ協会	42	箱根
3	カール・ハーメル	ゲシュタポ（マイジンガー通訳）	36	軽井沢
4	ゲルハート・カーナー	ゲシュタポ	35	（不明）
5	オットー・ケールスバッハ	ドイツ海軍	50	（不明）

6	カール・キンダーマン	教師	43	軽井沢
7	ルードヴィヒ・コップ	技術者	38	軽井沢
8	ハインリッヒ・ロイ	ナチ党東京支部長	42	東京
9	アラリッヒ・モザナー	ゲシュタポ	32	軽井沢
10	ウォルター・ペクラム	ゲシュタポ	42	河口湖
11	ラインホルト・シュルツェ	大使館員		河口湖
12	ハンス・シュヴァイツァー	技術者	42	（不明）
13	フランツ・シュパーン	ゲシュタポ	35	軽井沢
14	ハインリッヒ・スターマー	大使		箱根
15	カレル・フォレヒ	船の機関士	22	（不明）
16	ウィリー・リチャード・ヴィンター	蒸気船代表？	43	箱根

（『ルイス・フーゴ・フランク先生生誕百年記念誌』二三七頁より作成）

（注）「終戦時所在地」は外務省『在留外国人名簿』記載のものを使用。「不明」は確認できなかったもの。

大使館員のウォルフガング・ガリンスキーが証言している。

米軍によって巣鴨の東京拘置所に拘禁された国会社会主義ドイツ労働者〔ナチ〕党の高級幹部数名と、大使や武官のような国の高級幹部数名を例外として、誰も収容されませんでした。拘禁された彼らもむしろ尋問を目的として拘束されたのです。米軍当局は彼らに、戦争中のドイツと日本の協力などについて尋問しました。これらのドイツ人の誰に対しても裁判は開かれませんでした。彼らは証言を終えると、また解放されました。

（『終戦前滞日ドイツ人の体験（2）』一四五頁）

一九四七年二月十三日までに全員が釈放され、ドイツで裁判を受けるべく、アメリカ軍の輸送船でドイツに送還された。

これより少し前の九月六日、「ワルシャワの殺戮者」ヨーゼフ・マイジンガーは、河口湖畔の富士ビューホテルでアメリカ軍に逮捕された。外務省河口湖事務所からの文書「米兵による獨人「マイジンガー」拉致其の他に関する件」に、マイジンガー逮捕の様子が報告されている。

九月六日午後二時頃、第二十航空隊名を標示したる第二〇二五二三五三号米軍自動車（ジープ）一台、当地富士ビューホテル玄関前に到着。米兵四名（内一名は二世通訳）及、写真班二名、計六名、夫々武装して、ホテル内に入りたり。先ず昼食、及びウィスキーを要求せるに付、ホテル支配人は早速獨逸大使館マルヒターラー一等書記官に連絡（ホテルはご承知の通り、建物施設一切を獨逸大使館に貸し居り、普通業務を為し居らず）せることは、ボルツェ公使、マルヒターラー書記官等と食事を共にしたる上、「マイジンガー」を呼び出させ、拳銃を突き付け、数語言い渡したる後、同人の身廻品を取り纏めさせ、部屋より短銃一丁を押収。車上にて写真撮影の後、午後四時四十分頃、「マ」を拉致護送し去れり。（以下略）

（外交史料館『昭和二十年』河秘第二九号）

武装したアメリカ兵四名がホテルに入ってきて、まず酒と昼食を用意させ、ドイツ大使館員らと食事をともにした後、マイジンガーに銃を突き付けて連行したことが報告されている。同じ文書にはま

富士ビューホテル

た、同日、これとは別にソ連のタス通信の記者一名がやってきたことや、翌七日に別のアメリカ軍関係者が、ドイツ大使館員のアメリカ人妻と面会しに来たこと、さらにアメリカは河口湖畔に外務省事務所があることを知らなかったことも記されている。

十一月三十日、マイジンガーは厚木飛行場からアメリカ軍機によってドイツに移送され、その後、ポーランドで裁判にかけられた。一九四七年三月、マイジンガーはポーランドで行った大規模虐殺の罪により死刑判決を受け、絞首刑に処せられた。

動画投稿サイトに、マイジンガーが富士ビューホテルで米軍に拘束される映像がある（https://www.youtube.com/ watch?v=qjiquJErR9）。また、アメリカ合衆国ホロコースト記念博物館（United States Holocaust Museum）のサイトに、厚木飛行場から移送されるマイジンガーの映像がある（https://collections.ushmm.org/search/catalog/irn1003883）。（いずれも二〇二一年三月取得）

近衛文麿元首相の「最後の晩餐」

軽井沢での聞き取りの中で、近衛文麿元首相が軽井沢で催した「最後の晩餐」の話を聞くことができた。語って下さったのは、旧道で中華料理店「中華第一楼」を営んだ應時華さん。應さんは上海で生まれ、五歳のときに来日した。父親は中華料理店を、秋から春までは横浜の中華街で、夏は軽井沢の旧道で営んだ。應さんも小学生の頃から店を手伝い、十七歳のときから軽井沢の店を任されるようになった。当時旧道にはあまり飲食店がなかったこともあり、店はにぎわった。常連客の中には室生犀星や川端康成、吉川英治、河野一郎などの著名人も多かった。現在は転業し衣料品店になっている店舗の二階で、奥様の助けを得ながら應さんのお話を伺った。

　近衛元首相が最後に軽井沢入りしたのは、終戦後の一九四五年十一月下旬。十二月六日には、近衛文麿、木戸幸一ら九名に戦犯としての逮捕状が出る。軽井沢で近衛文麿は、口述筆記『近衛公手記』をまとめている。

　この頃、應さんは近衛元首相から、「晩餐会を開きたいので、食事を作ってほしい」と頼まれた。だが引き受けたものの、未だ厳しい食糧難。食材がない。闇で買えば、警察に没収されてしまう。「食材がありません」と言うと、近衛公はすらすらと一筆書いてくれた。買い出しに行くための列車の乗車券も、調達先も手配してくれた。それを持って十八歳の應さんは信越線に乗り、田中駅まで買い出しに出かけた。リュックサックと両手に二十キロもの食材をどっさり抱えて帰ってきた。「自分の分も買ってきちゃった」と言う。リンゴ二個しか持っていない人たちが次々と捕まっている横を、近衛公の口利きのおかげで何のお咎めもなく、すーすー通って帰ってきた。

　会場は「浅間庵」という料理店。招待されたのは軽井沢町長、軽井沢警察署長、軽井沢駅長、郵便局長、消防署長など「長」のつく面々、十七、八名だった。

　ところが客はそろったが、招待主がなかなか姿を現さない。料理が冷めてしまうと應さんがやきもきしているところへ、やっと近衛公が姿を現した。だが、お礼の言葉を述べると、二十分ほどで早々に帰ってしまった。「まるで、お通夜みたいな雰囲気だった」と應さんは語る。

　それからまもなくの十二月十六日、戦犯として出頭する日の朝、近衛元首相は東京の自宅で青酸カリを服毒し自殺した。新聞報道でそのことを知った應さんは驚き、気がついた。

「あの晩餐会は、軽井沢で世話になった人たちへのお礼だったのだ」

ドイツ人の送還

一九四六年になると、ドイツ人の本国送還計画が動き始める。ＧＨＱの民間諜報局（Civil Intelligence Section, CIS）が、在日ドイツ人の調査を始めた。ドイツ人は多かったので、大変な作業だった。軽井沢にも事務所が開かれ、ドイツ人の聞き取り調査が行われた。ドイツ大使館員のクラプフが語っている。

彼らは軽井沢に事務所を開き、私たちは個別に尋問を受けました。私たちの行動は住んでいる県内に限られました。私たちの場合は長野県内で、鉄道で三時間走れる距離でしたから、結構動くことができました。歯医者に行くというような正当な理由があれば、いつでも東京に行く許可も得られました。

（『終戦前滞日ドイツ人の体験（２）』一五八頁）

調査の結果、ドイツ人は「好ましくないドイツ人」と「好ましいドイツ人」とに分類された。「好ましくないドイツ人」とは、ナチ党関係者、企業幹部などが中心で、先に送還されることになった。「好ましいドイツ人」は前者に該当しない人々で、大使館員や「蘭印婦女」の大部分がこのグループに入れられた。後者は、後発組で送還されることになった。日本に留まることを許されたのは、高齢者や宣教師、日本人と結婚しているなど日本との結びつきが強い者などだった。

宣教師だったので送還対象から外されたベルンハルト・ブッスが送還について記している。

一九四六年には、日本にいるドイツ人を二陣に分けて送還する計画が立てられた。第一

陣は直接ナチ政権に関係していた人々だった。持っていける荷物は一人三百ポンド〔一三五キロ〕とされた。他のすべての持ち物は没収され、占領軍のものとなる。一九四七年二月、約八百人がドイツに向けて船で日本を去った。

（"Trusting God" p108）

第一陣で送還されたドイツ人の数について、ブッスは「約八百人」と記しているが、人数は証言者によって異なる。早稲田大学の荒井訓教授の聞き取りに対し、ヘルムート・ヤンセンは「一〇六八名」と言い、フリッツ・マンスフェルトは「一一五七名」と言っている。

一九四七年二月、「好ましくないドイツ人」を中心とした第一陣が、横須賀からアメリカ軍の輸送船「マリン・ジャンパー（Marine Jumper）」で送還されることになった。

教師として来日し、その後日独文化協会主事となったヘルベルト・ツアヘルトは日本研究をしていたので、日本に留まって研究を続けることを希望していたが、送還組になってしまった。しかも、第一陣だった。日本の外務省や東京帝国大学で教えたディートリッヒ・ゼッケル博士は、第一陣と第二陣の分け方について、次のように語っている。

アメリカ人は、日本で文化政策に関わっていたドイツ人は、教師であれジャーナリストであれ、いずれもナチだったに違いない、と仮定していました。それは理論的には正しいけれども事実には合わない単純な論理でした。

（『終戦前滞日ドイツ人の体験』一一七頁）

送還に先立って家財の持ち出しが禁じられた。大使館武官補佐官ベルシュテットの長男ノルベルトが記している。

アメリカ軍のジープがわが家にやってきた。中尉に率いられた三人の兵士が父に会いに来た。父が出て行くと、アメリカ兵はマッカーサー元帥が署名したガリ版刷りの手紙を渡した。家の中にある現金を全額差し出すようにという内容だった。家財道具や持ち物を売ってもいけないし、報酬を得る仕事もしてもいけないということだった。父は冷蔵庫を売ったばかりだったので、手元に少し現金があった。銀行口座は封鎖された。この種の扱いを受けたのはうちだけではなかった。元ドイツ大使館関係者や、ナチ組織幹部の人々だった。

（"Karuizawa 1943-1947" p6）

ＩＧファルベン社社員だったミュラー家も第一陣だった。長男ウッツが記している。

ある日両親は、うちの家族が「好ましくないドイツ人（Objectionable Germans）（アメリカ軍が使った言葉だ）」として、最初に送還されるグループに入ったと知らされた。指示は詳細にわたり、持っていける物については厳しい制限があった。持ち物は一人スーツケース二個まで。これはほとんど衣服で埋まってしまった。そして結婚指輪一個、女性はネックレス、全員が腕時計一個、現金七百円だった。それ以外の物は置いていくか、差し出さなければならなかった。

僕たちの出発日は、一九四七年二月十八日だったと思う。スーツケースを詰め、朝食を食べ、立ち上がり、「女中の」ミオさんにさよならを言い、荷物を持って家の外に出た。他の物はすべて置いていった。万平通りから軽井沢駅までトラックに乗せてもらったと思う。誰かが自宅に忘れ物をしたと言って取りに帰ったら、すでに日本人たちが家の中を物色していたという。お祭り騒ぎだったことだろう。

（"KARUIZAWA" p6-7）

軽井沢から横浜山手に戻っていたエルクレンツ家も第一陣だった。エルクレンツ家はアメリカ暮らしが長く、父エノはアメリカが大好きで、子どもたちもドイツよりもアメリカになじんでおり、ドイツではなく、アメリカ行きを希望していた。エノは、長男と次男がアメリカで生まれアメリカの市民権を持っていること、妻と娘もアメリカの再入国許可を持っていることなどを主張し、四方八方手を尽くした。だが、再入国許可は一九四一年十一月にとっくに失効していると告げられ、「第一陣での送還」という決定は覆らなかった。長女ヒルデガルドが記している。

新年が明けてから数週間経った頃、父は恐れていた知らせを受け取った。私たちは二月終わりまでにドイツに送還されるというものだった。荷造りをする必要はない、持ち物はすべておいていくように、と父は告げられた。船の中には一人につき二個のスーツケースを積むスペースしかないとのことだった。…マッカーサーは明らかにすべてのドイツ人を本国に送還すること、それも比較的短時間に離日させるべく手はずを整えていた。

（"Journey Interrupted" p149）

ヒルデガルドは回想の中で、ドイツへの帰国までの様子について詳細に記している。エルクレンツ家の幸運ぶりには驚かされるが、回想に沿って追っていくと次のような内容だ。

エルクレンツ家の母ヒルデガルド（母と長女は同名）ついでに父と長男も同名）は来日以来、骨董《こっとう》品《ひん》店で九谷焼や有田焼などを買い集めていた。だが、持っていける荷物は一人につきスーツケース二個まで。せっかく集めたのにすべて置いていかなければいけないとがっかりしていたところ、デンマーク人とオーストリア人の友人たちが、自分たちも三月に帰国するので、自分たちの荷物に入れ、後でドイツに送ることを約束してくれた。

乗船日の朝、許可されただけの手荷物を持ち、一家は山手からスクールバスに乗り、横須賀港に向かう。有無を言わさず殺虫剤のＤＤＴをふりかけられた後、アメリカ海軍の輸送船「マリン・ジャンパー」に乗船した。乗船すると、男性と、女性・子どもとに分けられ、エルクレンツ家も父と長男、母と長女、次男の二組に分かれる。

マリン・ジャンパーは兵員を大量に輸送するための輸送船なので、船底の大部屋には、上下三段、数百台の寝台がずらりと並んでいた。大部屋は男女別で、一人一台の寝台をあてがわれた。これから三十六日間、ここで過ごすのかと誰もが暗澹たる気持ちになった。なかには泣いている者もいた。

母ヒルデガルドは、大部屋の中に見知った顔を見つける。軽井沢にいた、キク・シュナイダーだった。「キク」という日本の名前を持つ十代のドイツ人少女は、両親との三人家族だったが、終戦後に母親を亡くしていた。マリン・ジャンパーに乗船すると、父と引き離され、一人で心細そうに座っていた。一方男性用の大部屋では、キクの父でアーレンス商会の代表だったフリッツ・シュナイダーが、妻パウラの遺灰が入った箱を手に、やはり途方に暮れていた。エルクレンツ家は引き離された父娘の間を行き来して、二人を慰め、励ました。

エルクレンツ家は知人のアメリカ軍将校の配慮により、「長男と次男がアメリカのパスポートを持っている」という理由で、将校向けの八人部屋に移ることができた。父と長男、母と長女と次男の二組に分かれ、部屋は小さかったが、数百人の大部屋よりははるかにましだった。

航海中、長女ヒルデガルドは甲板上でユダヤ系アメリカ人のグロス大尉と会話するようになる。グロス大尉はある日、ナチスドイツが何百万人のユダヤ人を、ただユダヤ人という理由で収容所に送り、強制労働させ、殺害したことを知っているかとヒルデガルドに尋ねた。ヒルデガルドは信じられず、両親に尋ねた。両親も信じられず、父エノはグロス大尉と直接話をして、ようやく本当のことだったと知る。ナチスによるユダヤ人迫害が激しくなる前にドイツを離れていた一家にとって、想像を絶する話だった。

船内は快適とは程遠かったが、自由に行動でき、食事もよく、男性には仕事が与えられた。ディートリッヒ・ゼッケル博士が船内の様子について証言している。

部隊輸送船では、通常どおり三段のベッドに重なって寝ました。船は主に鉄でできており、少しも快適ではありませんでした。しかし、食事はよかったです。ドイツ人の男性は全員船で仕事を与えられました。仕事は自分で選ぶことができました。多くのひとが厨房に行きました。厨房で何かを失敬して自分のトランクに突っ込むことができたからです。私は自分から仕事を申告せず、割り当てられるのを待ちました。するとふたつの仕事が割り当てられました。ひとつは、日中、甲板の子どもの遊び場の監視でした。子守のおじさんとしてではなく、子供たちが海に落ちないように監視していればよかったのです。もうひとつの仕事は夜でした。船の前部は本来将校が寝る所で快適なのですが、そこに老人や病人、それに女性や子供たちが入れられていました。この部分は鉄の扉で仕切られていました。この扉の前に私とほかの数名がいつも夜二時間交代で、誰も忍びこめないように、ハーレムの番人として座らされました。（『終戦前滞日ドイツ人の体験』一一七〜一一八頁）

ヘルムート・ヤンセンも、輸送船は快適ではなかったが、ジャーナリストたちは、ラジオを聴いて日報を作る仕事が与えられ喜んだこと、その日報を皆が読むことができたことなどについて語った後、こう締めくくっている。

私たちの「マリン・ジャンパー（部隊輸送船）」は以後、不愉快なこと不都合なことはあったものの、「家族の船」という感じになりました。

（『終戦前滞日ドイツ人の体験（4）』一〇九頁）

船は上海に寄港し、ここで中国や満州にいたドイツ人数十人が乗船してきた。上海までは銃を肩にかけたアメリカ兵に監視されていたが、上海を過ぎると銃はなくなり、監視もゆるくなった。マラッカ海峡を抜け、インド洋を通り、アラビア海に入った。途中、命を落とした人が水葬に付された。前出のゼッケル博士によれば、盲腸炎にかかったものの手術ができなかった若い女性だった。一方で、生まれた命もあった。アメリカ船の上で生まれたこの赤ん坊には自動的にアメリカ国籍が与えられたため、皆にうらやましがられた。

船はスエズ運河を通過し、地中海を航行し、ジブラルタル海峡を抜け、一九四七年三月二三日、ドイツのブレーマーハーフェン（Bremerhaven）に入港した。

下船後、ドイツ人たちは列車でシュトゥットガルト近郊の小さな町ルートヴィヒスブルグ（Ludwigsburg）に移送され、戦争中捕虜収容所として使用されていた施設に入れられた。周囲には鉄条網が張り巡らされ、監視塔には銃を持ったアメリカ兵が立っていた。ここに男女別に収容され、ナチ党と無関係なことを証明できた者から順に解放され、それぞれの故郷に戻っていった。

第二陣送還

第一陣のドイツ人が送還された後も、軽井沢にはまだ多くのドイツ人が残っていた。子どもだけでも七十人くらいがいた。そこでドイツ人宣教師のベルンハルト・ブッスは、子どもたちのためにドイツ人学校を再開させるべく、アメリカ軍にかけあい、奔走した。

ドイツ資産が没収されたとき、アメリカの占領軍はドイツ人学校とドイツ人コミュニティーの図書館に来て、すべての本を持って行ってしまった。私は本を返してくれるよう訴えたが、すべてナチスの本なので焼却しなければならないと言われた。その数日後、わが家の前に本を満載したジープとトレーラーが停まった。将校が、「本をチェックした。持っていってもよい」と言った。さて、本は戻ってきたが、教員は第一陣で送還されてしまい、ほとんど残っていなかった。…唯一残った教職員の一人として、私は校長の責務を引き受け、アメリカ軍の監視の下、学校を再開させた。蘭印で宣教活動をしていた、ミス・ブリンドーが低学年を教えることになり、私はカリキュラムの一環として週一回の礼拝を担当することになった。占領軍本部から学校運営用の資金が下りたので、有能で資格ある教員を六人ほど雇うことができた。

（"Trusting God" p108-109）

数か月後、第二陣の送還準備が始まる。ドイツ大使館武官補佐官のベルシュテットは第二陣だった。外交官は優遇されたと、息子ノルベルトが記している。

一九四七年六月、送還の準備をするようにと言われた。連合国は、外交官パスポートを持っている人には比較的寛大だった。一般の人々が一人スーツケース一個と貴金属一個に限られていたのに対し、僕たちは比較的多くの荷物を持っていくことができた。

一九四七年八月の暑い日、僕たちは軽井沢駅に集められ、横浜行きの列車に乗った。横浜港からアメリカの輸送船ジェネラル・ウィリアム・M・ブラック号に乗った。僕たちは戦争に敗れたドイツへと向かった。四年足らずを過ごした軽井沢は過去のことになろうとしていた。

("Karuizawa 1943-1947" p6)

ドイツ人第一陣が去った後のドイツ人学校。右から2人目、白いスーツの男性がブッス校長
(Reinhard Buss氏提供)

「ドイツのナチ野郎どもが送還される!」

友人がそう叫ぶのを聞いたユダヤ系ロシア人のジョージ・シドリンは、このときも自転車に飛び乗って、軽井沢駅に急行した。

駅の前に着くと、縄が張られ、その向こうに大勢のドイツ人の男女や子どもたちがいた。ブロンドの髪を三つ編みのおさげにした少女は母親の手を握り、父親たちはバギーを押していた。

周囲にはやじうまの住民たちが集まり、様子を眺めていた。

ドイツ人送還の光景を、ユダヤ人のシドリンは特別な思いで見つめたことを記している。

ドイツ人がユダヤ人にしたこと、貨物車に乗せて死の収容所へと輸送したことを思い出させる光景だった。でもこれらのドイツ人たちは収容所に送られるのではない。死に追いやられるのではない。彼らは家族が引き裂かれることもない。彼らは祖国に送り返されるのだ。ただ、そこは破壊されたドイツだ。ぜいたくはもはやできない。彼らは祖国が犯した罪の結果に戻って行くのだ。

（"Somehow We'll Survive" p204）

第二陣は、アメリカ軍の輸送船「ジェネラル・ブラック（General W.M. Black）」で送還された。やはり上海でさらにドイツ人を乗せ、ドイツへと向かった。

二回の送還で、戦時中日本に滞在していたドイツ人の大半が帰国したが、第三陣として、一九四八年四月、二十人ほどが飛行機で送還された。進駐軍から長く尋問を受けていた者、病気のため先の第一陣、第二陣に同行できなかった者などだった。

こうして太平洋戦争中、外国人であふれかえっていた軽井沢から、その大半を占めたドイツ人たちが姿を消した。ベルンハルト・ブッスもドイツ人学校の校長の任を退き、宣教活動に復帰した。送還されたドイツ人は約二千人。七百人ほどが日本に残った。

ドイツ人以外の外国人たちは、国がある者は、多くがそれぞれの母国に戻っていった。母国が共産主義国化した者たちは、アメリカに渡った。無国籍者のうち、ユダヤ人、アルメニア人、白系ロシア人の多くは、アメリカやカナダに渡った。イスラム教徒のトルコタタール人は、一九五三年にイスラム教国トルコの国籍が与えられ、多くが新天地トルコへと渡っていった。

軽井沢に残ったのは、高齢の白系ロシア人やドイツ人などだった。戦後の混乱のなか、生活に苦労し、ピロシキやケーキを焼いて売っていた者もいた。

軽井沢に生まれ育った柳澤廣は、戦後アメリカ軍に接収された志賀高原ホテルや軽井沢のニユーグランドロッジで働いた後、都内のホテルで働いた。退職後は故郷に戻り、民生委員を務めた。一九八八年頃、旧軽井沢に一人で暮らす高齢のロシア人女性が困窮しているのを見かねて、生活保護の受給を勧めた。女性は目に涙を浮かべながら言った、「結構です」。その居間には、帝政ロシアの警察官だった父親の写真が飾られていた。「おばさんはソビエトの出身だったね」、柳澤が言うと、女性は語気を強めて言った、「違います！　ロシアです！」　誇り高き最後の帝政ロシア人だった。

第6章

家族の物語

本章では、これまでたびたび証言を引用してきた人々の中から、八つの家族を選出して、その家族の物語を紹介する。これまでの章が戦時下軽井沢の外国人について、その暮らしや出来事という項目ごとに横糸から見てきたとすれば、本章では家族という縦糸で見ていく。

八家族は、主に当事者本人が記した回想本や詳細な手記が入手できた人々から選出した。具体的には、ドイツ人のシンチンゲル、ブッス、エルクレンツの三家族。そしてユダヤ系ロシア人のシャピロ、白系ロシア人のペトロフ、アルメニア人のアプカー、ユダヤ系ドイツ人のフランク、ユダヤ系ドイツ人のコーンという無国籍の五家族だ。

あえてドイツ人と無国籍者を選んだ理由は、この二つの集団は戦時中もっとも対極にある状況に置かれていたからだ。私たちは普段の暮らしでは国籍というものをあまり意識することはない。だが海外で非常事態下に置かれたとき、私たちの生命と身体を守ってくれる頼みの綱は国籍である。つまり「無国籍（stateless）」ということは、非常時に自分の生命すら守ってくれる国や政府がないことを意味する。戦争という究極の非常事態にありながら、無国籍者は自分たちを保護してくれるものや拠り所となるものを一切持ち合わせてなかった。

一方のドイツ人は大使館から毎月現金が支給され、ドイツ人限定の特別配給を受け取ることができた。それゆえに他の集団からねたまれ、ときに憎まれた。しかし、恵まれていたドイツ人もゲシュタポに監視され、ナチスへの反感や違和感を持っていれば、それをひた隠して生きねばならなかった。

一つ一つの家族がどのような人々で、どのような経緯をたどってきたかを知ることによって、時代の大きな荒波を異郷で生き延びた人々の強さ、たくましさ、そしてしなやかさが、より明瞭に見えてくるだろう。

❖シンチンゲル家（Schinzinger）　ドイツ人

・ロベルト・シンチンゲル——大学教員
・アンネリーゼ・シンチンゲル（一九四六年二月病死）
・（長女）バーバラ・シンチンゲル（・ヘルム）
・（長男）ローランド・シンチンゲル

▽初来日年／一九二三年　▽軽井沢移転時期／一九四四年
▽移転事由／自主疎開　▽軽井沢での住所／二〇七五番地

ドイツ語教師として来日

ドイツ語教師として来日したロベルト・シンチンゲルは、大阪高等学校（現在の大阪大学）、京都大学、東京大学、学習院大学で教え、独日・日独辞典を編纂した。その辞書は今なお、ドイツ語を学ぶ人や使用する人の間で定評がある。

ロベルト・シンチンゲルが新妻アンネリーゼとともに船で神戸に到着したのは、関東大震災からわずか二日後の一九二三年九月三日。神戸港は、東京や横浜から逃れてきた大勢の被災民でごった返していた。

夫妻は大阪郊外の日本家屋に住み、日本人に混じって暮らした。翌年の夏、軽井沢のマンロー病院で長女バーバラが、二年後には大阪で長男ローランドが誕生。学齢期になった子どもたちを神戸のドイツ人学校に通わせるため、一家は神戸に引っ越す。ロベルトは京都大学でも教鞭をとるようになっていた。

一九三六年、契約満了に伴い、ドイツに帰国。だが、祖国はナチ党が政権を握っていた。その空気を嫌い、再来日する。神戸の六甲登山口駅近くに住んだが、一九三八年七月の「阪神大水害」で、自宅と愛犬が流されてしまう。着の身着のままの四人に、多くの人々が支援の手を差し伸べてくれた。家に泊めてくれたり、毛布や衣服を分けてくれた。

ナチスの影響

ナチスを嫌って日本に戻ってきたものの、その影響は日

戦前、軽井沢でのシンチンゲル夫妻
（Leslie Helm氏提供）

戦前のシンチンゲル家
後列アンネリーゼ、左から3人目よりバーバラ、ロベルト、ローランド
（Leslie Helm氏提供）

本でも避けられなかった。ドイツ人の子どもは「ヒトラー・ユーゲント」の日本版、「日本・ドイツ青少年団（ＤＪＪ）」に入団しなければならかった。夫妻は子どもたちがドイツ人コミュニティーの中で孤立することを恐れて、渋々入団させた。

長女バーバラは後年、「ＤＪＪのサマーキャンプは、ガールスカウトのようなものだった」と語ったが、それでも自宅で「腹黒いユダヤ人」のことを口にすることがあった。そういうとき夫妻は穏やかに、「私たちの友人の○○さんはユダヤ人だよ。彼は腹黒いかね？」と子どもたちに問いかけた。

学校を卒業したバーバラは、ドイツ政府の方針で、神戸の子だくさんのドイツ人家庭に家事手伝いに送られる。一九四四年秋、長男ローランドは箱根に移ったドイツ人学校の寮に入る。ドイツ人学校では挨拶に「ハイル・ヒトラー！」と大声で叫ばねばならず、教師は、「天井の垂木が震えるくらい大きな声を出せ」と生徒たちに命じた。

翌朝、生徒たちが「ハイル・ヒトラー！」と叫ぶと、天井からぶら下がっていた照明器具がゆらゆらと揺れた。実はローランドが照明器具に釣り糸を結び、生徒たちが叫ぶたびに糸を引っ張って揺らしていたのだった。このことがクラスメートの告げ口でばれると、ローランドは退学させられ、軽井沢の家族のもとに戻ってきた。

軽井沢

ロベルトは一九四二年から東京の学習院大学と東京帝国大学で教えていたが、一九四四年、学徒出陣が始まる頃、職を解かれた。妻アンネリーゼは、『二十世紀（The Twentieth Century）』という上海を拠点にしたドイツ語誌の日本の編集者をしていた。夫妻は軽井沢に家を借り、東京と軽井沢との間を行き来きした。

軽井沢でシンチンゲル家が住んだ家は、もとはアメリカ人宣教師の別荘で、二階には持ち物が残されていた。かなり広かったので、戦争のため国に帰れなくなったドイツ人ハープシコード奏者のエタ・ハーリッヒ・シュナイダーが、ここにグランドピアノを運び込んだ。他のドイツ人を招いてコンサートを開いたこともあった。

軽井沢の家は冬を越すようにできていなかったので、寒さはこたえた。家の中でも手袋をつけ、帽子をかぶって家事をした。ドイツ人には特別配給があったが、それでも足りず、食糧調達に奔走した。リンゴやジャガイモ、大量のキャベツを漬けこんだザワークラウトを、地面に掘った室《むろ》に貯蔵した。山に薪集めに行き、家庭菜園を作り、人糞を汲み、馬糞を集めて肥料にした。野山で食べられそうな野草を積んできて、味噌汁の具にした。

特別配給の缶詰数個と交換して手に入れた自転車に乗って、バーバラとローランドは近隣の農家へ出かけていった。手持ちの缶詰や衣類を、新鮮な果物や野菜と物々交換してもらった。農家の人々は親切で、「どうぞ、おあがってなさって」と言って、二人に囲炉裏で焼いたじゃがいもを食べさせてくれた。アメリカ兵の恐ろしさについて、語ってきかせてくれたこともあった。

あるときローランドは一人、列車に乗って、いつもより遠くまで出かけていった。「リンゴが手に入るところを知りませんか？」と尋ね歩いた末、大きな農家に行きついた。そこは日本軍に缶詰用の果物を納品していた農家だった。離れに暮らす高齢女性と仲良くなり、貴重な果物の缶詰をもらってきた。正月に姉バーバラを伴って訪れると、焼いた餅にアプリコットジャムをつけてごちそうしてくれた。

一九四五年五月、シンチンゲルの東京の自宅が空襲で焼けたことをドイツ大使館員が知らせに来た。長女バーバラは焼け跡に何か残っていないか、見に出かけた。道中、大きな砂ぼこりがもくもくと上がっているのが見えた。徐々に近づいてきたその砂ぼこりは東京から避難してくる人々の大群だった。

終戦後、アンネリーゼの死

終戦後、バーバラは銀座のアメリカ軍のPXストア（酒保）で働き始めた。だが、DJJに入っていたことが知れると解雇された。その後、東京裁判用の資料をドイツ語から英語に訳す職を得た。仕事はやりがいがあり、おもしろかったが、やはり同じ理由で解雇された。

一九四六年二月、戦中の栄養失調から体力が弱っていたアンネリーゼが風邪をこじらせて髄膜炎にかかった。ロベルトは東京にいるバーバラに電話し、「至急ペニシリンを持って来るように」と伝えた。バーバラは夜通しペニシリンを探し回り、ようやくアメリカ軍医から手に入れ、軽井沢に急行した。だが、駅で背を丸めた父の姿を見たとき、間に合わなかったことを悟

1946年夏、軽井沢で友人たちと
左端バーバラ、中央ロベルト、右から2人目ローランド　（Leslie Helm氏提供）

った。自宅でのささやかな葬儀の後、アンネリーゼの遺体は息子ローランドが作った棺桶に収められ、雪の降る中、そりに乗せられ、外国人墓地に埋葬された。

その春、ロベルト・シンチンゲルは教壇に復職。後に学習院大学の名誉教授となる。日本人女性と再婚し、ドイツ語辞典を編纂し、生涯を日本で暮らした。

二人の子どもはアメリカに渡った。ローランドはコンピューター科学と電気工学の著名な研究者になり、その著書は日本語にも翻訳されている。

軽井沢外国人墓地の
シンチンゲル家の墓

バーバラは同じ日本生まれのドイツ系ドン・ヘルムと結婚。その息子レスリーは、五代にわたるヘルム家と日本のかかわりについて記した『横浜ヤンキー』（明石書店、二〇一五年）を出版している。

アンネリーゼ・シンチンゲルが眠る軽井沢の外国人墓地の二十七区画に、ロベルトとバーバラの遺灰の一部も眠る。

❖ブッス家（Buss）　ドイツ人

・ベルンハルト・ブッス――宣教師
・カタリナ（ケーテ）・ブッス
・（長男）ジークフリート・ブッス

・（次男）ラインハルト・ブッス
・（長女）ドロシー・ブッス
・（三男）ディートリッヒ・ブッス
・（四男）ゲロルト（ゲリー）・ブッス
・（五男）ベルンハルト（ベニー）・ブッス

▽初来日年／一九二八年　▽軽井沢移転時期／一九四四年六月
▽移転事由／自主疎開　▽軽井沢での住所／沓掛前沢二番地

若き宣教師として来日

一九二八年、ベルンハルト・ブッスは、リーベンゼラ（Liebenzell）ミッションの宣教師としてエルンスト・ラングとともに来日する。日本語学校に通った後、川崎の登戸で宣教活動を開始。二年余後、ドイツ出発直前に婚約したケーテが来日。伴侶を得たブッスは宣教活動を拡大し、幼稚園も開園する。

毎年夏は宣教師が集まる軽井沢で過ごした。一九三一年、軽井沢のマンロー病院で長男が誕生。次男も軽井沢で誕生した。宣教活動は順調だったが、母国ドイツでナチ党が政権を握ると、ドイツから海外への送金は縮小され、費用を切り詰めなければならなくなった。

来日から六年。湿気の多い日本の気候や無理がたたり、ベルンハルトは関節炎で歩くのも困難になった。静養のため一時帰国。一九三七年二月に再来日する。

だが、わずか二年の間に日本の空気は変わり、排外的な国家主義が広がっていた。礼拝の冒頭には君が代を歌うことを求められた。子どもたちが通うドイツ人学校では、戦没兵慰霊の神社参拝があった。異教の神は拝めないという事情を話すと、幸いブッス家の子どもたちは免除された。オープンでフレンドリーだった日本人は外国人の話に懐疑的になっていた。近所の日本人の子どもたちはブッス宅に石を投げ込んできた。

軽井沢で長女が生まれ、一家は中軽井沢駅に近い前沢に夏季用の別荘を建てた。

戦争の影響

一九三九年九月、ドイツ軍がポーランドに侵攻し、第二次世界大戦が始まった。ますます神の助けが必要と思ったベルンハルトは、この頃生まれた三男のミドルネームに「ゴットヒルフ（Gotthilf　神の助け）」とつけた。外国人が教会で説教するのにも特別の許可が必要になり、ドイツからの送金も東京のドイツ大使館経由となり、金額もかなり減った。資金をまかなうため、ベルンハルトは近くの医学校でドイツ語を、またドイツ人学校で日本語を教え始める。

ドイツがオランダに侵攻すると、「蘭印」（現在のインドネシア）にいたドイツ人はオランダによって抑留された。スイス領事館と赤十字の尽力により女性と子どもたちは解放され、本国ドイツ送還のため日本に送られたが、独ソ開戦により日本から動けなくなってしまう。その数、数百名。在日ドイツ人は彼女たちに支援の手を差し伸べ、ブッス家でも宣教師の夫を持つヴァイサー（Weisser）夫人とその息子を自宅に受け入れた。だが、日本軍が蘭印を占領すると、オランダはドイツ人抑留者をインドに移送。三隻の移送船のうちの一隻が日本軍の攻撃を受け沈没。乗っていたドイツ人抑留者のほとんどが死亡し、ヴァイサー夫人の夫も亡くなった。その知らせを残された母子に伝えるのは、つらいことだった。

ドイツ大使館の信頼が厚かったジャーナリスト、リヒャルト・ゾルゲが、ソ連のスパイだったとがわかり逮捕された。一九四四年十一月の死刑執行の直前、ベルンハルトはオット元大使に頼まれて、最後の面会に同行した。

軽井沢で生きた農業経験

一九四四年夏、一家は軽井沢に疎開する。同じリーベンゼラ・ミッションの宣教師ラング、ノーテヘルファーも軽井沢に疎開した。

軽井沢の家は夏仕様だったので、下からの冷気を避けるため、家の下に断熱と備蓄を兼ねて薪を詰め込んだ。ベルンハルトはドイツ北東部の農家の出身だったので、寒冷地での農作業には慣れており、これが大いに役に立った。

ブッス家はヤギ、鶏、ウサギに加え、乳牛も飼い、牛のために納屋を建てた。ちなみに牛の名前は「クシ」。黒と白のホルスタイン牛だったので、日本語の「黒い」と「白い」からつけた。ドイツ人の隣人が納屋の屋根をふくのを手伝ってくれたので、お礼に彼らのヤギや鶏も納屋にいれてあげた。屠畜も自分でやったが、このことが知れると、あちこちからヤギの屠畜を頼まれるようになった。地下貯蔵庫を掘って、ジャガイモや野菜、キャベツの漬物「ザワークラウト」を保存した。春になると、森で食べられる草木やキノコを探した。宣教活動で使用したテントを裏庭に張り、備蓄用倉庫にした。

ブッス家は誰もタバコも酒も飲まなかったので、タバコや酒の配給券は農家でジャガイモや卵、米と交換してもらった。また町から離れていたブッス家の庭には、ドイツ人向け特別配給の一部が埋められた。

子どもたちはドイツ人学校に通い、ベルンハルトは学校で宗教の授業を受け持った。また、ドイツ人向け教会で礼拝を執り行った。

終戦後

八月十五日、戦争が終わった。

アメリカ軍がやってきた。町はずれのブッス家からドイツ人学校までは片道五キロ近い道のりだった。子どもたちが歩いていると、アメリカ兵がジープに乗せてくれることがあった。山の中でブロンド髪の少年に出会ったことに、涙を浮かべていたアメリカ兵もいた。

一家の楽しみは音楽だった。ピアノ、ハーモニカ、バイオリン、チェロを弾き、讃美歌を歌った。ある春の日、いつものように音楽を楽しんでいると、一人の若いアメリカ兵が迷い込んできた。兵士の両親はドイツ人だった。兵士はブッス家の消息を、アメリカ軍の郵便サービスを使ってドイツの親戚に伝えることを約束してくれた。

一九四七年二月、ドイツ人の第一陣が送還されたが、軽井沢にはまだかなりの数のドイツ人が残っていた。学齢期の子どもも七十人ほどいた。ベルンハルトは子どもたちのために学校を再開すべく、校長の任を引き受けた。教えられる者たちを集め、学校を再開した。半年後、第二陣が送還されると、ベルンハルトは校長の任を退いた。

戦時中日本にいたドイツ人のほとんどは帰国したが、ブッス、ラング、ノーテヘルファーのドイツ人宣教師三人は、日本に残ることが許された。ラングとノーテヘルファーは横浜と東京

戦後まもない頃、軽井沢でのブッス家（Reinhard Buss氏提供）

の焼け残った自宅に戻った。大田区久が原のブッスの自宅も焼け残ったものの、アメリカ軍に接収されてしまったので、中軽井沢周辺で宣教活動を再開した。遠方の農村へも出かけていった。来栖三郎元駐米大使の長女輝の結婚式も執り行った。

ケーテの死、続く日本との縁

五男を出産後まもなく、妻ケーテが骨盤に痛みを訴える。ベルンハルトは日本での使命も終わりに近づいたと感じる。一九五一年、一家はアメリカに渡る。ケーテはカナダで死去。

ケーテ亡き後、ベルンハルトは三度目の来日をする。新潟で宣教活動を行い、同じ宣教師のルースと再婚。四年後の一九五八年、関節炎が再び悪化し、日本に別れを告げる。

日本との縁は、まだ続く。ルースがガンで死去した後、ベルンハルトは横浜のミッションスクール教員だったマルタと再々婚。アメリカの自宅で日本人留学生のホームステイを受け入れた。ベルンハルトは九十一歳で天寿を全うするが、その墓石は日本人の友人たちから贈られたものだ。長男ジークフリードは一九六〇年代に宣教師として再来日。その娘ハイディも、二〇〇〇年代に宣教師として来日している。

❖エルクレンツ家（Ercklentz）　ドイツ人

・エノ・エルクレンツ――銀行員
・ヒルデガルド・エルクレンツ
・（長男）エノ・エルクレンツ

・（長女）ヒルデガルド（ヒリー）・エルクレンツ（・マホーニー）
・（次男）アレクサンダー・エルクレンツ
▽来日年／一九四一年　▽軽井沢移転時期／一九四四年初夏
▽移転事由／「外国人居住絶対禁止区域」からの強制移転
▽軽井沢での住所／八六一番地
（ただし長女の回想には「八六七番地」と記載されている。）

独ソ開戦で日本から動けなくなる

ドイツのコメルツ銀行（Commerz und Privat Bank）のニューヨーク支店長だったエノ・エルクレンツは、ドイツとアメリカの関係悪化により、本店の命を受けてニューヨーク支店を閉め、母国ドイツに戻ることになった。平時なら大西洋経由で帰国するが、ドイツがイギリスと交戦中だったため、安全を期して太平洋経由で帰国することになった。

用心深い妻ヒルデガルドは長旅の途中困らないよう、缶詰からティッシュまで大量の日用品をそろえ、一家の荷物はスーツケース四十個にも上った。この大量の備えが後に一家を助けることになる。一九四一年六月十九日、日本郵船の龍田丸で一家は雨の横浜港に到着する。すでに巷では、ドイツ軍がソ連に侵攻するので

1941年8月14日朝日新聞長野版に掲載された写真　左端がヒリー

はないかとのうわさが流れていた。

果たして六月二十二日、独ソ開戦。父エノはアメリカに戻る手立てを探すが、一向に埒《らち》が明かない。いっそ気分転換するかと、一家は軽井沢へ二週間の夏休みに出かける。ある日、長女ヒリーは英語を話す日本人の少女に出会った。少女が「戦死した兵士のお墓に供える花を摘む」と言うので、「それはいいわね」と一緒に花を摘んでいたところへ、日本人男性が近づいてきて、「写真を撮ってもよいですか?」と聞かれた。翌日ホテルの従業員から、「新聞に載っていますよ」と言われた。朝日新聞長野版に「勇士の墓前へ　枢軸童心の花束」と題した記事とともに写真が掲載されていた。

ナチ党との距離

当分日本から動けないと判断した夫妻は、横浜に戻ると滞在していたホテルニューグランドを引き払い、山手六六b番地に引っ越し、子どもたちを英語系の学校、息子たちはセント・ジョセフ学院に、娘はサン・モール学校に編入させた。

十二月八日、状況はさらに悪化し、日本は対米英戦争に突入する。夫妻は二人の女中から、「ドイツは同盟国だが、あなたたちの動静を警察に報告しなければならなくなった」と告げられる。父エノは、ゲシュタポのマイジンガーに呼び出され、ナチ党入党と子どもたちをドイツ人学校に通わせることを求められた。だが、これを拒否したため、以後「反ナチス的」としてマークされることになった。それでも、長男エノは日本・ドイツ青少年団(DJJ)に入団し、その制服を着たまま、セント・ジョセフ学院で親友になったユダヤ系ロシア人アイザック・シャピロの家に遊びに出かけた。

一九四二年十一月末、横浜港でドイツ艦船爆発事故が発生した折には、伍長と中尉の二人を自宅に受け入れた。

軽井沢

一九四三年九月、自宅が「外国人居住絶対禁止区域」に指定され、夫妻は箱根に下見に出かけ、適当な家を見つけて契約してきた。だが、引越し準備をしている間に、家主の気が変わってしまい、急きょ下見せずに軽井沢で空いていた家への移転を決める。

一九四四年初夏、横浜から軽井沢の愛宕山のふもとの家に移転する。築五十年の家はノミがひどかった。さらにストーブを設置するのが危険とわかり、ちょうど空いた二軒先の家に移る。リビングルームには父エノが地元で見つけた小さなピアノを置き、鶏小屋を作り、庭に野菜を植えた。使用人として若い朝鮮人女性を雇い入れた。子どもたちはドイツ人学校に編入したが、あまりドイツ語ができなかったので、授業についていくのに苦労した。

日曜には、カトリックの聖パウロ教会でのミサに出席した。父エノはある日、教会にモザナーが来ていることに気づく。モザナーはマイジンガーの右腕で、DJJのトップでもあった。軽井沢にいた駐日デンマーク公使夫妻が遠縁とわかり、ある夜夕飯に招待した。外で物音がしたので長女がドアを開けると、黒い人影があわてて立ち去るのが見えた。一家は、言動に一層注意するようになった。

十一月になると配給は一家族に一週間にパン一斤、バターは一か月に一人一ポンドに減り、肉は全く手に入らなくなった。長男エノが、ドイツ海軍武官の息子と親友だったので、外交官分の配給をときどき分けてもらった。

冬になると水道管が凍結したので、愛宕山の井戸に水を汲みに行った。手や鼻はしもやけやあかぎれになり、ジャガイモは凍って食べられなくなった。一羽だけだった雄鶏が凍死し、卵も手に入らなくなった。父エノは押し寄せる不安を払いのけようと、ピアノを弾き続けた。ショパン、ワーグナー、リスト…。

一九四五年五月、ドイツ降伏。銀行から支給されていた給与も止まった。この頃、ドイツで旧知だったエンゲルの姿が見えなくなった。釈放されたエンゲルは、憔悴した姿でエルクレンツ家に現れた。夫妻は何とか助けようとしたが、エンゲルは翌日首を吊っている姿で発見された。

夏が来ても戦争は終わる気配がないどころか、空襲は徐々に近づいてくるように思われた。父エノはピアノを弾くこともなくなり、ただ、ぼんやりといすに座っていることが多くなった。八月十五日、ついに終戦。九月、ジープに乗ったアメリカ兵がやってきた。もともとアメリカ生活の長かったエルクレンツ家の子どもたちはアメリカ兵と親しくなり、長男と次男はジープに乗せてもらい、菓子や軍食をもらってきた。一方、長女は学校で、クラスメートの少女がアメリカ兵にレイプされた話を耳にし、母から一人で外出しないようにと言い渡される。

終戦後

十月終わり、一家は軽井沢から横浜に戻る。今度の住所は山手四六b番地。家の向かいに米軍の駐屯所があった。十四歳の長男はアメリカ軍に通訳として雇われ、長女と次男はアメリカ兵にマスコットのようにかわいがられた。

エルクレンツ家はドイツではなく、アメリカに帰ることを希望し、父エノは長男と次男がアメリカの市民権を持っていることを訴えたが、「第一陣での本国送還」の決定は覆らなかった。荷物は一人スーツケース二個までとされた。母が日本で買い求めた九谷焼や有田焼などの骨董品を置いていかねばならないとがっかりしていたところ、デンマーク人とオーストリア人の友人が自分たちの帰国荷物に入れてくれることになった。

一九四七年二月、一家は横浜港に向かい、頭からDDTを振りかけられた後、アメリカ軍の輸送船マリン・ジャンパーに乗船した。立ち寄っただけのはずの日本滞在は、六年近くに及んでいた。

帰国した母国ドイツも日本と同様に空襲で破壊され、その上分割されていた。だが西ドイツ経済がマーシャル・プランによって回復し始めると、一九五〇年、一家は念願のアメリカに戻る。長男は偶然にも、大学で横浜時代の親友アイザック・シャピロと再会。長女はモデルになり、キャンペーンガールとして全米をまわる。一九九〇年には夫とともにHarvard Mahoney Neuroscience Institute（ハーバード大学マホーニー神経科学協会）を設立し、二〇二一年現在もその会長を務めている。

❖シャピロ家（Shapiro）　無国籍（ユダヤ系ロシア人）

・コンスタンチン・シャピロ――チェロ奏者、音楽教師
・リディア・シャピロ――ピアノ教師
・(長男) ジョセフ・シャピロ（一九四四年～ハルビン）
・(次男) アリエル・シャピロ（一九四四年～ハルビン）
・(三男) ヤコブ・シャピロ
・(四男) アイザック・シャピロ
・(五男) マイケル・シャピロ

・レベッカ・ワイスマン――保母

▽初来日年／一九二八年　▽軽井沢への移転時期／一九四五年春
▽移転事由／自主疎開
▽軽井沢での住所／一五四八番地
（ただし、この住所は当初間借りしたクメタックの住所と思われる。）

近衛秀麿と山田耕筰の招聘で来日

ユダヤ系ロシア人でチェロ奏者のコンスタンチン・シャピロは、近衛秀麿と山田耕筰の招聘で一九二八年に初来日した。日本デビュー曲は、近衛秀麿の指揮する新交響楽団との、シューマンのチェロ協奏曲。ツアーが好評を博し、二年後、ハルビンから妻と息子三人を呼び寄せる。

十九世紀終わりから二十世紀初めにかけてロシアではユダヤ人迫害、ボルシェビキ革命、内戦と嵐が吹き荒れた。夫妻はドイツ、フランス、アメリカ、パレスチナなどを転々とする。テルアビブの病院でリディアは双子を出産し、このとき病院の看護師から保母として紹介されたのが、レベッカ・ワイスマンだった。ワイスマンは二歳のときにかかった猩紅熱《しょうこうねつ》のため耳が聞こえなかった。以後生涯リディアのそばで尽くす。

来日し、四男を出産後まもなく、リディアは息子たちを連れ、ハルビンにいた父の元に戻ってしまう。子持ちの人妻ながら、若くて美しいリディアには多くの男性が寄ってきた。この頃ハルビンでは誘拐事件が頻発していた。

一九三三年八月、リディアは高級ホテルオーナーの御曹司シメオンとのデートの最中に誘拐されてしまう。シメオンの説得により、リディアは解放されるが、シメオンは三か月間拘束され、拷問された末に惨殺されてしまう。ショックを受けたリディアは一九三六年に日本に戻り、再び夫とともに横浜の本牧で暮らす。西洋人中心の山手とは異なり、本牧は日本人が多く住んでおり、一家は日本人に混じって暮らした。

リトアニアやポーランドから、杉原千畝が発行したビザを手にしたユダヤ人避難民が続々と日本に到着すると、英語とロシア語を解したコンスタンチンは、通訳として横浜のアメリカ領事館に呼ばれ、ナチスドイツによるユダヤ人迫害の事実を知る。

強制移転と空襲

一九四一年十二月八日の対米英開戦後も、「無国籍のユダヤ系ロシア人」であるシャピロ家の生活には特段大きな変化はなかった。一九四二年十一月末、横浜港でドイツと日本の艦船の爆発事故が発生。息子たちは、山手のセント・ジョセフ学院の校舎の屋上から事故を目撃する。

一九四三年九月、自宅が「外国人居住絶対禁止区域」に指定され、一家は一九四四年初めに東京六本木の近くに引っ越す。斜め向かいに、「チビ」というあだ名の小柄な少年が住んでいた。後に政治家となる、与謝野馨だった。

シャピロ宅にはさまざまな人物がやってきた。レオ・シロタ夫妻、ポーランド人バイオリニストのミンチンスキーなど、ユダヤ人やロシア人、ドイツ人、ポーランド人の音楽家が多かった。ルダコフというロシア人も、闇市で仕入れた食糧を持ってやってきた。

一九四四年十一月下旬、本格的な空襲が始まった。この頃シャピロ家には、空襲で六回も立て続けに焼け出されたクラウス・プリングスハイム二世が居候していた。若いクラウスはスイス公使館に雇われ、毎晩酒を飲んで帰宅しては大いびきをかいていたが、空襲が始まると屋根に上り、「いいぞー、ヤンキー！　もっとやれー！」と手を振りながら敵国を応援するので、子どもたちは「クラウス、逮捕されちゃうから、やめて」と懇願しなければならなかった。

軽井沢

一九四五年三月十日、東京大空襲の夜、四男アイザックが自宅を抜け出した一件を機に、両親は四男と五男とワイスマンを、軽井沢のロシア人クメタックの家に疎開させた。クメタックは仕立屋だったが、軽井沢では生活のため養蜂をやっていた。双子の長男と次男はすでにハルビンの祖父のもとにいた。

東京に残った両親と三男は、さらに二回ほど空襲に遭った後、軽井沢に疎開する。クメタックの家は六人が居候するには狭すぎたため、一家は森の奥、行き止まりの通りにある小さな木造家屋に移る。この家には電気も電話も通っていなかった。

食糧は常に足りず、常に空腹だった。カリフラワーの葉だけを食べた時期もあった。ワイスマンはカリフラワーの葉を刻んでパテを作った。三男と四男は自転車に乗って、近隣の農家にジャガイモやリンゴを分けてもらいに出かけた。

三男と四男はユダヤ系ドイツ人のカール・キンダーマンの教室に通った。

八月十五日、終戦。玉音放送の直後、四男アイザックは自転車で通りに飛び出していき、憲兵に切りつけられそうになった。

終戦後

アメリカ軍が上陸すると聞き、この目で見たいと思った四男アイザックは両親に内緒で一人横浜に向かう。横浜でアメリカ軍将校に出会い、アメリカ軍に通訳として雇われる。十月には海軍将校らの広島視察に同行する。三男ヤコブもアメリカ軍に雇われる。

夫妻と五男は東京の自宅に戻る。隣の兵舎に住むアメリカ兵と親しくなり、合唱の指導などをした。

一九四六年、四男アイザックはアメリカ軍将校から「日本にいても君の将来はない」と、アメリカに来るよう誘われる。渡米後、ハワイの高校を首席で卒業。ニューヨークのコロンビア大学に進学。大学で偶然、横浜のセント・ジョセフ学院で親友だったドイツ人エノ・エルクレンツと再会する。卒業後は弁護士として活躍する。

一方で、「日本とのつながりを持ち続けたい」と大学在学中にニューヨークのジャパンソサイエティーに入会し、一九七〇年から一九七七年まで会長を務める。日米親善への貢献により、二〇〇六年、旭日大綬章を授与される。

シャピロ家は、長男以外は全員がアメリカに移住。長男はソ連のＫＧＢの前身に入り、終戦後日本人捕虜の尋問を担当している。

❖ペトロフ家（Petroff）　無国籍（白系ロシア人）

・パーヴェル（ポール）・ペトロフ
　――元白軍少将、在日亡命ロシア人協会会長、東京ロシア人学校初代校長
・オルガ・ペトロワ
・（長男）セルゲ・ペトロフ
・（次男）ニキタ（ニック）・ペトロフ

・（三男）デミトリ（マイク）・ペトロフ

▽初来日年／一九三三年　▽軽井沢移転時期／一九四五年四月

▽軽井沢移転事由／強制移送　▽軽井沢での住所／三笠ホテル別館

「ロマノフの金塊」の返還を求めて来日

一九三三年三月、元白軍少将のパーヴェル・ペトロフは、ロシア内戦中の一九二〇年に自らが日本軍に預けた「金塊」の返還を求めて初来日する。金塊は、一般に「ロマノフの金塊」（または「コルチャーク金塊」）と呼ばれているものだ。

一九一七年にボルシェビキ革命が起こると、ロシアはボルシェビキ（社会主義）派の「赤衛軍（赤軍）」と帝政派の「白衛軍（白軍）」とに分かれ、激しい内戦に突入する。ロマノフ王朝が保有していた金も、ボルシェビキ派と帝政派との間で奪い合いとなった。第一次世界大戦前のロシア帝国の金保有量はヨーロッパ一、世界でもアメリカに次いで第二位だった。

一九二〇年十一月、赤軍が攻勢を強める中、オムスク臨時政府のグレゴリー・セミョノフ指揮官は、金塊の一部二十二箱をペトロフ少将に託した。ペトロフはこの二十二箱を、満州里で日本陸軍の井染禄郎大佐に預けた。このとき、「ペトロフ少将から返還請求があった場合には、速やかに返還する」という証文も交わした。

その後ペトロフは戦線から退き、奉天の日本人地区で写真スタジオを開く。店は奉天で唯一の欧州系写真店として繁盛し、張学良も写真撮影に訪れた。その後、奉天の政治情勢が悪化したため、一家は上海に移る。上海で夫婦関係は冷え込んだ。

一九三三年三月、日本の政治情勢から預けた金塊の返還を求める好機だと思ったペトロフは、来日する。しかし日本側は返還に応じず、ペトロフは裁判を起こす。ペトロフは、日本が上海より住みやすく、横浜に息子たちのためによい学校もあることを知り、上海から家族を呼びよせた。

横浜と東京

一家は横浜に住んだ。山手のセント・ジョセフ学院に編入した息子たちは英語を習得し、アメリカ的になっていった。パーヴェルは在日亡命ロシア人協会の代表になり、オルガはセント・ジョセフ学院の子どもたちのための下宿を始める。パーヴェルはさらに一九四〇年、東京に開校したロシア人学校の初代校長にも就任する。

同じ年、金塊返還裁判が高裁でも敗訴。パーヴェルは、裁判費用を日本側が持つとの交換条件で、上告を断念する。アメリカへの移住を考えるが、資金がなく、これも断念する。

一九四四年春、一家は横浜から大森に引っ越す。長男セルゲはセント・ジョセフ学院を卒業後、日独エンジニアリングで働いていたが、ドイツ人社長のウィリー・フォスターが逮捕され、工場も阪神地区に移転となり、失職する。九月、ロシア人学校が閉校し、パーヴェルも失職する。十一月下旬、東京への空襲が始まる。

軽井沢

一九四五年四月半ば、一家は警察から「荷物をまとめて、明日軽井沢に行くように」と言われ、翌日軽井沢に向かう。長男セルゲは、元上司フォスターに自宅の管理を頼まれていたため、それを片付けた後、五月一日に軽井沢へ向かう。

軽井沢で、一家にあてがわれたのは三笠ホテル別館だった。ここには京浜地区から来たロシア人が集められていた。狭い部屋に、わずかな家具がついていた。三笠ホテル別館での監視は週一回の点呼を除き、緩かった。スカーフの一件でロシア人女性と対立した後、日本人監督官が監督の職務を放棄してしまったので、ロシア人たちは自治会を組織した。代表に選ばれたパーヴェルは、入浴スケジュールの調整から、もめごとの調停まで忙殺された。食糧を得るため、近隣の農家に買い出しに出かけた。

終戦後

九月に入り、アメリカ軍が上陸してくると、長男セルゲと次男ニックは東京に職探しに出かけた。このとき軽井沢駅から乗った列車で、解放されたばかりのオーストラリア兵捕虜と乗り合わせる。

東京でも横浜でもアメリカ人だと思われた兄弟は、アメリカ赤十字に職を得る。やがてセルゲはロシア語、日本語、英語の語学力を買われ、ＧＨＱの情報部ＧⅡの対敵諜報部ＣＩＣに一時雇用され、日本共産党員やロシア正教会の動きを探った。

アメリカの移民を申請して受理され、一九四七年に念願の渡米。サンフランシスコには、一九二〇年代にロシア人が大勢移住しており、その中には父パーヴェルの元部下たちもいて、何かと助けてくれた。パーヴェルはモントレーでロシア語教師の職を得た。横浜のセント・ジョセフ学院で受けた教育のおかげで、息子たちもすんなりアメリカに溶け込んだ。長男は保険会社のマネージャーに、次男はセメント会社のエンジニアに、三男は内科医になった。

❖アプカー家（Apcar）　無国籍（アルメニア人）

・マイケル（マイク）・アプカー――アプカー商会主
・アラクセ・アプカー
・（長女）ドロシー（ピンキー）・アプカー（一九四二年一月病死）
・（次女）ルシール・アプカー
・（三女）キャサリン（キャシー）・アプカー
・（長男）マイケル（ミッキー）・アプカー
・（次男）リチャード（ディック）・アプカー

▽来日年／一八九〇年　▽軽井沢への移転時期／一九四三年十一月
▽移転事由／「外国人居住絶対禁止区域」からの強制移転
▽軽井沢での住所／二五一三番地（前田郷内）

初代アプカーと「アルメニアの母」

アプカー家は、インド一帯で海運会社などを経営するアルメニア人の一族だった。初代アプカー夫妻は新婚旅行で日本を訪れて気に入り、一八九〇年（明治二三年）、生まれたばかりの長女ローズを伴って移住。横浜を拠点にアプカー商会（A.M.Apcar & Co.）やホテルを経営した。ところが、夫マイケルは出張先の神戸で急死。残されたダイアナは夫の事業を引き継ぎ、一男二女を育てあげる。

第一次世界大戦が始まると、オスマントルコ帝国で領域内に住むアルメニア人の迫害、虐殺、追放が起こる。ダイアナは難民となった同胞を救うべく、執筆活動によって国際世論と各国指導者に訴えかけた。これに応え、渋沢栄一はアルメニア難民救済委員会を立ち上げた。

ウラジオストックにたどりついたアルメニア難民を、ダイアナは私財をなげうって助け、彼らはアメリカへと渡っていった。その人道的な功績により、ダイアナ（アルメニア語では「ディアナ」）はアルメニア人の間で「小さな母」と慕われた。一九一八年にアルメニアが悲願の独立を勝ち取ると、ダイアナは横浜名誉領事に任じられた。世界初の女性外交官とされる。そのアルメニアは一九二〇年にはソ連に吸収され、国が消滅。ダイアナはまた、アルメニア人以外の難民や、小笠原諸島から移転させられ、困窮していた欧米系のルーツを持つ家族も支援している。

一九二三年の関東大震災では自宅が全壊したため、いったん神戸に移転するが、再び横浜に戻ってくる。

アプカー商会は息子マイクが引き継ぎ、順調にビジネスを拡大させた。一九三〇年代、日本で次第に軍国主義色が強まると、ダイアナは無国籍の息子一家の行く末を懸念する（ダイアナはイギリス国籍だったが、名誉領事に任じられた際に放棄。アラクセはアメリカ国籍だったが、当時の

1928年頃のアプカー家
左よりルシール、マイク、アラクセ（膝の上にキャサリン）、ドロシー、母ダイアナ、妹ルース　（Mimi Malayan氏提供）

法により結婚で喪失)。

すでに娘二人は渡米しており、ダイアナはマイクにも家族を連れてアメリカに渡るよう強く促した。姉ローズも来日して説得にあたった。だが、再三にわたる忠告にマイクは耳を貸さなかった。一九三七年、ダイアナは亡くなり、夫が眠る山手の外国人墓地に葬られた。

日米開戦、マイクの逮捕、従業員の裏切り、長女の死

一九四一年十二月八日の朝、亡き母ダイアナの不安は的中する。アプカー家に警察官数人が踏み込んできて、理由も告げずマイクを逮捕し、連行していったのだ。自宅は家宅捜索を受け、金目の物は没収された。

やがて知らされた逮捕容疑は、フリーメイソンの幹部だったことによる治安警察法違反だった。フリーメイソンは幕末以来、イギリス公使との紳士協定によって活動を認められていた。日本人の参加や活動の公表は禁止されていた。だが、日本人にとって謎めいた団体であるフリーメイソンには次第に疑惑の目が向けられるようになり、最終的には、「東亜共栄圏確立に邁進しつつある我が国の前途に障害となる」団体として、警戒対象となる。警察署でマイクは執拗な取り調べと拷問を受けた。

マイクがいなくなると、アプカー商会で長年働いていた日本人従業員二人は会社の資金を持ち逃げしてしまった。妻アラクセは近所のドイツ人から砂糖を分けてもらい、得意の菓子作りで、生活費を工面した。一九四二年一月、いつものように菓子を作っていると、突然長女ドロシーが具合が悪くなった。赤十字国際員会日本代表のパラヴィチーニ医師の診断は急性糖尿病だった。処方箋は書いてもらったが、インシュリンが手に入らない。ドロシーは昏睡状態に陥り、十七歳の短い生涯を閉じた。亡くなる直前、面会を許されたマイクは、変わり果てた長女

の姿に泣き崩れた。葬式の席でもマイクは泣き続け、アラクセは到底現実とは思えなかった。

次女と長男は父マイクが収容された横浜刑務所へ、交替で差し入れを届けた。往復の道には日系二世の尾行がつき、刑務所では差し入れの食事が看守に抜き取られた。父との許されたコミュニケーション手段は手紙だけだったが、日本語で書かねばならなかった。つらい時期を子どもたちは母を支え、懸命に耐えた。

一九四三年二月十七日、横浜地裁で判決が下りた。家族も傍聴が許されなかった裁判で、マイクは禁固十か月執行猶三年の有罪判決を受けた。未決拘留期間二五〇日が刑に算入され、マイクは釈放された。昭和十八年五月の『外事月報』一二七〜一四三頁に「フリーメイソンに対する判決」と題して、横浜地裁におけるマイク・アプカーへの判決文が掲載されている。

軽井沢でのアプカー一家（1945年9月撮影）
左よりマイク、ミッキー、アラクセ、ルシール
（Leonard Apcar氏提供）

軽井沢

山手二二〇a番地の自宅が「外国人居住絶対禁止区域」の対象となり、一家は住み慣れた家を立ち退かなければならなくなった。箱根か軽井沢を選択するように言われ、食糧調達の面で少しは良いのではないかと、軽井沢を選択する。一九四三年十一月、一家は軽井沢の三笠地区、前田郷内の家に移転する。やがて山手の友人たちも軽井沢に移ってきた。ドイツ人のヘルム家、

スペイン人のプラナス家、デンマーク人のクレメント家などだった。

軽井沢では畑を耕し、鶏とヤギを飼い、地下貯蔵庫の室《むろ》を掘ってジャガイモやリンゴを貯蔵し、疎開者で満杯の列車に乗り込んで御代田の農家まで買い出しに出かけた。寒冷地の軽井沢では薪が必需品だ。マイクは警察と交渉し、薪集めの許可を取得してきた。仲間を募り、草津温泉近くで薪集めの一大プロジェクトを敢行した。また、厳しく禁じられていた牛の屠畜も極秘に二度決行する。

不馴れな生活の中でも、一家はなるべく普通の暮らしをしようとした。音楽好きの次女は聖パウロ教会でオルガンを弾き、音楽隊に参加し、ピアニストのレオ・シロタ夫妻のレッスンを受け、スイス人家庭のベビーシッターをした。三女は蘭印から来たドイツ人のもとで洋服の仕立てを学んだ。長男は家庭教師のもとで勉強を続け、次男はアガジャン学校が開設されると最初の生徒の一人になった。

ささやかな楽しみとして、家族の誕生日には「サンセット・ポイント」こと、碓氷峠の見晴らし台にピクニックに出かけたり、わずかな食材でパーティーを催した。一九四三年のクリスマスには、プレゼント交換の代わりに互いに「親切」を贈り合い、カード交換の代わりに近所の家々を挨拶にまわった。一九四四年のクリスマスには、近くのスイス公使館で雑役夫として働いていたフィンランド人船員四人を食事に招待する。感激した船員たちは、お礼に薪を集め、畑を耕してくれた。

だが、一九四五年が明けた頃から栄養失調が忍び寄る。配給の量は減り、質も低下。頼みの綱の「室」は空になり、鶏も卵を産まなくなった。力を振り絞って買い出しに出かけても、空振りの日が増えた。配給のキャベツを朝に昼に晩に、調味料なしで食べた。一日中空腹で、しもやけやあかぎれは悪化し、髪や肌はパサパサになった。

春になると家の周囲に急に憲兵が増え、「外国人は全員殺される」という噂におびえた。戦争は一体どうなっているのか。情報のブラックアウト状態に置かれていた一家が、ラジオニュースを聴いていると、ある夜突然英語の音声が飛び込んで来た。

八月、一人で畑作業をしていたマイクに、通りがかったスイス人の知人が、「そんなに必死に働くな」とささやいた。数日後、戦争が終った。一家は鶏を一羽絞め、静かに終戦を祝った。

終戦後

演奏のため東京に出かけたピアニストのレオ・シロタが、一家に嬉しい知らせをもってきた。マイクの甥がアメリカの空襲調査団の一員として来日し、一家を探しているというのだ。

軽井沢にアメリカ軍がやってきた。次女は赤十字で働くことになり、アメリカ軍の先遣隊のトラックに乗せてもらい、一足先に横浜に戻る。マイクと長男もアメリカ軍で職を得る。十月、アラクセは一家が三年間生き延びた家を感慨深く眺めた後、軽井沢を後にした。

横浜山手で一家はアメリカ軍が用意してくれた住宅に入った。中は配管も壊れ、ボロボロだったが、住み慣れた山手に戻ってこられたことは大きな喜びだった。風呂は週一回、君塚家で入浴させてもらった。君塚慎は戦後初のブラジル大使となった人物で、夫人はアメリカ人だった。十一月、マイクは自らとフリーメイソンにかけられた嫌疑に反論する声明文を発表する。三女はアメリカ兵と親しくなり、結婚する。

戦争で愛する長女とすべての財産を失ったアプカー家は、三代にわたって暮らした横浜を離れ、アメリカへ渡り、主にカリフォルニア州内に落ち着く。マイクは日本語力と日本の知識を買われて、GHQの職員として二年ほど日本に戻る。その後、郊外の学校区のファシリティ・マネジメントの仕事に従事した。次女はサンフランシスコ近郊で旅行会社のオーナーとなり、

アルメニアのダイアナ・アプカー切手

日本を含めたアジア各地へ団体ツアーを案内。長男はカリフォルニア州立大学バークレー校を卒業し、エンジニアになった。二〇〇八年と二〇一〇年には、日本を再訪。軽井沢も訪れている。

　二〇一八年、ローズの孫ミミ・マラヤンが曽祖母ダイアナのアルメニア難民支援活動を描いた映画“The Stateless Diplomat: Diana Apcar's Heroic Life”（「国なき外交官―アルメニア難民を救った横濱のダイアナ」）を制作。カナダやアメリカの映画祭で「観客が選ぶベスト・ドキュメンタリー賞」などを受賞。二〇二〇年、ダイアナの人道的功績を称え、アルメニアにダイアナの名を冠した公園が誕生し、記念切手が発行された。

❖フランク家（Frank）　無国籍（ユダヤ系ドイツ人）

・ルイス・フーゴ・フランク――教授
・エイミー・フランク（イギリス人）
・（次男）ルートヴィヒ（ルディ）・エルンスト・フランク
・（次男妻）イレーヌ・フランク
・（次男長男）ニコラス・フランク
・（次男長女）キャサリン（キティ）・フランク

・（長男）フーゴ・ルイス・フランク（箱根。一九四五年六月三十日獄死）
・（長男妻）アリス・フランク（箱根）
・（長男長女）バーバラ・フランク（・ウェルドン）（箱根）
（外務省『在留外国人名簿』には、「バーバラ」は「ルートヴィヒの長女」として記載されているが、正しくは「フーゴの長女」。）

▽来日年／一九一三年　▽軽井沢への移転時期／一九四四年三月
▽移転事由／外国人居住絶対禁止区域からの強制移転
▽軽井沢での住所／五七四番地（ルイス夫妻）、一九七四番地（ルディ家）

文部省招聘学者として来日

一九一三年（大正三年）、ルイス・フーゴ・フランクは日本政府の招聘により、妻エイミーとともにベルリンより来日した。小樽商業高校（現在の小樽商科大）で商品学や商品実験を教え、日本における商品学の実質的創始者となった。第一次世界大戦が勃発すると、ドイツは日本の敵国となったが、とくに問題にはならなかった。

小樽で一九一五年に長男フーゴが、続いて一九一七年に次男ルディが誕生。一九二二年には、当時皇太子だった後の昭和天皇が小樽商高を訪問。十三年間の小樽時代のルイ

戦前のフランク家
左よりエイミー、ルイス、アリス（膝の上にバーバラ）、ルディ、フーゴ
（Patrick Frank氏提供）

スの教え子は約五百名に上る。

一九二六年、山梨に開校された高等工業学校（現在の山梨大学工学部）に移り、ルイスは電気化学、電気材料、ドイツ語を教える。学内ただ一人の外国人教師として、西洋の科学者精神を伝え、化学系学科を創設し、確立させた。教育面での長年の功績により、ルイスは一九三六年、勲五等瑞宝章を授与される。山梨での教え子は約二千名。小樽時代と合わせると二千五百名にも上る。

一九四三年、ユダヤ系であることが問題となり、ルイスは職を失う。横浜に移り、二人の息子はセント・ジョセフ学院を卒業し、就職する。長男フーゴは、ロシア人の父と日本人の母を持つアリスと結婚。次男ルディは、同じユダヤ系ドイツ人のイレーヌと結婚する。ルディとイレーヌの結婚式からちょうど一週間後、ドゥーリトル空襲があった。イレーヌは外に出て歓声をあげ、アメリカ人パイロットの顔が見えたので手を振った。あわてたルディは、イレーヌの手を引っぱって家の中に引き戻した。

軽井沢

横浜の自宅が「外国人居住絶対禁止区域」に指定され、一九四四年三月、ルイス夫妻と次男ルディ一家は軽井沢に、長男フーゴ一家は箱根に移る。

軽井沢で、次男ルディは生活費を稼ぐため、自宅の一階で「ドイツ人学園」を開校する。ところが十一月、学園も自宅も火災で焼けてしまう。警察は保険金目当ての放火を疑い、さらにスパイ容疑でルディ夫妻を事情聴取し、妻イレーヌに強い疑いの目を向けた。結局保険に入っていなかったことで疑いは晴れ、釈放されたが、ルディ夫妻は真犯人は以前から火の取り扱いがぞんざいだった女中ではないかと疑う。

無一物になったルディ家に、軽井沢の外国人たちは援助の手を差し伸べ、毛布や食器を提供し、フランス人コミュニティーは空き家を提供してくれた。ところがそこへ例の女中が警察とやってきて、せっかく寄付された家財道具を持ち去ってしまった。その上、東京で焼け出されたフランス人が疎開して来ることになり、家も出なければならなくなった。

幼い子どもを連れて途方に暮れ、とりあえず泊めてもらおうとカトリック教会へと向かう途中、若いアジア系の女性に会った。女性は、同じ教会に通う、中華大使の娘で、ルディ家の不幸を聞き、父が所有する町はずれの空き家を無料で使うようにと申し出てくれた。この親切な申し出をルディ一家はありがたく受けた。ルディは再び生徒を取って教えた。やがて両親も引っ越してきて同居した。

長男フーゴの逮捕と死

一方、長男フーゴは上司アルヴィッド・バルクについて箱根の強羅に移転した。バルクは、ドイツ語の新聞十数紙に寄稿するフリーのジャーナリストだった。フーゴはバルクのために、ラジオを聴き、日本語の新聞をドイツ語に訳し、情報収集を行っていた。フーゴは、近隣の日本人やポルトガル人と気さくに交際し、家に風呂がなかったので、近所の日本人宅で入浴させてもらっていた。

一九四四年七月二十八日、フーゴの自宅に憲兵が踏み込んできて、フーゴに手錠をかけ、容疑も告げず連行していった。前後して、バルク、ハンス・リース、マーガレット・リーベスキントの三人のドイツ人も共犯者として逮捕された。フーゴは横浜拘置所で筆舌につくしがたい拷問を三か月半受けた後、虚偽の供述書に署名させられた。

一九四五年二月二十五日、横浜地裁でフーゴに国防保安法違反による禁固五年の有罪判決が下る。裁判では弁護側の証拠は採用されず、被告の弁明の機会もなかった。フーゴは上告せず、刑が確定。横浜刑務所に移される。

六月半ば、衰弱したフーゴは病院に移される。三十日、栄養失調により死亡。

七月三日、遺体はアリス夫人とルディによって引き取られ、横浜の久保山で荼毘にふされる。遺灰は軽井沢の外国人墓地に葬られた。

フーゴの死は、フランク家に暗い影を落とし続けた。弟のルディは、兄フーゴについて語ることはめったになかった。共犯者として逮捕された、上司のアルヴィッド・バルクは生きて解放されたものの、拷問による心身のダメージが大きく、五十九歳で亡くなった。妻のエステル・バルクはフーゴを恨み続けた。エステルとルディは、義理の親子の関係にあったが、その関係はうまくいかなかった。

終戦後と四十四年後の雪冤

横浜へ出かけ、上陸するアメリカ軍を見ていたルディは、その場でアメリカ軍に雇われ、アメリカ軍のジープに乗り、アメリカ陸軍の制服を着て、東京に「進駐」した。

一九四七年、ルディ一家は渡米。一九四九年、ルイス夫妻も渡米。ルイスは、アーカンサス州リトルロックのカレッジで十年間教鞭をとる。

一九七四年、長男フーゴのアリス未亡人と娘バーバラも渡米。

一九八六年、ルイスの生誕百年を記念し、教え子らの寄付によって山梨大学の構内にルイス・フーゴ・フランク教授の顕彰記念碑が建立される。除幕式に、アメリカからルディ、バーバラとその娘が参列。その席でバーバラは父フーゴの雪冤を強く訴えた。

これを受けて、ルイスの教え子だった保延誠らにより調査が始められ、進駐軍の調査報告書や共犯者とされた者たちの書簡などから、フーゴらの逮捕・拷問は、ナチス秘密警察マイジンガーによる、反ナチス的ドイツ人とユダヤ人排除の策動に日本当局が流された結果であり、冤罪だった可能性が極めて高いことが明らかになった。

フーゴの四十四年後の命日にあたる一九八九年六月三十日、軽井沢外国人墓地のフーゴ・フランクの墓前で、一家にゆかりの深い聖パウロ教会のカルロス神父による慰霊式が執り行われた。全国憲友会連合会の有志数名が参列し、墓前で陳謝した。同年十月、全国憲友会連合会の吉田仁作総務局長から、遺族のアリス、バーバラ、ルディに対し、陳謝の書簡が送られた。

❖コーン家（Cohn）　無国籍（ユダヤ系ドイツ人）

・カール・コーン――バイオリニスト（一九四二年七月病死）
・ルース・コーン
・（長女）ステフィ・コーン（・カプロフ）
・（カール次姉）クララ・コーン――帽子業
・（カール三姉）マルグレーテ（グレーテ）・コーン

▽来日年／一九三九年　▽軽井沢移転事由／不明
▽軽井沢移転時期／一九四二年か一九四三年
▽軽井沢での住所／八一〇番地（ルース、ステフィ）
一四一二番地（クララ、グレーテ）

ホロコーストを逃れて来日

バイオリニストのカール・コーンは一九三九年、ナチスドイツによるホロコーストを逃れるために、妻子を伴って来日した。来日の道を開いたのは、先に来日していたカールの次姉と三姉だった。三姉グレーテはベルリンで日本人男性の「ドクター・アビコ」と恋仲だった。ドクター・アビコは結婚するつもりでグレーテを日本に呼び寄せた。だがドクター・アビコが予期しなかったことに、グレーテは姉クララも連れてきた。戦争が始まると、ドクター・アビコは結婚をためらうようになった。

来日した姉妹はベルリンに残る弟一家を救うべく、世界的ピアニストでユダヤ人のレオ・シロタに相談し、シロタはバイオリニストの鈴木鎮一に相談した。後に「鈴木メソッド」という子ども向けのバイオリン教授法を開発することになる鈴木鎮一は、ドイツ留学経験があり、妻がドイツ人だった。鈴木は、父が経営する鈴木バイオリン製造社でカールを雇うという手紙を書いた。ドイツ国外に出るには、海外の雇用主からの「雇用する」という手紙が必要だったからだ。

二人の音楽家が手を差し伸べてくれたおかげで、そして元をたどればグレーテの恋のおかげで、三人がドイツを脱する道が開けた。カールは役人に「袖の下」を渡し、出国に必要な書類を作成してもらった。この頃ドイツでは、出国者が持ち出せる現金の上限は百ドル。そのため一家が来日したときの手持ち資金も、わずか百ドルだった。

来日後、カールは鈴木バイオリンでは働かず、東京音

カール・コーン
（Steffi Kaprov氏提供）

楽学校や自宅でバイオリンやクラリネットを教えた。カールは第一次世界大戦に従軍した際、戦闘に参加するのがいやで、音楽隊に入るために独学でクラリネットを習得していた。一家は六本木付近に洋館を借りた。

次姉クララは東京で女性向けの帽子店を営み、三姉グレーテが店の経理や管理を担った。顧客の中には高松宮妃もいた。

だが日本での落ち着いた暮らしもつかの間、カールは急性白血病にかかり、一九四二年七月に死去する。一人娘のステフィはまだ四歳だった。カールの亡骸は、レオ・シロタの尽力もあり、横浜山手の外国人墓地のユダヤ人地区に葬られた。

残されたルースは、自宅で外国人留学生相手の下宿屋を始める。下宿生の中にはポーランド生まれのユダヤ人で、この時早稲田大学学生、後に南カリフォルニア大学教授となり、旭日大綬章を授与されるピーター・バートン（Peter Berton）もいた。娘のステフィは近所の小学校に入学。先生も同級生も親切で、ステフィは学校生活を楽しんだ。

東京音楽学校バイオリン科
最前列左端カール・コーン、その隣が鈴木鎮一　（Steffi Kaprov氏提供）

軽井沢

コーン家が軽井沢へ移ったのが、一九四二年なのか一九四三年なのか、はっきりしない。幼かったステフィには引越しの記憶がない上、手元には一九四二年夏に軽井沢で写した写真もあれば、一九四三年に東京の公園で写したらしい写真もあるからだ。同様に軽井沢への移転理由もはっきりしない。ユダヤ人音楽家は日本音楽協会によって追放されたので、それと関係あるのかもしれない。だが遅くとも一九四三年中には、母娘も伯母二人も軽井沢に移ったという。

軽井沢で母娘が住んだのは、床屋の二階だった。部屋は和室が二間。冬はとても寒かったが、暖房は小さな鉄製のストーブだけだった。ルースはドイツから持ってきた毛布で、娘のために冬のジャケットとズボンを作った。風呂は近所の銭湯を利用した。タイル張りの大きな浴槽が気持ちよかった、とステフィは語る。

ルースは裁縫の腕を活かして、女性の衣服を縫い、スイス公使館員のためにスリッパを作り、亡き夫の衣服を売って何とか生計を立てた。男性ものの衣服は需要が高く、近所のコリアンスキーというロシア人男性が販路を探してくれた。

1943年正月、近所の日本人家族とステフィ　(Steffi Kaprov氏提供)

ある日ルースは、日本人男性からウサギを買う算段をつけた。ところが男性が連れてきたウサギは生きていて、和室の中を跳ね回った。愛着がわいてしまう前に、男性がウサギを締めてくれた。おかげでおいしい肉料理が食べられた。

ステフィには空腹だったという記憶がない。それでも年齢の割に小柄で、貧血気味だった。ルディ・フランクが運営する「ドイツ人学園」に編入したが、ステフィはこの学校は好きになれなかった。学校が火事で燃えてしまったので、サン・モールのシスターたちによる学校に移った。生徒数は二十人くらいで、授業は英語だった。当初ステフィは英語ができなかったが、ある日を境に英語がわかるようになった。シスターたちはとても親切だった。

母ルースは義姉グレーテ、クララと仲がよかったが、お互いに頼ることはせず、自立していた。

終戦後

ルースはアメリカ赤十字委員会で職を得る。横浜山手のベーリックホールがアメリカ赤十字の女性職員寮となり、ルースはここで日本人の料理人、女中などのスタッフを統括した。母娘の住まいはガレージ門の上だった。当時のベーリックホールの門は、門そのものが大きなガレージになっていた。門の横に階段があり、ガレージの上が居住スペースになっていた。ガレージ内にはアメリカ軍車両が六台ほど停まっていて、ステフィはときどきこっそり車のエンジンをかけて遊んだ。付近には、まだ女子のための学校がなかったため、本来は男子校のセント・ジョセフ学院に通った。

ルースは日本での暮らしに満足していた。仕事もある、友達もできた。日本人は子どもにやさしいし、正直だ。あれだけ食糧難だった軽井沢でも、屋外に食糧を保管しておいて、なくなったことは一度もなかった。ドイツに帰るのは、辛過ぎた。親族の多くがホロコーストで殺されていたからだ。だが、一人娘に西洋式の教育を受けさせたいという思いから、アメリカ移住を決意する。

一九四八年春、母娘はアメリカに向かう。無国籍だったのでパスポートはなく、持っていたのは進駐軍が発行した出国ビザだけだった。出国前にコレラや腸チフスなど十四種類も予防接種をうった。乗船したプレシデント・グラント社の船の乗客はわずか十数名。船の積荷は、タイからアメリカの動物園に向けて運ばれる南国の動物や鳥約二千匹だった。

クララとグレーテも翌一九四九年に渡米。コーン家の四人姉妹はアメリカで再会する。ドクター・アビコは結局グレーテと結婚しなかったが、二人は生涯よき友人だった。

命を救ってくれたレオ・シロタと鈴木鎮一には、ニューヨークで再会し、お礼と感謝を伝えることができた。ステフィはピアノとビオラを弾き、息子も三歳から鈴木メソッドでバイオリンを学んだ。

カール・コーンの妹はコンサートピアニストのヘルタ・トルカノウスキー、その息子はバイオリニストで指揮者のヴェルナー・トルカノウスキー。孫のデイヴィッド・トルカノウスキー(David Torkanowsky)は、ジャズピアニストとしてニューオーリンズで活躍中である。

1948年横浜港で、離日直前のルース・コーン
(Steffi Kaprov氏提供)

おわりに

東京大空襲をきっかけに、東京から地方への疎開が加速した。上野から直江津行きの列車は、廊下まで人がいっぱいだった。何とか席を見つけて座ったと思う。列車の中には外国人もいて、おやじさんが話している言葉を聞いて、「あれはスウェーデン人だ」などと教えてくれた。発車時刻を過ぎても列車がなかなか発車しないので、本当に出るのかとやきもきした。ようやく、ガッタン！　と大きく揺れた後、列車が動き出したときには、やれやれ助かった！　と思った。日付は忘れもしない、四月二十九日だった。

軽井沢駅に着いたら、憲兵がばらばらと五、六人駆けよってきた。三笠ホテルはペンキもはがれてぼろぼろだったが、軽井沢はちょうど新緑の季節で、薄い黄緑色の新芽がとてもきれいだった。東京とは別天地だった。これで助かったと思った。

一九四五年（昭和二十年）四月、家族六人で軽井沢に到着したときのことを、筆者の父はこのように語っていた。当時十四歳。文中の「おやじさん」とは、軽井沢に開設された外務省事務所の所長を任じられた大久保利隆公使だ。

中学生だった父は学徒勤労動員で、前年十二月から日比谷の有楽座（現在のシャンテシネの場所）で風船爆弾の部品造りに従事した。「風船爆弾」とは、太平洋戦争中に日本軍が製造した純国産の気球型兵器で、約九千個が、主に千葉県九十九里海岸から放球された。偏西風に乗って、そのうち約一千個がアメリカ西海岸に到達したといわれ、オレゴン州ではピクニックに来ていた家族が犠牲になっている。女学生や中学生を動員して、銀座では有楽座、日本劇場、東京宝塚劇場で、製造作業が行われ、一月二十七日には、銀座空襲に遭っている。三月十日の東京大空襲の夜は、東の空が真っ赤だったという。風船爆弾の製造作業は、四月に入ると偏西風が弱まるため三月いっぱいで終わり、四月からはアメリカ軍の本土上陸に備え、神奈川県大船での塹壕掘りの作業となった。重労働にもかかわらず、食事は一日に握り飯一個。この頃初期の肺結核にかかっていた父は、これでは死んでしまうと思った。そこへ舞い込んだのが、祖父の軽井沢転勤だった。

空襲のない軽井沢の空は青く、静かだった。だが、食糧不足の問題はやはり深刻だった。食事は自炊で、ホテルの厨房を使用したが、六家族の共同生活で、他の家族が何を食べているかがわかってしまうのが、「とても嫌だった」と祖母も父も口をそろえて言っていた。

軽井沢に強制疎開して来た外国外交団には、一般より良い食糧が配給された。そのため、「外国人にばかりいい配給をするな」と事務所に文句を言いに来た日本人女性もいた。外務省の規定により、軽井沢事務所職員のうち、所長とナンバーツーだけ、外国外交団と同じ配給が支給された。外交団向け配給所となった旧道の浅野屋商店に、週に一回の配給を取りにいくのは父の役目だった。外国人外交団のための指定配給所なので、日本人がもらっているのはまずい。そのため店の裏にまわって配給を受け取った。「本当にいやだった」と父は言う。それでも食糧は足りず、ホテルの使われていないテニスコートにじゃがいもを植えてみたが、土壌が火山灰の軽井沢ではほとんど実らなかった。近隣の農家に買い出しに出かけたが、買い出しにも苦労した。

ツテがなければ農家も物々交換には応じてくれない。そりゃそうだ。知らない人にいきなり来られても農家の方としても困るだろう。そのうえ、軽井沢には日本人富裕層が大勢疎開してきたので、農家の人たちも目が肥えていて、ちょっとやそっとの物では交換に応じてくれない。相当いい物を持って行かなければ、応じてくれなかった。

終戦後、東京の自宅は空襲で隣家まで燃えながらも、かろうじて焼け残っていたが、焼け出された人々が四十人くらいも身を寄せ、廊下まで人がいっぱいで、帰れる状況ではなかったので、軽井沢で冬越しをすることになった。だが夏仕様の三笠ホテルでは冬越しはできない。貸し別荘業地「前田郷」内の、スイス公使館員が出た後の家に移った。軽井沢での冬越しは、「本当に惨めなものだった」と父はいう。

軽井沢三笠ホテルでの父と叔父
（1945年8月）

一連の父の話を聞いて、「では寒い軽井沢で、外交官向けの優遇配給もなく、農家にツテもない、一般の外国人たちは、どうやって生き延びたのだろうか」と思った。それが、「戦時下軽井沢の外国人」について調べはじめたきっかけだった。

回想を出している人がいると知り、回想を探し、買い集め、読んだ。

そこに書かれていた体験は、一般の日本人の体験とは、かなり異なるものだった。外国人だという理由で自宅から退去させられ、移転させられる。あらぬスパイ容疑で逮捕、投獄され、拷問される。憲兵や特高に執拗にマークされる。十代の少女にまで尾行がつく。一方で、同じ境遇に放り込まれた異なる国籍や立場の人々と連帯し、助け合う。隠れて短波ラジオを聴く。ドゥーリトル空襲に歓喜し、アメリカ人パイロットに手を振る。アメリカ軍の勝利を秘かに待ちわびる。いよいよアメリカ軍がやってくると、道を歩いていただけで雇われる。アメリカ軍将兵と親しくなり、食糧をもらう。そして最終的には、新天地アメリカやカナダへと移住していく。

日本にいながら、その生活も視点も体験も日本人とは異なり、アメリカ寄りだ。日本や日本人を外から見る、「アウトサイダー（部外者）」のものだ。そして彼ら自身もアウトサイダーを自認している。一部の回想の副題にも、それは表れている。

買い出し先の農家の対応の違いにも驚いた。自転車や列車に乗って買い出しに出かけるところまでは日本人と同じだが、知らない農家でいきなり「野菜ありますか？　ジャガイモありますか？」と聞いてまわる。それでも農家の人々は物々交換に応じている。そのうえ、「おあがってなさって」、「おあったまりなさって」と言って、囲炉裏端やこたつに誘い、一緒にこたつに入っておしゃべりをし、ときにふかしたじゃがいもを食べさせてくれたり、泊まらせてくれている。

「農家の人も、ツテがなければ物々交換に応じてくれなかった」という父の証言とは、ずいぶん違う。なぜこれほど違うのか。戦時下の外国人の暮らしぶりや、軽井沢集住を促した政府の政策や出来事などについてはわかっても、その疑問への答えはなかなか見つからなかった。

その答えをくださったのが、軽井沢の旧道で骨董品カフェ「三度屋」を営み、軽井沢の歴史

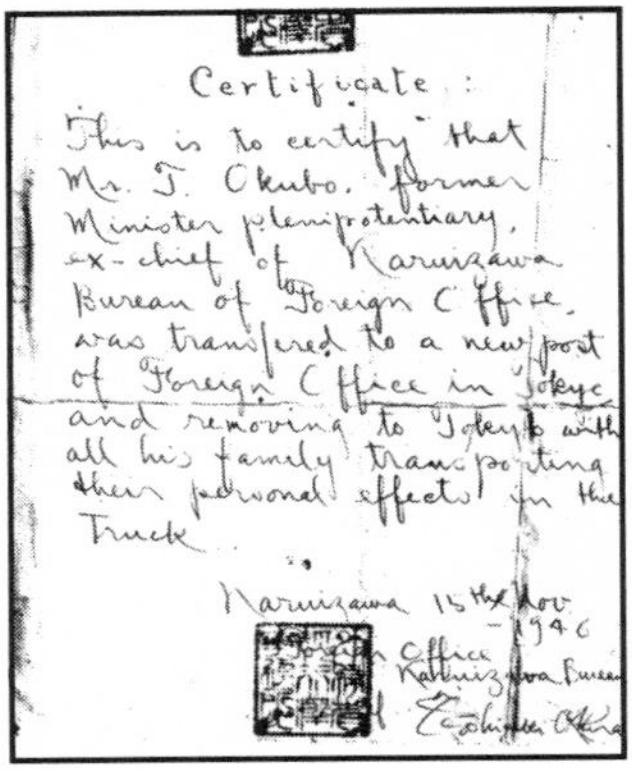
Certificate:
This is to certify that Mr. T. Okubo. former Minister plenipotentiary, ex-chief of Karuizawa Bureau of Foreign Office, was transfered to a new post of Foreign Office in Tokyo and removing to Tokyo with all his family transporting their personal effects in the Truck.
Karuizawa 15th Nov. 1946
Office Karuizawa Bureau

軽井沢から東京に戻る荷物の運送証明書（1946年11月）「外務省軽井沢事務所」の四角い印が押されている

に詳しい、佐藤袈裟孝さんだった。

「江戸時代の宿場町の頃から、軽井沢には外の人たちを大切にする文化がある。軽井沢の人にとって、外国人は「外の人」、もてなす相手だからだよ」

驚いた私が、「疎開してきた日本人は、外の人ではないのですよ?」と尋ねると、

「うん、だって同じ日本人だからね」という答えが返ってきた。

霧が晴れたようだった。

そして結びついた。

軽井沢町は、明治時代に外国人宣教師によって避暑地として「発見」され、発展した。町の人々は、突然やってきた「異人さんたち」に戸惑いながらも、降ってわいた新たな環境に適応しようと努力した。異なる風習を受け入れ、人づきあいの仕方を学んだ。そこには、外の人を大切にしつつも、プライベートには立ち入らない、お互いが心地よい適度な距離感を保つことも含まれていた。

ユダヤ人指揮者ローゼンストックは、「軽井沢の住民は概していつでも友好的であるか、少なくとも外国人に対しては無関心であった」と記し、アルメニア人のルシール・アプカーも地元の日本人について、「私たちに対して歓迎されていないとか、敵意を示したことはただの一度もなかった…。私たちはただそこにいて、彼らと同じくらい必要な物を探す権利を有していた」と記している。

冒頭で紹介したオーストラリアのジョンストン記者は、大勢の西洋人が世界大戦の間、軽井沢で「無傷で」暮らしていたことに驚いたが、その背景には、軽井沢の地で江戸時代から培われてきた「外の人をもてなす」文化と、町の人々が明治期以降に外国人から学んだ「適度な距離感」があってこそだったのではないか。

それが本テーマについて調べ、多くの方々にお話を伺った末に、至った結論だった。

　多くの方々への聞き取りを通じて、「ある家族の物語を書かせていただく」ということは、その家族の想いを受け止めることだとも痛感した。なかでも、無実の罪で獄死したフーゴ・フランクのご家族の想いは、七十年余経った今でも非常に強くて深く、フーゴがいかに戦争に反対で、家族を支えるのに必死だったかについて、さまざまなエピソードを示して切々と訴えられ、押しつぶされるような思いだった。父フーゴが連行されたとき、わずか四歳だった一人娘のバーバラ・ウェルドンさんは、今でも父のことを思い出すと泣いてしまうという。

　もう一人、亡き父への強い想いを持っているのが、ステフィ・カプロフさんだ。ステフィさんの父カール・コーン（Karl Cohn, 1884.8.25-1942.7.7）は、ベルリンでコンサートマスターも務めたほどのバイオリニストだった。ホロコーストを逃れ、妻子を伴って一九三九年に来日した後、上野の東京音楽学校（現在の東京芸術大学）でバイオリンを、さらに当時日本には教えられる人がいなかったクラリネットも教えた。だが一九四二年七月に白血病で亡くなり、横浜の山手外国人墓地に眠る。訪れた墓は、雑草に覆われていた。友人と雑草を払い、花を供えてきた。一人娘のステフィさんによれば、やさしくて愛情深い父だったという。妻のルースはまだ若かったが、「もう二度と夫を埋葬したくない」と言って、生涯再婚しなかった。ステフィさんは父カールについての情報を求めている。カール・コーンが日本で活動した期間は短いが、本書を読んでくださった方で、もしも何かご存知の方がいらしたら、ぜひともご連絡をいただきたい。

　最後に、第5章表7に掲載した「軽井沢から解放されたユダヤ人」のリストで、後に子ども同士が結婚した家族がいるので、紹介したい。その二人とは、本書で何度も回想から引用した、ユダヤ系ロシア人シドリン家の次男ジョージと、ユダヤ系ベルギー人モイシェフ家のシモンだ。

シドリン家とモイシェフ家は神戸で向かいに住んでおり、同い年のジョージとシモンは、仲の良いおさななじみだった。あるとき、結婚式で新婦のウェディングドレスのすそ持ちをしたジョージとシモンを見て、親の一人が冗談で言った、「ほら、新郎新婦よ」。戦後、モイシェフ家はアメリカに、シドリン家はしばらく横浜で暮らした後、カナダに移住する。ジョージはカナダの大学を卒業した後、一九六二年夏、アメリカ旅行に出かけた。そして十六年ぶりにシモンと再会。その年の十二月に二人は結婚する。

ベルリンでコンサートマスターを務めるカール・コーン（Steffi Kaprov氏提供）

当初は手がかりが少なく、途方に暮れた今回の調査だったが、最終的に人が人を紹介してくださり、多くの出会いに恵まれたものとなった。とりわけ旧道のジャム店「ジャムこばやし」の三代目店主小林智洋さんには、軽井沢町の古い話に詳しい方々を何人もご紹介いただいた。こちらのジャム店は、もともとは八百屋だったが、初代が白系ロシア人に勧められてジャム作りに着手した。二十年ほど前こちらの店で、かつては浅間山ろくに広く生息していたのに、今ではほとんど姿を消してしまった「浅間葡萄」、こと「あさまベリー」のジャムを見つけたことが、店主と会話するようになったきっかけだった。

軽井沢歴史民俗資料館、軽井沢ナショナルトラストの中島松樹名誉会長、佐藤袈裟孝副会長、聖パウロ教会で広報を担当されている筑波大学の谷村秀彦名誉教授、「土屋写真店」の町田靖彦・夏子ご夫妻、「ダブルオー」の應時華さんとご家族、ヘンリー玉置さん、柳沢信介さんにはお時間を作ってお話を聞かせていただいたり、資料をご提供いただいた。「アートカフェ脇本陣江戸屋」の佐藤眞智子さんには、佐藤袈裟孝さんをご紹介いただいた。残念なのは、何度も電話で問い合わせ、そのたびに熱心に教えてくださった中島松樹さんが、本書の出版を楽しみにされていながら、昨年末に急逝されたことだ。また、取材させていただいた應時華さんも本年二月に急逝された。お二人のご冥福をお祈りしたい。

もちろん、軽井沢以外でも多くの方々にお世話になった。順不同で、横浜歴史博物館の井上攻副館長、軽井沢町立図書館、町田市立図書館、鈴木バイオリン製造株式会社、日本通運株式会社、ワシントン州立大学のブレッヒャー准教授、早稲田大学の家田修教授、日本女子大学の臼杵陽教授、フェリス女学院大学の大西比呂志教授、大阪大学の福田義昭准教授、明星大学の加藤めぐみ教授、オーストラリア国立大学の田村恵子研究員、大阪大学教員の須佐多恵さん、獨協大学教員の荒沢千賀子さん、ユニオンチャーチのティム・マーティンさん、歴史家の山本歴史家の山本尚志さん、互いに資料を紹介し合い、ともに外国人たちに聞き取りを行った大堀聰さん、戦争捕虜の調査を行っている市民団体POW研究会の笹本妙子共同代表をはじめとする会員の方々、とりわけ、戦時中敵国人として抑留された外国人について長年研究されている小宮まゆみさんには、数々の知見やアドバイスをいただき、原稿をチェックしていただいた。

戦時中、実際に軽井沢で暮らしていたルシール・アプカーさん、ジュリオ・ランゲルさん、トム・ハールさん、ラインハルト・ブッスさん、ステフィ・カプロフさん、さらにご家族のパトリック・フランクさん、バーバラ・ウェルドンさん、レナード・アプカーさん、ミミ・マラヤンさん、レスリー・ヘルムさんには、体験をお聞かせいただき、資料や写真をご提供いただだいた。I would also like to express my sincere gratitude to Karuizawans for sharing their personal stories: Ms. Lucille Apcar, Mr. Julio Rangel, Mr. Reinhard Buss, Mrs. Steffi Kaprov, and most notably Mr. Tom Haar. Their families; Mr. Leonard Apcar, Ms. Mimi Malayan, Mr. Patrick Frank, Mrs. Barbara Weldon and Mr. Leslie Helm for providing with me their family stories and photographs. I feel deeply sorry for the families who had suffered and had lost their precious family member. The least I could do is to write about their plights. I also admire the strength, creativities and resilience they had shown during those most difficult times and under a xenophobia, and hope that I was able to portrait at least part of them.

そして今回も、芙蓉書房出版の平澤公裕社長に大変お世話になった。すべての方々に厚く御礼申し上げたい。

新型コロナによって停滞を余儀なくされているとはいえ、これからもグローバル化と国際化は一層進み、さまざまな国籍や背景の人々と隣り合わせに暮らすことも、さらに当たり前のことになっていくだろう。と同時に、日本は災害が多い国なので、異なる国籍や背景の人々と非常時に助け合わねばならない状況も増えていくだろう。太平洋戦争末期という極めて困難な時期に、多様な国籍や背景の人々が隣り合わせに暮らしていた長野県軽井沢町は、過去の特殊な事例ではなく、今日の私たちにとってこそ、より身近で、親和性が高いものなのかもしれない。

二〇二一年三月　　髙川邦子

参考文献（URLはすべて二〇二一年三月時点のもの）

■一次資料

アジア歴史資料センター（http://www.jacar.go.jp）

外務省外交史料館

軽井沢歴史民俗資料館

国立公文書館

内務省警保局『外事警察概況』昭和十七年（龍渓書舎）

内務省警保局編『外事月報』（復刻版）昭和十六年十二月〜十九年九月（不二出版）

Swiss Diplomatic Documents（スイス外交文書）(http://dodis.ch)

U.K. National Archives（英国国立公文書館）ULTRA files

World Jewish Congress, New York（世界ユダヤ人会議）

朝日新聞(長野版)一九四一年八月十四日

毎日新聞　一九九七年二月二十四日、八月十四日、十月十五日、（山梨版）一九八六年八月十六日

神奈川新聞　二〇一〇年十月十七日

信濃毎日新聞　一九四二年一月九日、一九四五年九月十七日、一九八六年八月十六日、二〇〇九年八月十一日

Albany Ledger (Albany, Missouri, USA) May 23, 1946

Asahi Herald Tribune, July 9, 2008

News (Adelaide, SA, Australia) Mar. 4, 1947

Pacific Stars and Stripes, Aug. 25, 1946

Sunday Times (Perth, WA, Australia) Mar. 2, 1947

The Argus (Melbourne, Vic., Australia) Sept. 18, 1945, Nov. 1, 1945

Truth (Sydney, NSW, Australia) Mar. 2, 1947

■日記・回想

朝吹登水子『私の軽井沢物語―霧の中の時を求めて』(文化出版局) 一九八五年
ヴィッケルト、エルヴィン『戦時下のドイツ大使館―ある駐日外交官の証言』(中央公論社) 一九九八年
大久保利隆『回想―欧州の一角から見た第二次世界大戦と日本の外交』(鹿島出版会) 一九七六年、一九八八年
ギラン、ロベール『日本人と戦争』根本長兵衛・天野恒雄訳 (朝日新聞社) 一九七九年
窪田空穂「高原に集へる外人達」(『窪田空穂全集第六巻　紀行・随筆』) (角川書店) 一九六五年
グルー、ジョセフ『滞日十年 (下)』石川欣一訳 (筑摩書房) 二〇一一年
ゴードン、ベアテ・シロタ『1945年のクリスマス―日本国憲法に「男女平等」を書いた女性の自伝』(朝日文庫) 二〇一六年
ゴルジェ、カミーユ「三時代の日本」(日本スイス修好満百年記念委員会編『日本スイス外交・文化、通商関係の百年』) 一九六四年
ジュノー、マルセル『ドクター・ジュノーの戦い―エチオピアの毒ガスからヒロシマの原爆まで』丸山幹正訳 (勁草書房) 一九八一年
ツァヘルト、ズザンナ『日本とドイツ／私の87年―ズザンナさんの架けた橋』雪山香代子・佐々木五律子訳 (集英社) 一九九六年
野上彌生子『野上彌生子全集』第Ⅱ期第九巻 (岩波書店) 一九八七年
プリングスハイム、クラウス二世『ヒトラー、ゾルゲ、トーマス・マン―クラウス・プリングスハイム二世回想録』池内光久訳 (彩流社) 二〇〇七年
細川護貞『細川日記 (下)』(中央公論社) 一九七九年
ローゼンストック、ジョセフ『音楽はわが生命―ローゼンストック回想録』(日本放送出版協会) 一九八〇年
Apcar, Lucille, *"SHIBARAKU: Memories of Japan 1926-1946"* Outskirts Press, 2011.
Balin, Kon (as told to Arlene Balin) *"Born Stateless: A Young Man's Story 1923 to 1957"* Author House, 2009.

Buss, Priscilla and Reinhard *"Trusting God in a Changing World: The Life story of Bernhard W. Buss pioneer missionary to Japan"* Christian Printing Service, 1995.
Haar, Tom, *"Karuizawa Dreamscape* (夢の風景　軽井沢)*"* Gallery Iolani, University of Hawaii, 2012.
Mahoney, Hildegard, *"Journey Interrupted: A Family without a Country in a World at War"* Regan Arts, 2016.
Notehelfer, F.G., *"Remarkable Journey: Rose Notehelfer and the Missionary Experience in Japan"* 2017.
Petroff, Serge P. *"Life Journey: A Family Memoir"* iUniverse, 2008.
Shapiro, Isaac, *"Edokko: Growing Up a Foreigner in Wartime Japan"* iUniverse, 2009.
Sidline, George *"Somehow, We'll Survive: Life in Japan During World War II Through the Eyes of a Young Caucasian Boy"* Vera Vista Publishing, 2007.

■評伝

コジェーヴニコワ・I『ブブノワさんというひと　日本に住んだロシア人画家』三浦みどり訳（群像社）一九八八年
スタルヒン・ナターシャ『ロシアから来たエース―巨人軍３００勝投手スタルヒンの栄光と苦悩』（ＰＨＰ文庫）一九九一年
高川邦子『ハンガリー公使大久保利隆が見た三国同盟―ある外交官の戦時秘話』（芙蓉書房出版）二〇一五年
早崎えりな『ベルリン・東京物語―音楽家クラウス・プリングスハイム』（音楽之友社）一九九四年
ヘルム、レスリー『横浜ヤンキー　日本・ドイツ・アメリカの狭間に生きたヘルム一族の１５０年』村上由見子訳（明石書店）二〇一五年
ポラック、クリスチャン『ポール・ジャクレー　最後の浮世絵師』（「ポール・ジャクレー展　虹色の夢をつむいだフランス人浮世絵師」横浜美術館開催展図録）二〇〇三年
山本尚志『日本を愛したユダヤ人ピアニスト　レオ・シロタ』（毎日新聞社）二〇〇四年

湯浅あつ子『ロイと鏡子』（中央公論社）一九八四年
Azimi, Nassrine and Wasserman, Michel "*Last Boat to Yokohama: The Life and Legacy of Beate Sirota Gordon*" Three Rooms Press, 2015.

■手記（私家版・未出版）
柳沢廣『忘れられた軽井沢人』二〇一六年
Apcar, Araxe, "*Six Survived*" 1987
Bellstedt, Norbert, "*Karuizawa, 1943-1947*" 2008
Buss, Siegfried, "*Karuizawa's German community during WWII*" 2008
Buss, Reinhard and Pricilla "*Adventures of Youth*" 2008
Ercklentz, Enno, "*Karuizawa Interlude*" 2008
Frank, Patrick "*Chronology of the Frank and Balk Families in Japan*"
Haar, Tom, "*Karuizawa: Then and Now*" (Fullbright granted research) 2008
Helm, Barbara Schinzinger "*The Story of My Life: For my grand-children, with all my love*" (http://www.lesliehelm.com/barbaras-story/)
Mueller, Utz, "*KARUIZAWA*" 2008
Quastler, Imre, "*KARUIZAWA MEMORIES*" 2008
Taylor, Renate, Q. "*The Path to Karuizawa: a few recollections*" 2008
Ward, Leo Paul, "*Before forgetting these things*" 1942

■証言集・聞き取り
荒井訓『終戦前滞日ドイツ人の体験—「終戦前滞日ドイツ人メモワール聞取り調査」—』（早稲田大学『文化論集』第十五号一九九九年九月）
荒井訓『終戦前滞日ドイツ人の体験（2）—「終戦前滞日ドイツ人メモワール聞取り調査」—』（早稲田大学『文化論集』第十六号二〇〇〇年三月）

荒井訓『終戦前滞日ドイツ人の体験（3）―「終戦前滞日ドイツ人メモワール聞取り調査」―』（早稲田大学『文化論集』第十七号二〇〇〇年九月）
荒井訓『終戦前滞日ドイツ人の体験（4）―「終戦前滞日ドイツ人メモワール聞取り調査」―』（早稲田大学『文化論集』第二十号二〇〇二年三月）
荒井訓『終戦前滞日ドイツ人の体験（5）―「終戦前滞日ドイツ人メモワール聞取り調査」―』（早稲田大学『文化論集』第二十一号二〇〇二年九月）
アプカー、ルシール（二〇一八年六月～二〇二〇年十一月メール、二〇一九年六月七日　対面）
應時華（二〇一九年十一月二十日　対面）
カプロフ、ステフィ・コーン（二〇二〇年八月～九月　メール）
佐藤袈裟孝（二〇二〇年九月十八日　対面）
玉置ヘンリー（二〇一九年七月三十一日　対面）
中島松樹（二〇一九年十一月二十一日　対面、二〇二〇年九月～十二月　電話）
ハール、トム（二〇二〇年四月～二〇二一年三月　メール）
ブッス、ラインハルト（二〇二一年三月　手紙）
フランク、パトリック（二〇二一年二月～三月　メール）
町田夏子（二〇一九年八月一日　対面）
横山恭子（二〇二一年二月二十五日　対面）
ランゲル、ジュリオ（二〇二〇年四月～六月　メール）

■研究・論文
荒沢千賀子『第二次世界大戦中立国スペインの戦争被害：国交回復交渉と「対日請求問題」―外交史料館公開資料から―』（獨協大学『マテシス・ウニウヴェルサリス』第二十巻第二号）二〇一九年
石川美邦『横浜港　ドイツ艦船燃ゆ』（光文社NF文庫）二〇一一年
上田浩二・荒井訓『戦時下日本のドイツ人たち』（集英社新書）二〇〇三年
宇奈根史「長野・軽井沢　軽井沢の中のロシア―歴史上の人物が訪れた街」（『新・日本の中のロシア～ロ

シア文化と交流史跡を訪ねる～』ユーラシア・ブックレット105）（東洋書店）二〇〇七年
生出恵哉『横浜山手外人墓地』（暁印書館）一九八四年
大堀聰『心の糧（戦時下軽井沢の外国人）』二〇二〇年
大山瑞代「横浜在住アルメニア人一家の太平洋戦争」（『横濱』）（神奈川新聞社）二〇一五年秋号
加藤めぐみ『オーストラリア文学に見る日本人像』（東京大学出版会）二〇一三年
軽井沢ナショナルトラスト『軽井沢外国人墓地―避暑地軽井沢に眠る宣教師たち―』二〇〇七年
児島豊『箱根と外国人』（神奈川新聞社）一九九一年
小林収『避暑地　軽井沢』（櫟）一九九九年
小宮まゆみ「太平洋戦争と横浜の外国人―敵産管理と敵国人抑留」（『神奈川の歴史を読む』）（山川出版社）二〇〇七年
小宮まゆみ『敵国人抑留―戦時下の外国民間人』（吉川弘文館）二〇〇九年
田川幸太『太平洋戦争における日本の戦時外交―対中立国政策を中心に』（明治大学卒業論文）一九九九年
多田井喜生『大陸に渡った円の興亡（下）』（東洋経済新報社）一九九七年
シャピロ、アイザック『昇った太陽・日本』（サイマル出版会）一九八二年
谷村秀彦『アントニン・レーモンド　聖パウロカトリック教会　一九三五』（近代・建築芸術遺産情報発信プロジェクト実行委員会）二〇一八年
花里俊廣『戦争中の軽井沢の外国人別荘の変遷とコミュニティとの関係』（日本建築学会計画系論文集第八十五巻第七七〇号）二〇二〇年
福田義昭『昭和期の日本文学における在日ムスリムの表象（4）―軽井沢篇―』（東洋大学アジア文化研究所研究年報）二〇一九年
フランシスコ会コロンビア管区『軽井沢地区カトリック教会史コロンビア管区25周年』一九八〇年
保延誠編『ルイス・フランク・フーゴ先生生誕百年記念誌』一九九三年
松長昭『在日タタール人―歴史に翻弄されたイスラーム教徒たち』ユーラシア・ブックレット134（東洋書店）二〇〇九年

宮原安春『軽井沢物語』（講談社）一九九一年
横浜外国人社会研究会・横浜開港資料館編『横浜と外国人社会―激動の20世紀を生きた人々』（日本経済評論社）二〇一五年
Brecher, W. Puck, *"Honored and Dishonored Guests: Westerners in Wartime Japan"* Harvard University Asia Center, 2017.
Tamura, Keiko, *"Being an enemy alien in Kobe: Civilian experiences of war and the work of the International Committee of the Red Cross and the Swiss Government in Japan"* History Australia, Vol. 10, No. 2, 2013.

■インターネット記事・動画

Coma, Nicole *"Elizabeth Kata: An Australian in Japan during World War 2"* Aug. 5, 2015 (http://www.nicolecama.com.au/elizabeth-kata/)
Linan, Jose Manuel Abad, *"Anna Maria:　The Spaniard who survived 16 bayonet wounds during the Battle of Manila"* El Pais, Aug. 28, 2020 (https://english.elpais.com/arts/2020-08-28/anna-maria-the-spaniard-who-survived-16-bayonet-wounds-during-the-battle-of-manila.html?rel=listapoyo)
Eastern News Flashes (1945) (https://www.youtube.com/watch?v=qUjSghwc_44)
Isaac Shapiro "Edokko: Growing Up a Foreigner in Wartime Japan," Aug. 2018 (https://www.youtube.com/watch?v=qXtWoXd3Gyo)
National Archives Video Collection "Interview with Franz Josef Spahn (Nazi Leader), Karuizawa, Japan" (www.youtube.com/watch?v=lb1vZ6eHMv8)
Newsmax Now: Full Interview with Hildegard "Hillie" Mahoney discussing "Journey Interrupted," Apr. 2016 (https://www.youtube.com/watch?v=GbSC6nWbj_k)
United States Holocaust Memorial Museum, "Capture of Josef Meisinger," Nov. 13, 1945 (https://collections.ushmm.org/search/catalog/irn1003883)

著者略歴

高川　邦子（たかがわ　くにこ）

1961年東京都生まれ。日本郵船㈱勤務の後、1991年より㈱NHKグローバルメディアサービス登録翻訳者として、NHKで翻訳に携わる。2001年慶應義塾大学法学部政治学科卒業。大久保利隆の孫。
著書に、『ハンガリー公使大久保利隆が見た三国同盟－ある外交官の戦時秘話』（芙蓉書房出版）、ドキュメンタリー映画「国なき外交官―アルメニア難民を救った横濱のダイアナ（原題：The Stateless Diplomat: Diana Apcar's Heroic Life）」の日本語字幕を製作し、日本上映窓口を務める。

アウトサイダーたちの太平洋戦争
――知られざる戦時下軽井沢の外国人――

2021年 5月11日　第１刷発行

著　者
高川《たかがわ》　邦子《くにこ》

発行所
㈱芙蓉書房出版
（代表　平澤公裕）
〒113-0033東京都文京区本郷3-3-13
TEL 03-3813-4466　FAX 03-3813-4615
http://www.fuyoshobo.co.jp

印刷・製本／モリモト印刷

© TAKAGAWA Kuniko 2021　Printed in Japan
ISBN978-4-8295-0812-1

【芙蓉書房出版の本】

ハンガリー公使大久保利隆が見た三国同盟
ある外交官の戦時秘話

高川邦子著　本体 2,500円

“ドイツは必ず負ける！　それも１年から１年半後に”
枢軸同盟国不利を日本に伝え、一日も早い終戦を説いた外交官の生涯を描いた評伝。対ソ開戦を本国に具申しようとした大島駐独大使と対立し降格された大久保は、決死の覚悟でソ連経由で帰国。欧州情勢の真相と一日も早い終戦を説いて回り、天皇にも「御進講」の機会を得た。そして戦況悪化による中立国外交団の軽井沢疎開にともない、外務省軽井沢事務所長を務めた。大久保の孫にあたる著者によって、大久保の回想録を検証した評伝が完成。本書巻末に、大久保の回想録全文を掲載。

太平洋戦争と日系アメリカ人の軌跡
日米関係史を考える

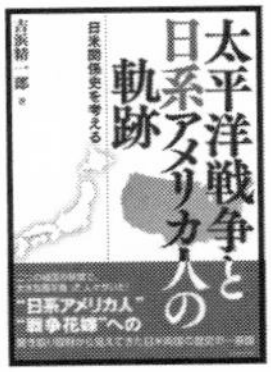

吉浜精一郎著　本体 2,700円

二つの祖国の狭間で、大きな傷を負った人々がいた！

“日系アメリカ人”“戦争花嫁”への聞き取り取材から見えてきた日米両国の歴史の一断面。

苦悩する昭和天皇
太平洋戦争の実相と『昭和天皇実録』

工藤美知尋著　本体 2,300円

昭和天皇の発言、行動を軸に、帝国陸海軍の錯誤を明らかにしたノンフィクション。『昭和天皇実録』をはじめ、定評ある第一次史料や、侍従長の日記、政治家や外交官、陸海軍人の回顧録など膨大な史料から、昭和天皇の苦悩を描く。